JN025897

中小企業論

組織のライフサイクルとエコシステム

[編著] 安田 武彦

[著] 鈴木 正明
土屋 隆一郎
水村 陽一
村上 義昭
許 伸江
杉浦 慶一
鶴田 大輔

同友館

はじめに

　この書籍を見つけページを開いていただいた方，まず御礼申し上げます。

　いきなりの質問になりますが，昨日，どんなところで買い物をされたでしょうか？　お店でも良い，ネットでもよし，購入した商品，もしくは受けたサービス（飲食を含む）を思い出してください。その殆どのものに中小企業が関係しています。商品であれば購入した物そのものか一部は必ず中小企業が手掛けたものですし，また，サービスであれば供給する業者自体が中小企業者であることも多いのです。

　本書はそうした中小企業について語る数多くあるテキストの一つです。

　他のテキストとの違いを述べておきますと，それは中小企業を誕生，発展と成長，経営者の交代，経済からの退出といったライフサイクルの視点から議論を進めていることです。

　本書での中小企業へのアプローチは，初めて目の前に現れた未知の森の探求に似ています。まず，第1章では中小企業という森の外延，どこまで広がっているのだろうという，いわば中小企業の定義について解説します。そして，この森がたまたま今，そこにあるのではなく，内に多くの木々の息吹を包摂しつつ，永い間，安定的に広がっているエコシステム（生態系）であるということを紹介します。

　第2章から第6章までは中小企業の森に踏み入り，木々の芽吹き（企業の誕生）から大樹になり，老木として倒れるまでに起こることを創業，発展と成長，退出という企業のライフステージに沿って見ていきます。

　木の芽，いわば起業間もない企業の少なからずは成木にまでなりません。しかし，若木のときを乗り越えたものがやがて，地面にしっかり根を張り，また，成長して大木となるものもでてくるように，誕生した企業もやがて経営を軌道に乗せ，あるものはより大きい企業に成長していきます。そして森が多様で潤いのある空間を創り出すように，中小企業の集積も独自の創造的空間を創

り出していきます。森ではこの過程が幾世代にも渡り引き継がれますが，企業においては事業が代々，経営者に引き継がれていきます。そして，やがて木々のあるものが老木となり枯木となるように，企業の中にも経済から退出するものが出てきます。木々と同じく，ライフステージを刻む中小企業の姿を見ていくのが本書の中核部分です。

第7章においては若い企業，壮年期の企業問わず，その流れに浸す金融について中小企業ゆえに出会う課題について見ていきます。

第8章においては中小企業を巡る政策をテーマとします。中小企業政策については，「政府の応援が少なすぎる」と言う方もいれば，「過保護だ」と唱える方もいます。ここでは，中小企業政策の実際の展開はどうなっているのかということからはじめ，政策が時代の変化の中でどのように変化してきたのかを追っていきます。読者の方が政策について考える縁となればと思います。

100年に一度のコロナ禍という厄災の中，中小企業はかってない環境変化に見舞われています。しかしながら，注目するべきはこうした大変化の中，様々な新業態を始めるのも小さい企業であるということです。外食産業におけるテイクアウト（ラーメンも！）やキッチンカーなど，都心ではもう珍しくない新しい業態もそれを始めたのは，小さな企業家でした。そうした小さな企業の小さな工夫の積み重ねが多様な選択が可能な，潤いのある今の日本の暮らしや社会を支えているのです。

そうした中小企業の森に本書は皆様をご招待いたします。これにより本書が，皆様の中小企業の生きる姿について学ぶことの一助となるならば，本書執筆者として望外の幸せであります。

最後に私事となりますが，コロナ禍で執筆が遅れる中，辛抱強く原稿をお待ちいただきました同友館社長の脇坂康弘様，編集部佐藤文彦様に対して心から感謝を申し上げる次第です。

執筆者を代表して

安田　武彦

◎ もくじ ◎

第**1**章

中小企業をどう捉えていくか

学習のポイント

① 中小企業とは何か，漫然としたこの問いへの一次的アプローチとして通常用いられる中小企業基本法の中小企業の定義を学ぶとともに，定義設定の背景にある中小企業観を探る。
② 日本経済における中小企業の地位の安定性を確認し，この安定性の背後にあるものを探る。
③ 本書の今後の進め方に係る「ライフサイクルからの企業分析」の考え方を理解する。

1. はじめに─中小企業とは何か

(1) 小さい企業とは

「中小企業とは何でしょうか，どんなイメージを持っていますか?」

普通に毎日を暮らしている学生に対して，中小企業についての授業第1回目でいきなりこの質問すると，「‥‥」，答えがない。

確かに，毎日の暮らしをする上で企業の活動を知る必要はなく，その上，「中小」などという曖昧な修飾語をかぶせられた存在について明確なイメージを持てるはずがない。

それに実はこの問いの答えは簡単なものではない。著名な研究者でも，答えは各人で異なるし，政府が毎年度発行する『中小企業白書』においても「中小企業の多様性」という表現が用いられている。要すれば，「一概には捉えられない」ということである。

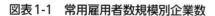

図表1-1　常用雇用者数規模別企業数

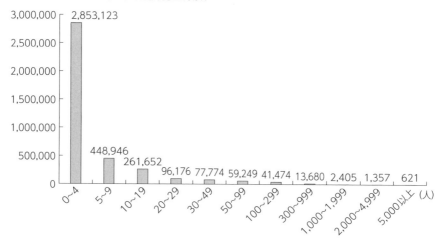

出所：総務省「平成28年経済センサス―活動調査」

　それにもかかわらず「中小企業」をテーマとする本書は，この問題にまず，完全ではないにしろ答えなければ始まらない。その第一歩として冒頭の質問を以下のように変えてみよう。すなわち，

　「小さな企業についてどんなイメージを持っていますか？」

　少しはイメージが湧きやすいと思うが，まだ「企業」という言葉がわかりにくい。まずはここでは「個人で，あるいは仲間で稼ぎを得る仕事をしていること」としよう。

　これならば，最初の問いに比べかなり答えやすいのではないだろうか。

　そうした仕事はどのくらい日本であるだろうか。

　可能な範囲で統計的にこれを捉えたものとしては総務省「経済センサス」[1]がある。これを用いて常用雇用者で測った規模毎に見たのが図表1-1である。ここからわかるように企業数でみた場合，常用雇用者0人（経営者以外アルバイト等だけ）から4人の企業が圧倒的多数である。企業の数は小さければ小さいほど多く，テレビのCM等で出てくる大きくかつ有名な企業は極めて少数派であるということである[2]。

2. 中小企業の基準，定義

（1）中小企業基本法による定義

　小さな企業を大きい企業と分ける基準，あるいは境界は何であろうか。

　この境界が分かっていないと，中小企業についてこれから議論を進めていくことができない。

　ただ，日本の場合においては，中小企業とそれ以外を分ける基本的基準が法律により定められている。それが中小企業基本法（1963年，以下，本章では「基本法」という）である[3]。そこで本書では以下，中小企業について基本法の定義に準じて考えていくこととしよう。

　基本法上の中小企業（法文上では「中小企業者」（中小企業である者））の定義を表形式で表すと以下のとおりとなる（図表1-2）。

　ここでは上記の定義について，もう少し詳しくみていこう（中小企業庁1963; 1963; 2000）[4]。

　図からわかるように基本法によるとある企業が中小企業であるのか否かの基準は2通り存在する。一つは企業の従業員の数をもととする基準（以下，「従業員基準」という）であり，もう一つは資本金をもととする基準（以下，「資本金基準」という）である。

　さらに図を見ていくとそれぞれの基準について業種による違いがある，つまり，①製造業，建設業，運輸業等一般の業種について基準区切りの組合せがあり，それとは別に②卸売業，③小売業，④サービス業[5]，それぞれについて製造業等と違う区切りの組合せが存在している。

　まず言うべきは，業種に関係なく従業員基準，資本金基準のいずれか一方をクリアしさえすれば，中小企業であるということである。だから，製造業の場合では，資本金は50億円であるが従業員が300人以下の企業や資本金1,000万円，従業員1,000人の企業も中小企業になる。

　次に従業員基準についてみていこう。基本法では従業員基準について「常時使用する」という言葉が入っている。そして「常時使用する」については，

図表1-2　中小企業基本法の中小企業の定義

	従業員基準	資本金基準
製造業，建設業，運輸業　以下3業種を除く全ての業種	300人以下	3億円以下
卸売業	100人以下	1億円以下
小売業	50人以下	5,000万円以下
サービス業	100人以下	5,000万円以下

出所：筆者作成

「労働基準法第20条の規定に基づく「解雇の予告を必要とする者」を従業員」
となっている（中小企業庁HP）。いわゆる正規雇用者がこれに該当する。

　とすると，パート，アルバイト，派遣社員，契約社員といった非正規雇用者
は，基本法の従業員基準で中小企業か否かを判断する場合，どう数えるのだろ
うか。

　基本法制定時の60年前はともかく，今日，雇用全体に占めるこれら非正規
雇用者が経済活動において果たす役割は小さくなく，この問題は無視できな
い。これらも入れるべきか？　しかし，非正規雇用者の中には，事業の繁閑に
応じて増減する雇用も少なくなく，これを含め企業規模をみるとすると，ひと
つの企業があるときは中小企業となり，次の日にはそうではなくなるといった
妙なことも生じてしまう。

　そのため，結局，基本法においては，様々な雇用の形式にある非正規雇用者
を「常時使用する従業者」とするか否かを労働基準法第21条の解釈に委ねて
いる[6]。

　なお，会社役員及び個人事業主については雇われているわけではないので，
中小企業基本法上の「常時使用する従業員」には該当しない。

　もう一度，図表1-2に戻る。

　表を縦方向に見ていくと，業種により基準水準が異なることがわかる。「製造業やサービス，卸，小売に分ければよいのだな」と考えると簡単そうであるが，実のところ，企業を産業に当てはめることはそんなに簡単ではない。

　たとえば，エレベーター会社，現在，ここで活動している会社としては，（中小企業ではないが）三菱ビルテクノサービス㈱や㈱日立ビルシステム，東芝エレベータ㈱があげられる。これらの会社が，エレベーターの設置を行うとともにそのメンテナンス，修理も行っている。

　では，こうした会社がどこの産業に入るのかを決める基準は，総務省「日本標準産業分類」である。そしてこの分類によると，エレベーターの設置は産業分類の大分類ではD.建設業（小分類では0842昇降設備工事業）に分類される一方，エレベーターの修理，保守業は同じく大分類R.サービス業（他に分類されないもの）（小分類では9011一般機械修理業）に分類される。では，上記の3社は建設業に属しているのだろうか，それともサービス業に属しているのであろうか。

　このように，企業の中には複数の業種にまたがる活動を行うものも少なくなく，そうした場合には「主たる事業」に該当する業種で判断するとされている（中小企業庁のHP）。

(2) 中小企業であるかどうか，境界の定め方

　それにしても，中小企業の境界，従業員300人，資本金3億円という基準はどのようにして決まったのだろうか。何故，100人ではなく，また，何故10億円ではないのか。

　もちろん，「境界」は「何となく」決められるというものではない。これを決めるに当たっては中小企業がどのような存在であるか，大きい企業とはどんなもので，小さい企業とはどんなものかという中小企業のイメージがなければならない。そこで次にこの「境界線」を定めた考え方について見ていこう（中小企業庁 1963）。

　「境界線」を決めたのは1963年の基本法制定時のことである。

まず，資本金基準についてである。法律制定時は，資本金5,000万円であり[7]，その後，物価水準の変化とともに改訂され，2000年，現在の3億円となった。

では，当初の5,000万円という数字はどのようにして決まったのであろうか。「境界」が定められるに当たっては，企業が外部から行う資本調達が注目された。外部からの資本調達の手段としては，金融機関からの借入れと株式発行があるが，このうち，前者については金融機関の判断次第で資金調達が困難になるのに対して，後者では株式公開企業により広い範囲からの資本を調達できる。そうして広く資本を調達することができれば，事業規模の拡大は可能である。このことから株式公開しているか否かが中小企業の範囲の基準となった。

具体的には基本法制定当時，東京株式取引所（現在の東京証券取引所（東証））の二部市場上場の基準は最低資本金が1億円以上であったことから，資本金1億円が中小企業の境界として，まず考えられた。ところが，企業の中には現在，資本金が1億円に満たないが，内部留保（＝資本剰余金＋利益剰余金）を保有しており，これを資本金に組み入れることによっていつでも資本金を1億円以上にでき，上場基準をクリアできるものが存在した。そこで株式会社の資本金別に内部留保の水準についてみていくと，当時の資本金5,000万円以上1億円未満のクラスの企業は，内部留保を加えると，およそ自己資本1億5,000万円を有していることが明らかになった。このことから資本金5,000万円を中小企業の上限とすることとなった。

さらに従業者の数について資本金との関係を見ると，当時，資本金5,000万円に対応する従業者数は300人程度であったことから，従業員基準については300人という数字が用いられることとなった[8]。

説明がやや詳しくなったが，この中小企業の境界の定め方には，既に「中小企業とは何か」という問いに対する国の認識が含まれていたことに注意してほしい。それは中小企業とは資金調達を金融機関に頼らざるを得ず，この点で資金制約下にある（中小企業とは「金が無い」）存在であるという考え方である。

この考え方は当たり前のように思えるかもしれないが，そうではない。海外では中小企業について別の捉え方をしている国も存在している。この点につい

ては（5）で述べる。

（3）中小企業という存在の全体像

　次に中小企業を基本法のようにとらえた場合，全体としての中小企業はどのように捉えられるのであろうか。

　まず中小企業の数であるが，『2020年版　中小企業白書[9]』によると2016年時点で358万者が存在する。これは日本の非一次産業（民営）合計の企業数（359万企業）の99.7％に相当する。中小企業でないものを仮に大企業と呼ぶとすると，大企業は3/1000という稀な存在といえる。

　従業員別企業割合については既に図表1-1で示したとおり，大部分は従業員数0人から19人である。従業員数で企業を見た場合，中小企業のシェアは68.8％（従業者数全体は47百万人，うち中小企業従業者数は32百万人（同じく『2020年版　中小企業白書』））である。

　では，それらの企業の業種別構成はどのようになっているであろうか（図表1-3）。

　ここから見るとおり，1割程度が製造業，建設業，卸売業であり，2割が小売業である。そして中小企業の約4割はサービス業となっている。そしてサービス業には，宿泊業，飲食業，理美容業，クリーニング，娯楽業（映画館，ボーリング場等），塾，有料老人ホーム，一般病院等様々な「業」が含まれる[10]。

　中小企業というと町工場を連想する方も多いであろうが，実態を見ると，ものづくり企業は中小企業の中では少数派である。

（4）小規模な中小企業

　（1）では中小企業とそうではないものの境界について論じてきた。

　しかしながら図表1-1で示したように中小企業のほとんどが従業員10人にも満たないものであり，これと従業員300人に近い企業を一緒にして扱うことは，無理がある。

　そのため基本法では中小企業のうちとりわけ規模の小さな企業について「小

図表1-3 中小企業の業種別構成

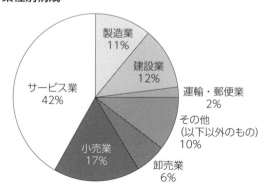

（注）その他は，金融保険業，不動産物品賃貸業。
出所：中小企業庁（2020）より筆者作成

規模企業者（小規模企業である者）」として別途，定義している。

　小規模企業の定義は製造業その他では従業員（常時使用する従業者）20人
以下，卸・小売業，サービス業では5人以下となっている。資本基準は存在し
ない。

　なお，小規模企業は，企業数でみて民営非一次産業全体の84.9％，常用従
業員数でみて同13.7％，付加価値数でみて同14.0％（中小企業庁 2021）を占
めている。

(5) 海外における中小企業の捉え方（米国を例に）

　ここまで述べてきたように，基本法においては中小企業の境界を，広く公開
して資金を調達できるかということに依っている。この考え方は一つの中小企
業についての見方ではあるが，海外をみるとこれと異なる整理の仕方をしてい
る国もある。

　ここでは米国を例にとり，この点について紹介する。

　米国では，小さな企業は自由競争の担い手であり企業の自由競争の維持・拡
大は国民経済の繁栄及び国家の安全保障の基礎である，という考え方のもと

に，既に1953年（日本の基本法の10年前）には，"Small Business Act"（「小企業法[11]」）が制定されている。そこでは小企業とは[12]，「独立所有・独立運営で，自分の業種において独立的であり，かつ独占的な地位を占めていない事業者（"is independently owned and operated and which is not dominant in its field of operation."）」（小企業法第3条（a））と規定されており[13]，その上で業種ごとの規模要件を満たすものとされている。

業種ごとの規模要件は企業の①平均年間総収入（"the average annual receipts"所得と原価の総額）や②平均的雇用（"the average employment"，これにはパートタイム，派遣社員やアルバイトも含まれる）により詳細に定められている。

たとえば，製造業では360の業種分類ごとに従業員1,500～500人が基準として決められており（従業員1,500人は，家電，自動車，航空機エンジン等の製造や石油精製，製鉄所等25業種，500人は98業種），建設業，小売業では年間売上高\$41.5～\$8百万ドル以下等きめ細かく小企業の上限の規定が定まっている。

なお，この業種による基準の違いについては，小企業庁（SBA: Small Business Agency）がそれぞれの業種の競争の度合い，平均企業規模，立ち上げ費用と参入障壁，企業規模別の分布などの業種特性を考慮して決定している。

つまり，米国においては各業種での新規参入による市場競争の促進の観点から小さな企業というものを捉えている。いわば，独占禁止法と同様，競争的市場の維持という見方から小企業を意義付けているのであり，この点は先述した日本における中小企業の捉え方と大きく異なる。

このように中小企業について日本の中小企業の定義の仕方は，あくまで一つの見方であるということには注意するべきである。

なお，他の国，地域による中小企業の定義の違いは図表1-4のとおりであるが，定義の背景にある考え方についてここで紹介することはしない。しかし，①中小企業を何層ものカテゴリーで分けるか否かという点，②従業員数と年間売上高，あるいは資産総額から捉える点や，③企業の独立性（子会社等ではな

いこと）を要件として明示するかという点で各国で違いがある。

図表1-4　各国，地域（米国以外）の中小企業の定義

	定義
EU	中小企業（SMEs）①従業員250人未満であり，②年間売上高5,000万ユーロ以下又は総資産4,300万ユーロ以下の独立企業
	小企業（Small）①従業員50人未満であり，②年間売上高1,000万ユーロ以下又は総資産1,000万ユーロ以下の独立企業
	マイクロ企業（Micro）①従業員10人未満下であり，②年間売上高200万ユーロ以下又は総資産200万ユーロ以下の独立企業
中国	16業種それぞれで大型企業，中型企業，小型企業，微型企業を分類して，従業員，収入，資産基準を設定。
インド	製造業，サービス業の2業種について分けて中型企業（Medium Enterprises），小型企業(Small Enterprises)，マイクロ企業（Microl Enterprises）を投資額で決定
韓国	年間平均売上高（業種毎に1,500億～400億ウォン）以下，資産総額5,000億ウォン以下である独立企業
ロシア	従業員基準と売上高基準により中企業，小企業，マイクロ企業を規定。外国資本からの独立が要件があったが，2018年に緩和。

（注）各国の中小企業の定義は2020年時点のものである。
資料：EU Eurostat
　　　https://ec.europa.eu/eurostat/web/structural-business-statistics/structural-business-statistics/sme#:~:text=SMEs%20are%20defined%20by%20the,Recommendation%20of%206%20May%202003.
　　　中国（2017）
　　　http://www.stats.gov.cn/tjsj/tjbz/201801/t20180103_1569357.html
　　　インド（2006）MinisteryofMicro,Small&MediumEnterprises（MSUME）
　　　http://www.dcmsme.gov.in/ssiindia/defination_msme.htm
　　　韓国
　　　https://www.mss.go.kr/site/smba/01/10106060000002016101111.jsp
　　　ロシア日本貿易振興機構（2018）
　　　https://www.jetro.go.jp/biz/areareports/special/2018/0901/5bd0bc1d820ada09.html
出所：上記資料より筆者作成

3. 何故，中小企業は経済に深く広く存在するのか

（1）群としての中小企業の安定性

　1.節において日本の企業のほとんど全てが中小企業の範疇に属することを紹介した。しかしながら，報道等を見ていくと中小企業は経済社会環境の変化に対してきわめて脆弱な存在として捉えられている。このように広く人々の脳裏に染み付いた「中小企業はか弱い（naive）存在である」という見方と，中小企業は日本の企業の大多数が中小企業であるという現実とはどう結びつくのであろうか。

　この答えを探るために，中小企業が経済活動に占める地位について企業数に占める割合以外の点を確認しておこう。

　図表1-5（1）（2）は，製造業の付加価値額，卸売業，小売業の出荷額における中小企業のシェアの長期的推移を見たものである。ここで見るように製造業と卸売業については半世紀以上にわたり中小企業のシェアは安定している。この期間に起こった日本経済に生じた様々な環境や政策の変化（第8章参照）を考慮するならば，これらの業種で中小企業が環境変化に耐えられずそのウエイトを後退させているとは言い難い。

　次に小売業については確かに50年で1割程度シェアが低下している。だがやはり，この間の小売業を巡る大きな環境変化に鑑みると，衰退の一途を辿ったとはとても言えない。

　もし，小さな企業であるということが弱いことを意味するのであれば，中小企業は市場競争の中で生き残れず淘汰され，そのウエイトは時間が経つにつれて小さくなっていくはずであろう。しかし，そうではないということは，中小企業であるということに何らかの強みがある，つまり，中小企業がよって立つ何らかの基盤（「存立基盤」という）があるということである[14]。

　もちろん，個別の中小企業を見ると，その強みを活かすことができないで廃業せざるを得ないものもあれば，強みを活かすべく新規参入するものもある。その意味で個別の中小企業が安定しているというわけではない（こうした企業

図表1-5(1) 製造業における中小企業のシェア

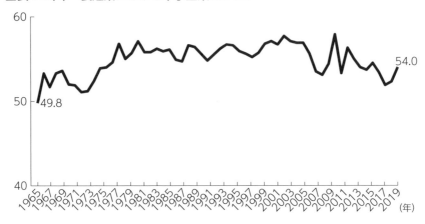

(注) 従業者規模4〜299人の事業所を中小企業とする。
出所：中小企業庁（2003），商工総合研究所（各年版）他

図表1-5(2) 卸売業，小売業における中小企業のシェア

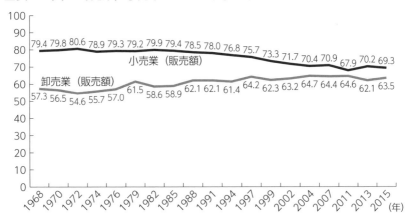

(注) 卸売業では従業者規模99人以下，小売業では49人以下の事業所を中小企業とする。
出所：図表1-5（1）と同じ

の誕生と消滅については第2章，第5章参照）。

　しかし，中小企業全体を群として捉えた場合，それは大きな企業にはない独自の存立基盤を有しており，「内部にダイナミックな変動（清成 1980）」を含みながらも安定したエコシステムを形成している存在であるということができるのである。

　では，こうした群としての中小企業の安定的な存立基盤とは何であろうか。

(2) 適正規模論の考え方

　町の喫茶店を営業するのには小さな規模の店があれば充分であるのに対して，石油精製プラントには巨大な規模の工場が必要である。適正規模論はこうした考え方を学問的に整理したものであり，産業によって適正な規模があるという考え方である（なお，適正規模論の背景となる，「規模の経済（Economies of Scale）」の考え方については，第3章コラムを参照）。

　適正規模論の主唱者であるRobinson（1960）によると，適正規模の企業とは，「現在の技術及び組織能力の状態において，長期的に見た場合の費用全てを含んだ製品一単位当たりの平均費用が最低である企業」[15]をいい，それは技術的要因，管理的要因，金融的要因，市場的要因，危険負担及び景気変動的要因の5つにより決定される。

　そして適正規模が，企業の活動分野によって異なるのであれば，規模が小さいことが適正である事業分野もあるはずであり，大企業が一方的に中小企業を圧倒するということにはならない。

　適正規模の存在に中小企業の存立基盤を求めるこの見方については，最適規模が「経営単位（事業所（本店，支店・支所，工場等）単位）にとってだけ通用し，経済単位（会社単位）にとっては通用しない（Penrose 1959）」はじめ，様々な批判が存在するが，経済実証で多く用いられ（Saving 1961, Rees 1973等），日本の中小企業に対する見方に対しても影響が大きかったことは否定できない。

　たとえば中小企業に関する叙述で使われることが多い過小性という言葉は，

適正規模という概念が無ければ成り立たない。

そして基本法についてもその政策の主要な柱は過少規模の中小企業の経営規模の拡大と適正化であった。

コラム　最小効率規模

　経済学の考え方では，適正規模についてどう捉えることができるであろうか（(1)，(2) 図）。

(1) 生産量と固定費用，可変費用の関係

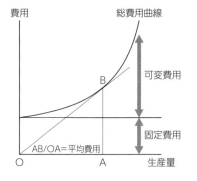

(2) 生産量と平均費用の関係

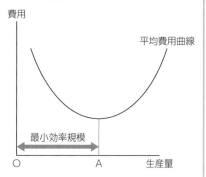

　(1) 図は，企業のある時点での生産量と生産費用の関係をみたものである。総費用は可変費用（生産水準によって変化する原材料，燃料費，運送費，人件費等）と固定費用（生産水準によって変化しない地代，利子支払い等）から成り立つ。

　このうち，可変費用は，生産量の増加とともに増加する。その増加のテンポは生産水準が低いうちは機械装置や運搬手段の効率的利用により緩やかなものであるが，生産水準が高くなると，機械装置の高稼働率での維持や，残業費の発生等により急になっていく。従って，総費用曲線は (1) 図のように，生産水準が高くなると勾配が急になる形となる。

　(2) 図は，(1) 図をもとに企業のある時点での生産量と平均費用の関係を

示したものである。平均費用曲線はおおよそU字型（サラダボール）の形を
とる。そして平均費用が最小になる生産水準（OA）を最小効率規模と言う。

　また，生産水準が高くなる程，平均費用が低くなる状況（（2）図では生産
量がOAより低い水準であるとき）を規模の経済（economy of scale），平均
費用が生産水準の上昇とともに高くなる状況（同OAより高い水準）を規模
の不経済（diseconomy of scale）と呼ぶ。

　では，適正規模論においては，特定の産業についてどのような規模が適正と
するのか。

　適正規模の計測方法として実証研究の分野等で用いられるものとしては，中
央値法（median method）（Comoner=Wilson 1960）と適者生存法（Survivor
Test）（Stigler 1964）がある。

　このうち中央値法（median method）はある産業の上位50％の企業の規模
を適正規模とするものであるが，経済学的基盤はあいまいである。

　これに対して，適者生存法（Savivor test）は，自由な市場競争では規模が
過小な企業や過大な規模は淘汰され，適正な規模の企業は生き残る（経済にお
ける「適者生存（Survival for Fittest）」）という，市場原理的根拠に基づく測
定方法である。同法では適正規模を測定しようとする産業内で活動する企業を
規模別に分けて，ある期間で業種内の産出量や企業数でみたシェアを伸ばした
規模区分を，規模の面で市場適合的であった「適正規模」として見做してい
く。

　さて，この方法は如何にも合理的である。だが，実際に適者生存法を用いた
研究の結果はやや意外なものであった。というのは，適正規模に満たない企業
が多くの産業において40〜50％存在したのである（Weiss 1964）。

　果たして，進化論の「自然淘汰」や「適者生存」の考え方は自然界に限った
話であり，企業の世界には当てはまらないのであろうか。

（3）中小企業の活動分野としてのニッチ市場

　ここで適正規模論，否，中小企業について論じる場合，注意しておかなければならないことを指摘する。

　それは企業が活動の基盤とする市場というものが，産業分類に対応するものというわけではないということである。日本標準産業分類では日本の産業を大分類19，中分類97，小分類420，細分類1,269に分けているが，日本には市場が1,269存在するというわけではもちろん，ない。

　たとえば，産業細分類0972の生菓子製造業には，ケーキ，ドーナッツ，パイなどの洋生菓子及びようかん，まんじゅうなどの和生菓子のすべてが生産物となるが，これらを一つの市場のものとして扱うことは，甘いものはすべて同じと感じる人以外ではあり得ない[16]。

　金属切削加工なども加工する金属（鉄，銅，アルミニウム，チタン等），汎用品か特注品か，納期等によって供給者も需要者も異なり，同一市場と一括して論じることは出来ない。

　財，サービスによっては地域の違いも市場を分ける要因となる。東京の銀座の料亭と大阪の北新地の料亭は競争していない。

　従って企業が活動する市場に注目する場合，日本標準産業分類では細分類でも粗すぎる。そして，こうした考察を踏まえるならば，適正規模に満たない企業が多くの産業において存在するという先のWeiss（1964）等の指摘した状況もあり得ることである。

　しかしながら，適正規模論が論じているように小さい企業と大きな企業がそれぞれ独自の活動分野を持っているとすると，これを検証する方法として直截的にアンケートにより「主たる競争相手」大企業と中小企業に尋ねてみるというやり方もある。その結果を示したのが，図表1-6である。この図から中小企業と大企業は同じ市場を巡り競争しているわけではなく両者がそれぞれ「棲分け」をしていることがわかる[17]。

　ではこうした棲分けを規定するものは何であろうか。

　まず，細かな需要に対応した小さな市場（ニッチ（Niche）市場）であろう。

図表1-6　中小企業が最も意識する競争相手（全産業，単数回答）

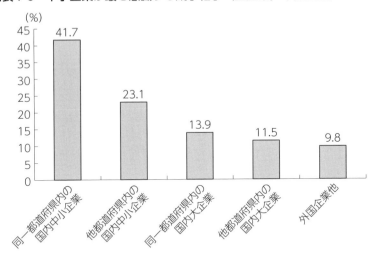

出所：商工組合中央金庫（2007）「中小企業の競争力に関する調査」より筆者作成

　たとえば，図表1-7では，飲食品（味噌，清酒，チーズ，水産練製品）について，最も販売容量の大きい商品の企業名，その商品の価格〈円/g〉の2倍以上で売れている商品の割合を紹介しているが，それによると中小企業の場合，大企業と比べこうした商品の割合はかなり高く，中小企業は一般消費者向けというよりも高級品分野で活動していることがわかる。

　こうした商品は普及品に比べ需要そのものは大きくない。しかし，そのような領域でも小さな企業からみると経営を続けていくうえで十分に広い市場である。中小企業にとって自身の身の丈に合わない大きな市場は不要であり，独自の小さな市場のニーズに対応していけば，企業としての存続が可能なのである。

　別の言い方をすると「中小企業の強みとは何か」とは，しばしば問われる質問であるが群としての中小企業ということであれば，「小さいこと」が第一の強みと言ってよいであろう。

　小さいものと大きなものが，それぞれの分野で活動するということは実は地

17

図表1-7　高価格で売れている商品の割合

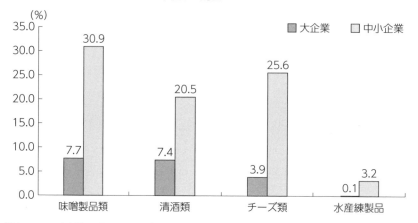

(注) ここで高価格で売れている商品とは，最も販売容量の大きい大企業商品の価格の2倍以上の価格で売られている商品を指す。
出所：中小企業庁（2007）より筆者作成

球上で普通にみられることである。

　地球の表面をみてみよう。「そこでもっとも繁栄している生物は何か」という問に対しては，すぐに「人間」という回答が出てくるだろう。しかし，数と種類においては圧倒的なのは昆虫である[18]。昆虫はその体に見合った小さな環境にそれぞれ独自の生態で生命を紡いでいる（稲垣 2020）。

　小さい企業も同様である。自然の生態系と異なることは，企業の経営者が自らの意思によりその活動分野を選んでいるということである。

　経済学では完全競争という言葉がある。通常の取引においてこうした形で行われることはほとんどなく[19]，企業の経営という点からみても，もし経営者が完全競争の市場に甘んじていたとすると，そうした経営者は失格である。多数の供給者とともに同一の財・サービスを市場に出し続け，利潤も期待できない完全競争は経営者が最も回避するべきものであるからである。

　実際の企業にとっては完全競争からの脱出こそが競争優位を獲得する道である。そのために何らかの形での提供するものの「顧客にとっての認知上の価

値」（Porter 1980）において他社が提供するものとの差別化を図る。差別化をすることで，多くの企業は競争相手を作らない（価格競争をせず，他と違うことをする）戦略をとる。

これをある時点で上空から見ると，差別化した企業が生き残り，安定した「群としての中小企業」が形成されてきたように観察できる。

また，これを私達，生活する側から見ていくならば，差別化のため様々な工夫をこらす多数の中小企業の存在が，私たちに多様な選択肢を与え，衣食住に潤いをもたらすということにもなる。

繁華街に行くと，多様なファッションや食事を楽しむことができ，書店に行くと個人個人の色々な趣味に合った様々な出版物を見つけることができる。これらができるのは，小さなマイブーム的アクセサリーショップ，レストラン，そして小さな趣味に対応した出版に応じる中小出版社が存在するからである。

多様なニーズに対応する「中小」という存在は，私たちの多様で潤いのある高品質の生活の基盤と言えるのである。

(4) 時間の概念の導入，四次元の中小企業論

ここまで，群としての中小企業が何故，安定的な存在であるのかについて既存の文献を頼りにしつつ考察を進めてきた。

もうひとつ述べておかなければならないことは，ニッチな市場空間は時間の経過とともに絶えず変化するものであるということである。

まず消費者需要についてみると季節変動があり，また少しの社会の気分の変化流行等によって移ろいやすい。中小企業の多く存在する中間財市場においても納期の短い注文はしばしばみられる。こうした取引は中小企業にとって活躍の場でもある。

図表1-8は企業の強みを企業規模別にみたものであるが（経済産業省，文部科学省，厚生労働省 2019），これによると中小企業においては，「多品種少量生産」とともに「短納期生産」が大企業より高い割合となっている。中小企業というと，「小回り性」，「機動性」がプラスの面としてしばしば挙げられるが，

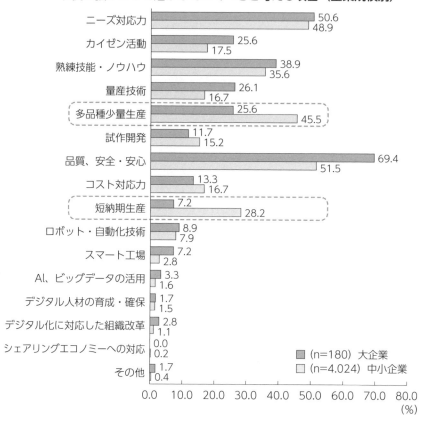

図表1-8　現在自社の強みであり,
　　　　今後も強みとして活かしていくべきと考える項目（企業規模別）

ニーズ対応力　50.6 / 48.9
カイゼン活動　25.6 / 17.5
熟練技能・ノウハウ　38.9 / 35.6
量産技術　26.1 / 16.7
多品種少量生産　25.6 / 45.5
試作開発　11.7 / 15.2
品質、安全・安心　69.4 / 51.5
コスト対応力　13.3 / 16.7
短納期生産　7.2 / 28.2
ロボット・自動化技術　8.9 / 7.9
スマート工場　7.2 / 2.8
Al、ビッグデータの活用　3.3 / 1.6
デジタル人材の育成・確保　1.7 / 1.5
デジタル化に対応した組織改革　2.8 / 1.1
シェアリングエコノミーへの対応　0.0 / 0.2
その他　1.7 / 0.4

■ (n=180) 大企業
□ (n=4.024) 中小企業

0.0　10.0　20.0　30.0　40.0　50.0　60.0　70.0　80.0
(%)

出所：経済産業省調べ（2018年12月）

本図はこのことを示したものである。

　中小企業は需要の頻繁な変化に素早く対応できるとすれば，その理由は何であろうか。組織が小さい（存在しない），従って事業体としての対応変更の調整コストが低く，意思決定のプロセス等が簡略であることであり，まさに「小さいこと」が強みとなっているということである。

　我々は「大きいもの」というと「強いもの」と考えがちである。日本語でも

「大きい」という形容詞はしばしば「強い」と同義に，「小さい」という形容詞は「弱い」と同義に使われる（「強大」や「弱小」という表現等）。

　しかしながら世の中を見合せば小さいが強いもの，否，小さい故に強いものは沢山見られる。スポーツの世界では，野球，サッカー，あるいは格闘技でも，巨体ではなくスピードを武器とする一流選手は数多く存在する。

　「強さ」というものは「速さ」という時間の概念を加えることで新しい次元が加わる。中小企業の強さについて考える場合，こうした時間軸を加えた「四次元の強み」にも注意する必要がある。

4. 企業のライフサイクル的アプローチ

　ここまで中小企業の定義とその考え方，経済における地位とその安定性について考察してきた。では，全企業の99.7％を占める群としての中小企業についてどのようにしてさらに理解を深めることができるであろうか。

　企業の一つ一つには個性がある。中小企業についてこれを一つ一つ追っていくことはできない。しかしあらゆるすべての企業には共通するものがある。それは，誕生，発展と成長，そしていつか来る死というライフサイクルの中に企業活動を育んでいるということである。

　本テキストでは企業についてこうしたライフサイクルという概念から考察を勧めていくこととする。

　中小企業を誕生，発展，死滅といったステージのそれぞれにおける中小企業の特徴，抱える問題とそれへの対応，そして次のステージへの移行の状況を追っていく。

　いわば「企業の一生」が本テキストの次章以下のテーマである[20]（図表1-9）。

　およそ，この世に存在する全てのもの，宇宙を除く森羅万象には始まりがある。そして，それはまだ来ていないにせよ，終わりというものがいつかは来る。生物では人間も動物も魚も虫も植物も，ほとんど全てが誕生と死を経験す

図表1-9　企業をライフステージから見る企業の一生の経済学

| 起業直後
(小児期) | 成長（成人期）
発展，成長
経営者の交替 |
| 起業（誕生）
生き残り | 退出（死亡）
回避 |

各時期ごとの問題、課題の分析

企業のライフステージと
企業の一生の経済学

出所：筆者作成

る。そしてそれらの一生のそれぞれの段階において人はその段階特有の様々な
課題に直面する。

　企業の一生もこれと同じである。すべての企業に生まれた瞬間があり，ま
た，まだそれが来ない企業もあるがいつの日か終焉を迎えるだろう。

　企業の誕生の瞬間とは開業である。生まれたばかりの企業はごく例外的なも
のを除いて従業員数名のまことに小さな，とるに足らない存在である。さらに
その全てが過去の経営実績を有しておらず，多くは新事業の遂行に必要な経営
実務を通じた有効な経営知識を有していない。こうした特徴は生まれたばかり
の企業だけが有するものであり，そのことが資金調達や販路等で既存企業には
無い様々な困難を開業直後の企業に与える。

　しかしながら，経済社会において認知されていない小さな存在としての幼少
期の企業は業暦を重ねるにつれて経営知識や外部からの信用を蓄積し，その経
営の安定性を高めていく。この質的充実の過程は企業としての「発展」として
捉えることができる。

　また，幼少期の企業の一部にはその後，従業員数等で見た量的成長を遂げる
ものも出てくる。量的成長の過程でこれらの企業はその活動の範囲である市場
を変え，組織をより複雑なものへと変えていく（こうした量的変化の過程を

「成長」と呼ぶ）。

　こうして企業は開業という乳幼児期ステージから成人期のステージに移行していくわけであるが，このステージにおいて企業はまた，別の課題に直面する。すなわち，このステージのおける企業が発展・成長の力を維持するためには，常に新分野に進出し，研究開発等による新しい試みを開拓していかなければならない。

　また企業の活動の途中で経営者の引退が訪れることもある。この場合，経営者の交替（事業承継譲渡）の過程を企業は乗り越えなければならない。

　そして，企業にも終わりは来る。経済からの退出である。

　企業の退出については多様なパターンが観察される。「老衰」ともいってよい（経営者の老化等に伴う）自主的廃業もあれば，死の予兆のある「病死」（つまり長期の営業不振による退出），それすらない「事故死」ともいえる倒産という形態もある。

　ある企業が死の予兆ともいえる倒産の危機を認知した場合，それを回避するには如何に対処するべきであるのかということは，企業の生涯が短命に終わるのか，そうではないのかという観点も「企業の一生」を語る上でのひとつのテーマである。

　それでは中小企業はその生涯でどういった課題を乗り越えていくのであろうか。

　第2章ではまず，企業の誕生からみていくこととしよう。

5. まとめ

＊日本においては中小企業基本法によって中小企業の定義が定められている。この基準には，①資本金基準と従業員基準があり，②業種により2つの基準の水準は異なる。この定義による中小企業は全企業の99.7％である。

＊中小企業の基準の設定においては，企業規模による企業の資金調達の自由度の違いが背景にあった。しかし，米国では異なる考え方により中小企業を規

定している。このように中小企業をどのような存在として捉えるかは国により異なる。

＊群としての中小企業は，長期間にわたり日本経済において安定的なプレゼンスを示している。

＊中小企業は，小さくて機動性，小回り性に優れていることから，業種を超えてニッチな市場，需要の変動が激しい分野で活動してきた。

＊中小企業についての分析の仕方の一つとして，ライフサイクルの様々な局面（起業の誕生期，成長期，衰亡期）に直面する課題を分析する「企業の一生の経済学」がある。

さらなる学習のために

① 企業に限らない。(1) メンバーが5～20人少ない「人の集まり」と，(2) その10倍，50～200人の「人の集まり」で一つの目標のため行動とするとした場合，双方の長所，短所は何であろうか。大学のゼミナールやサークル，中学高校のクラス，クラブ活動等の例に考えてみよう。

② 興味を持つ業界のなかの複数の企業を選び，企業の商品展開の違いについてHP等を用いて調べるとともに，違いは何故できるのか考えを整理してみよう。

(注記)
(1) 経済センサスは，日本のすべての事業所（本店，支店・支所，工場等）の立地，規模，設立形態（法人か個人か）等の基本的構造を明らかにすること等を目的に実施される統計法に基づく基幹統計調査。

(2) 統計学的には企業分布はパレート分布に近似されるといわれる。パレート分布についての詳しい説明は青山・家富・池田・相馬・藤原（2007）等がある。

(3) なお，中小企業基本法で定めた中小企業の定義はあくまで，「おおむね」のところを示すものであり（基本法第2条），具体的な範囲は，中小企業施策の目的が異なる場合，目的に沿って施策毎に具体的範囲が定められている。たとえば，

法人税税率は中小企業の場合，特例が定められているがここでの基準は資本金1億円以下である。

(4) さらに，https://www.chusho.meti.go.jp/faq/faq/faq01_teigi.htm#q1 も参照のこと。

(5) なお，日本標準産業分類（2013年版）の「大分類L 学術研究，専門・技術サービス業」から「大分類R サービス業（他に分類されないもの)」までを総称したものである。

(6) 労働基準法をみると同法第21条では，第20条の適用除外となる雇用者として，①日々雇い入れられる者（1か月を超えて引き続き使用された場合以外)，②2か月以内の期間を定めて使用される者（契約で定めた期間を超えて引き続き使用された場合以外)，③季節的業務に4か月以内の期間を定めて使用される者（契約で定めた期間を超えて引き続き使用された場合は予告の対象)，④試の使用期間中の者（14日を超えて引き続き使用された場合は予告の対象）とされている。

(7) なお，中小企業の定義（資本金基準）については，物価上昇等を踏まえ基本法制定以来，幾度かの上方修正的改正（1973年，1998年，1999年）が行われている。しかし，従業員基準については卸売業について1973年，改正前に50人であったものが100人になったことが唯一の改正である。

(8) なお，小売業，卸売業，サービス業については，生業的企業が多く，設備も少なくてよいこと等から別の基準数字を用いている。

(9) 基本法に第11条の規定に基づき，政府が毎年，国会に提出する中小企業の動向及び政府が中小企業に関して講じた施策に関する報告。

(10) なお，個別企業の活動が日本標準分類のどこに属するのかについての判断には難しいところがある（たとえば，郵便局は大分類Qの複合サービス業に入り，大分類Hの運輸，郵便業に含まれない)。詳しくは。以下を参照のこと。
https://www.soumu.go.jp/toukei_toukatsu/index/seido/sangyo/02toukatsu01_03000044.html#r

　特に，次々とニューサービスといわれる分野，アマゾン，楽天，ヤフー，あるいはユーチューブのような存在が産業分類上，いずれの分野になるのかについては，政府の統計基準部会の今後の課題となっている（https://www.soumu.go.jp/main_sosiki/singi/toukei/kijun/kijun_14/proceedings.pdf)。

(11) 企業を規模で分ける概念として米国では"Small Business"，欧州連合（EU）では"Micro enterprise"，"Small enterprise"，"Medium enterprise"等様々である。

(12) 以下の記述については，米国SBA（Small Business Industry）の以下のURL

を参照。

https://www.ecfr.gov/cgi-bin/text-idx?rgn=div5;node=13% 3A1.0.1.1.17#se13.1. 121_1101

(13) 独立性の要件は，日本の基本法における中小企業の定義にはないものであるが，個別の法律等では支援対象から除外している場合がある。

(14) この点については強みなどない，政策的に保護されているからであるという考え方もできるかもしれない。政策については第8章において詳述するが，中小企業政策により360万の中小企業の保護には限界があることは容易に想像できるであろう。

(15) 髙田・上野・村社・前田（2009）。

(16) なお，生菓子製造業の企業規模別事業所分布（2019年）をみると，4〜9人747事業所から300人以上41事業所まで各階層に分布している。これらの事業所がすべて同じような製品を同じような生産方式で製造しているわけではない。

(17) 中小企業と大企業が競争関係にあるというより，双方が「棲分け」をしていることについてのより精密な検証としては，両者の収益性の動きの違いに着目するAudretsch, Prince and Thurick（1999），Branburd and Ross（1989）がある。また，個別産業についての分析としては，米国の航空業についてのChen and Hambrick（2019）等を参照。

(18) 環境省（2008）によると，全世界で認知された動物は約175万種，うち哺乳類は約6千，鳥類は9千に対して，昆虫は約95万種である。

(19) 完全競争に近い市場としては，ガソリンスタンドがしばしば例としてあげられる。しかしながら，ガソリンスタンド間の競争は地域（車で給油が可能な地域）内に多数のガソリンスタンドがある場合に限られる。日本の経済取引のほとんどの部分は，完全競争下の取引ではないことは明白であろう。

(20) 以下の記述は橘木・安田（2006）によるところが多い。

【参考文献】

青山秀明・家富洋・池田裕一・相馬亘・藤原義久（2007）『パレート・ファームズ』日本経済新聞社.

稲垣栄洋（2020）『38億年の生命史に学ぶ生存戦略』図書印刷.

環境省編（2008）『平成20年版 環境/循環型社会白書』日経印刷.

清成忠男（1980）『中小企業読本』東洋経済新報社.

商工総合研究所編『図説 日本の中小企業（各年版）』.

経済産業省・文部科学省・厚生労働省編『2019年版 ものづくり白書』経済産業調査会.

商工組合中央金庫編, 岡室博之監修（2016）『中小企業の経済学』千倉書房.

末松玄六・瀧澤菊太郎編（1967）『適正規模と中小企業』有斐閣.

髙田亮爾・上野紘・村社隆・前田啓一編著（2009）『現代中小企業論』同友館.

橘木俊詔・安田武彦（2006）『企業の一生の経済学』ナカニシヤ出版.

中小企業庁編（1980）『昭和55年 中小企業白書』大蔵省印刷局.

中小企業庁編（1985）『昭和60年 中小企業白書』大蔵省印刷局.

中小企業庁編（2003）『2003年版 中小企業白書』ぎょうせい.

中小企業庁編（2011）『2011年版 中小企業白書』ぎょうせい.

中小企業庁編（2019）『2019年版 中小企業白書』日経印刷.

中小企業庁編著（1963）『中小企業基本法の解説―新しい中小企業の指針』日本経済新聞社.

中小企業庁編著（1963）『中小企業基本法のあらまし』中小企業調査協会.

中小企業庁編（2000）『新中小企業基本法―改正の概要と逐条解説』同友館.

日本貿易振興機構（2018）『韓国中小・ベンチャー企業に対する韓国政府の取り組みに関する調査』.

日本貿易振興機構（2018）『地域・分析レポート2018年9月16日』.

Audretsch, D.B., Prince, Y.M. and Thurik, A.R. (1999) "Do Small Firms Compete with Large Firms?" *Atlantic Economic Journal*, 27, pp.201-209.

Bradburd, R.M. and Ross, D.R. (1989) "Can Small Firms Find and Defend Strategic Niches? A Test of the Porter Hypothesis", *The Review of Economics and Statistics*, Vol.71, No.2, pp.258-262.

Chen, M.J. and Hambrick D.C. (2017) "Speed, Steath, and Selective Attack: How Small Firms Differ From Large Firms in Competitive Behavior", Academy of Management Journal, Vol.38, No.2.

Comaner, W.S. and Wilson, T.A. (1967) "Advertising, Market Structure, and Perfoemance, *Review of Economics and Statistics*, Vol.49, pp.423-440.

Coarse, R.H. (1937) The Nature of the Firm," *Economica*, N.S., Vol.4, pp.386-405.

Galbreith (1952) *American Capitalism-The Concept of Countervailing Power*.

Grossman, S. and Hart, O. (1986) "The Cost and Benefit of Ownership: A Theory of Vertical and Latered Integration," *Journal of Political Economiy*, 94, pp.583-606.

Marshall, A. (1920) *The Principle of Economics.* （馬場啓之助訳『経済学原理』東洋経済新報社，1965〜1967年）

Penrose, E.T. (1959; 1980; 1995; 2009). *The theory of the growth of the firm.* 1st & 2nd eds. Oxford, UK: Basil Blackwell. 3rd & 4th eds. Oxford, UK: Oxford University Press. （日高千景訳『企業成長の理論』ダイヤモンド社，2010年）

Porter, M. (1980) *Competitive strategy: techniques for analyzing industries and competitors*, Free Press. （土岐坤・中辻萬治・服部照夫訳『競争の戦略』ダイヤモンド社，1985年）

Rees, R.D. (1973) "Optimum Plant Size in United Kingdom Industries: Some Survivor Estimates," *Economica* Vol.40, pp.394-401.

Robinson, E.A.G. (1960) "The Structure of Competitive Industry", Nisbit. （黒松巌訳『産業の規模と能率』有斐閣）

Saving, T.R. (1961) "Estimation of Optimum Size of Plant by the Survivor Technique," *The Quarterly Journal of Economics* Vol.75, pp.569-607.

Stigler, (1964) "The Economics of Scale," *Journal of Law and Economics*, October 1958. （神谷伝造・余語将尊訳『産業組織論』東洋経済新報社，1975年）

Storey, D.J. (1994) *Undersanding Small Business Sector*, Routrage. London. （忽那憲治・高橋徳行・安田武彦訳『アントレプレナーシップ入門』有斐閣，2004年）

Weiss, L.W. (1965) "The Extent of Suboptimal Capacity: A Correction", *Journal of Political Economy* Vol.73, (June), pp.300-301k.

安田武彦

第 **2** 章

中小企業の誕生

学習のポイント

① 開業の経済的，社会的意義はどのようなものか。

② 日本の開業動向をどのように把握するのか。その現状はどうなっているのか。

③ どのような要因が国や地域の開業を活発化させるのか。産業によって開業動向が異なるのはなぜか。

④ どのような人が起業しているのか。起業の意思決定はどのように行われるのか。

⑤ 日本の開業動向が長期的に，そして英米と比べて低迷している理由は何か。

⑥ 群としてみた新規開業企業の経営が安定していくのはなぜか。

1. はじめに

　ライフサイクルは誕生から始まる。企業を生み出す取組み，つまり起業は起業家がより望ましい人生を送るための選択であり，人生のターニングポイントとなる。ただし，起業の影響は起業家だけにとどまらず，経済や社会にも様々なプラスの効果を生み出す。企業を生み出す起業家とはそもそもどのような存在なのだろうか（コラム①），また開業には具体的にどのような意義があるのだろうか（2.節），本章ではまずこれらの点を論じる。

　ただし，開業に意義があるといってもそもそも企業が誕生しなければ絵に描いた餅である。そこで，次に，様々な統計を紹介しつつ日本の開業動向を概観

する（3.節）。ここでは日本の開業動向が過去と比べて，そして英米と比べて低調であることが確認される。また，開業動向は国や地域，産業などによって異なるという事実は広く観察されている。この点を踏まえ，こうした違いを生み出す要因についても紹介する。コラム②では開業動向を理解するうえで不可欠な制度について論じる。

その後，起業家個人に焦点を当てて，どのような人がどのような動機で起業しているのかを論じる（4.節）。合わせて，起業という行動を説明する経済学的，心理学的モデルを紹介する。そのうえで，日本における開業の不活発さの理由として指摘されてきた様々な議論を検討する（5.節）。さらに，コラム③では，コロナ禍が今後の開業動向にどのような影響を与えるのかについて簡単にではあるが考察する。

最後に，開業後の課題について論じる（6.節）。新規開業企業の運命は多様である。大きく成長する企業もあれば，拡大を目指さず小規模なまま事業を続ける企業もある。その一方，短期間に廃業に至る企業もある。本章では，経営基盤の安定化という発展に向けての課題を紹介する。成長に関する議論は次章で論じられる。

ところで，企業の誕生は，「開業」「創業」「起業」など様々な言葉で表現される。以下，本章では，企業が新たに発足するという意味合いを持つ「開業」という言葉を原則として用いる。「創業」は使わない。また，新たな事業を企てる者の登場という人の側面に力点を置く場合「起業」を用い，経済において独立して開業する者を「起業家」と呼ぶこととする。

コラム①　起業家の定義

起業家とは何か。『オックスフォード英語辞典』（2020）によれば，財務的リスクを取って利益を視野に入れ，ビジネスや事業を起こす人である。起業家という言葉は，英語ではアントレプレナーと呼ばれ，元々はフランス語から派生したものである。17世紀後半から18世紀初めに，リチャード・カン

ティロン（Richard Cantillon）が文献の中で使用したのが最初である。

　通常，起業家についての我々のイメージは，一部のスーパースター的起業家の情報が広く喧伝されるため，そうした華やかな限られた存在となる。もちろん，メディアで注目される先端技術を駆使し，巨大な資本を調達し有名になった人々も起業家だが，街で生活のためにささやかなビジネスを始める人も起業家なのである。

　起業家はリスクを取るわけだが，リスクに見合う何かを得ようとしている。それは金銭的な利得もあれば非金銭的なものもある。投資のリスクプレミアムとして，自らの金融資産や，市中から集めたお金を元に，投資と労働を行って収益を得る。一方，非金銭的便益として，上司がいないところで，自分の裁量で仕事を進めていく経験は，何よりも得難く，金銭の物差しでは測れない貴重なものである。

　起業家は何らかの利益を得るためにリスクを負い，挑戦を続ける人たちである。こうした人たち独自の活動のあり方は，起業家精神，すなわち，アントレプレナーシップという言葉で特徴づけられる。クラフトマンシップが職人にとっての職人のあり方であるのと同様に，アントレプレナーシップは，起業家という職業のあり方である。

2. 開業・起業の意義

　本節では開業・起業の経済的，社会的意義として次の4つを指摘する。

(1) 競争の促進による生産性の向上

　既存企業（事業活動をすでに行っている企業）にとって同業種での開業は競争相手の増加につながる。このため，開業が増えれば，既存企業は，競争に打ち勝つために，自社の製品・サービスを改善したりコストを削減したりするなどの対応を迫られる。この結果，消費者・顧客にはより優れた多様な製品・サービスがより安価で供給されるようになる。一方，的確に対応できない企業

は競争に敗れ，市場から退出していく。こうした新陳代謝を通じて経済全体の生産性は高まっていく[1]。開業は競争を促進することを通じて国や地域全体の生産性を向上させる。

　生産性の向上は経済発展の重要な源泉である。このため自由に開業できる権利の保障は，経済発展の重要な基礎といえる。逆に，こうした権利が保証されていない国（キューバや北朝鮮など）では，新陳代謝が起こりにくく経済が停滞しがちである。

　ただし，新規開業企業は一般に小さいことから，既存企業に重大な脅威をすぐには与えず，その行動を変化させないかもしれない（Geroski 1995）。とすれば，競争の促進の効果は，特に既存企業の平均的な規模が大きい場合には短期的には得られない。中長期的に新規開業企業の一部が既存企業のライバルになるくらいに成長してから得られる効果ということになる。

　加えて，参入は社会的に望ましい水準より多くなる傾向がある（過剰な参入）ため，経済全体でみてマイナスの効果（社会的厚生の低下）が生じる可能性も指摘されている（Mankiw and Whinston 1986，小田切 2019）。

　新規開業企業が参入すれば，製品・サービスの供給量は増加し価格は低下する。これは消費者にとって利益となる。一方，既存企業においては，価格の低下に加えて新規開業企業に顧客の一部を奪われるという負の影響を被る結果，利益が減少する。これは，経済全体の観点からしても参入に伴うマイナスの効果である。このマイナスの効果は，一定の条件（寡占や参入に要する初期費用の存在など）の下では，消費者にとっての利益を上回る。このような結果が起こるのは，新規開業企業が既存企業の利益の減少を無視して自らの利益のみを考慮して参入するからである。このため，社会的に望ましい水準以上の企業が参入することもありうる。ただし，新規開業企業が新製品・サービスを導入すれば，より多様な消費の選択肢を消費者に提供することになる。この結果，参入に伴う消費者の利益はさらに大きくなることから，経済全体でみた参入の効果はプラスにもなりうる。

（2）イノベーションの活発化

　新規開業企業は，何らかの点で新しい事業を始め，既存企業との競争に打ち勝とうとする。こうして始められる事業には，従来の事業に小さな修正を加えたものも多い。しかし，なかには革新的な製品・サービスを販売したり斬新なビジネスモデルを展開したりして，大きな経済的，社会的変化を生み出す新規開業企業も存在する。このように経済社会に不連続な変化をもたらす行為はイノベーションと呼ばれ，新規開業企業はその担い手として期待されている。

　新しい製品・サービスや技術の開発はイノベーションの例だが，その範囲はもっと広い。イノベーション研究の始祖ともいわれる，ヨーゼフ・シュンペーター（Schumpeter, J.A.）は，その具体的内容として「新しい財貨の生産」「新しい生産方法の導入」「新しい販売先の開拓」「原料あるいは半製品の新しい供給源の獲得」「新しい組織の実現」の5つを挙げている[2]。このうち，「新しい財貨の生産」はプロダクト・イノベーション，「新しい生産方法の導入」はプロセス・イノベーションと呼ばれることもある。イノベーションは，開発や生産，販売や管理など事業活動のあらゆる側面に関連する幅広い活動といえる。

　イノベーションは経済の生産性を高め，成長を促進し，私たちの生活を豊かなものにする。そのなかで，新しいものが古いものを置き換えていく過程は創造的破壊と呼ばれる。創造的破壊が繰り返されるなかで経済は発展していく。

　ただし，イノベーションは，新規開業企業だけではなく既存企業によっても行われる。シュンペーターは，当初，他者が開発した（外生的な）技術を用いてイノベーションを行う起業家の役割を重視していた。しかし，後に，主として自社で開発した（内生的な）技術に基づきイノベーションを実行する大企業の役割を強調するようになったとされる。前者，後者の見解はそれぞれシュンペーター・マークⅠ，マークⅡと呼ばれる（一橋大学イノベーション研究センター編 2001）。

　新規開業企業，既存企業のいずれがイノベーションをより得意としているのかについて見解は一致していない。それでも，新規開業企業がイノベーションの重要な担い手であるとはいえるだろう。イノベーションにおけるそれぞれの

強みは次のとおりである。

① 新規開業企業の強み

- 従来からのしがらみ（慣性）に囚われず，イノベーションに大胆に取り組める。イノベーションに基づく新製品によって既存製品の販売が減少すること（カニバリゼーション）がないというのはその例である。また，イノベーションによって不利益を被るビジネスの関係者が少ない。たとえば，新規開業企業には，イノベーションの結果取引を打ち切られることになる，従来からの販売先や仕入先がない。足かせが少ないため，イノベーションを進めやすい。

- 新規開業企業の規模は通常小さく，組織の階層が少ない。このため，イノベーションに携わる人同士の意思疎通やコミュニケーションが円滑になりやすい。さらに，起業家の権限が大きく意思決定は速い。この結果，イノベーションの機会を逃すことが少ない。

- 業績に応じた報酬体系が採用されがちであり，イノベーションを成功させようとする起業家・従業員のインセンティブが強い。

② 既存企業の強み

- イノベーションに振り向けられる人材や資金，技術など経営資源が新規開業企業よりも一般に豊富である。イノベーションの経験も豊かであることが多い。これらを活用しつつ，規模の大きなイノベーションに効率的に取り組むことができる。

- イノベーションから得られるリターンが大きい。一般に，既存企業の販売力は新規開業企業よりも強く，イノベーションの成果を活用した製品をより多く販売できる。複数の製品を取り扱っていれば，ある製品に関するイノベーションの成果を他の製品に応用することもできる。つまり範囲の経済を享受できる。

- 独占など市場における既存の地位を維持するために，イノベーションを実施

しようというインセンティブが強い。

　なお，近年，技術やノウハウ等を持ち寄り，複数の企業が協働でイノベーションに取り組むオープン・イノベーションが注目されている。技術革新のスピードが速くなるなかで，効率的な製品開発などを目的として，業歴が浅い企業と大企業とのオープン・イノベーションが活発化している。

(3) 雇用の創出

　開業時に起業家は自らが働く場を生み出したり従業員を雇ったりする。こうして生まれる雇用の量は経済全体でみると決して小さなものではない。たとえば2014〜16年にかけて新規開業による雇用創出は既存事業所による雇用削減の影響を大きく緩和している（図表2-1）。なかでも情報通信業や学術研究，専門・技術サービス業などでは既存事業所の削減分以上の雇用を新規開業は創出しており，産業全体の雇用の増加を牽引している。

　ただし，開業による雇用創出効果の検討に当たっては次の3点に注意が必要である。第1に，雇用創出力は企業によって異なり，全体の数パーセントというごく少数の企業が大きな雇用を創出している。このような企業はガゼルと呼ばれる（第3章，p.105参照）。このため，ガゼルとなるような新規開業企業を優先的に政策支援すべきと主張されることもある。第2に，置換効果（replacement effect）が存在する。新規開業企業は，それまで既存企業で働いていた人を主として雇用する。このため，創出された雇用の少なくとも一部は，開業に伴い新たに生まれたというよりも，既存企業から移動しただけ（置換効果）とみることもできる。新規開業企業が雇用した人から既存企業で働いていた人を差し引いた純創出効果がどの程度大きいのかについては十分に検証されていない。第3に創出される雇用の質は必ずしも高くはない。たとえば，新規開業企業は従業員を非正規で雇用することが多い（鈴木2012b）。

図表2-1　業種別従業者数増加率（民営）

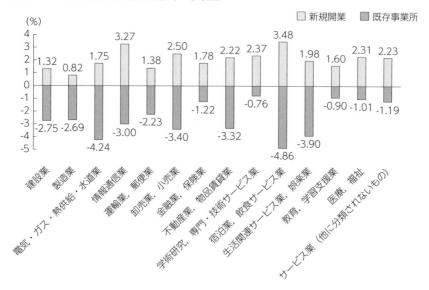

(注) 1. 新規開業とは2014～16年の間に開設された事業所，既存事業所とは2014年に存在
していた事業所である。
　　 2. 2014～16年にかけての従業員数の増加率を年率換算したものである。
資料：総務省「平成26年経済センサス　基礎調査」，総務省・経済産業省「平成28年経済セ
ンサス　活動調査」
出所：労働政策研究・研修機構（2019）

(4) 望ましい働き方の実現

　起業家という職業を選択できる自由によって人の潜在能力は拡大する。自由
に起業できること自体に価値がある。

　さらに，自らが望む働き方を実現する手段としての価値も起業にはある。実
際，勤務先の方針に縛られず自由に仕事がしたい，自分の能力を思う存分発揮
して仕事をしたいというのは多くの起業家の起業動機となっている（本章，
p.61参照）。働き方を選択できれば，ワークライフバランス，つまり自分が望
むような仕事とプライベートとのバランスを実現しやすくなる。この結果，仕
事や生活に対する満足度は高まる。事実，自営業主の職務満足度は雇われて働

く人よりも高いとする研究結果も存在する（Kawaguchi 2008）。満足度が高まれば，個々の企業そして経済全体の生産性も向上するだろう。起業はより豊かな人生を送るための手段にとどまらず，経済にもプラスの効果を与えうる。

　ただし，起業によって望む働き方が常に実現できるとは限らない。たとえば，欧州では「従属的な自営業主」（dependent self-employment）の存在が問題視されている。これは1つまたは少数の取引先に販売を依存する結果，その取引先の意向に従って働かざるを得ない自営業主のことである。自営業主と労働者の境界線上に位置づけられ，自営業主のような自律的な働き方の恩恵も，労働者のような福利厚生や社会保障の恩恵も受けることができない。所得も一般に低い。従属的ではないにしても，起業後事業がうまくいかず廃業したり，収入が低く不安定になったりすることもある。

　それでも，自由に起業できることは個人の権利ともいえる。個人の選択を広げるという点で起業の意義は大きい。

3. 企業の誕生の現状

(1) 誕生把握の難しさ

　日本に限らずどの国においても誕生した企業の数を正確に把握することは極めて困難である。その理由の1つは，誕生の時点の特定が難しいことである。

　たとえば，アプリを開発している技術者を考えてみよう。この技術者が起業した時点はアプリの開発に着手したときだろうか。確かに，この時点で事業を始めたともいえるが，収入を得ていないのであれば事業を始めたとはいえないとも考えられる。では，開発したアプリを販売した時点はどうだろうか。収入を得たこの時点を事業開始と見做すことができるかもしれないが，アプリの開発を1回で止めてしまったとしたら事業を始めたとはいえないという考え方もありうる。どの時点を開業とするのか簡単には決められない。

　開業の時点を決定するのは容易ではない以上，その動向を正確に把握することは困難である。このような制約はあるものの，日本では次のような統計を用

いて開業・起業動向が把握されている。

(2) 動向を把握するための統計

　ここでは開業・起業動向を把握するための統計を紹介する。ただし，それぞれ長所，短所がある。このため，正確な実態把握のためには複数の統計を用いなければならない。なお，以下の①，②，④については「e-Stat」（https://www.e-stat.go.jp/），③で紹介する2つの統計については法務省，国税庁のホームページからデータを入手できる。

①「経済センサス」

　「経済センサス」は「事業所及び企業の経済活動の状態を明らかにし，我が国における包括的な産業構造を明らかにするとともに，事業所・企業を対象とする各種統計調査の実施のための母集団情報を整備すること」（総務省ホームページ）を目的とし，2009年から実施されている大規模調査である。なお，かつて開業動向の把握のために用いられていた総務省「事業所・企業統計調査」は「経済センサス」に統合されている[3]。

　「経済センサス」は，総務省が実施する「基礎調査」と総務省・経済産業省が共同で実施する「活動調査」で構成される。2つの調査は数年おきに交互に実施され，「基礎調査」では事業所・企業の基本的構造（産業や従業者規模など）が，「活動調査」では経済活動の状況（売り上げや費用など）が主として調査されている。これらの調査では直前の調査以降に新設，廃止された事業所が集計されており，これに基づき開廃業動向を把握できる。

　「経済センサス」の最大の強みは，民営事業所・企業を原則としてすべて対象としている悉皆（全数）調査であり，従業員数や法人格の有無などで限定されることなく広く開業を捕捉できることである[4]。また，市区町村別のデータも公表されており，細かい地域単位の分析も可能である。

　一方「経済センサス」にも限界がある。第1に，調査の間隔が2〜3年と長い。この結果，調査時点間に開業してかつ廃業した事業所・企業が捕捉されて

いない。第2に，他の場所から移転してきた事業所や経営組織の変更を行った企業も開業（新設）にカウントされている。第3に，事業所の存在の確認方法として調査員の目視も用いられているため，自宅等をオフィスとして事業を行うSOHOや看板を掲げない事業所が把握されにくい。

② 『雇用保険事業年報』

厚生労働省は，雇用保険制度の運用のため「労働保険の保険料の徴収等に関する法律」の適用事業（労働者が雇用される事業）の動向を『雇用保険事業年報』で公表している。同年報に掲載されている「保険関係新規成立事業所数」（開業）と「保険関係消滅事業所数」（廃業）に基づき開廃業動向を把握することができる。

同年報の長所はデータが毎年度更新されることである。そのため，調査時点間に開業しかつ廃業した事業所の捕捉漏れが比較的少ない。さらに事業所が移転した場合でも追跡把握されているので，「経済センサス」のように開業と廃業がそれぞれ移転先と移転元で同数増加することがない。

一方，短所は次の通りである。第1に事業所ベースの統計であるため企業単位の動向がつかめない。たとえば，既存企業が新たに営業所や工場を設置した場合でもその場所での開業としてカウントされる。第2に雇用の変動を基準に開業が捕捉されている。このため，従業員を雇わずに1人で事業を始める場合には開業に計上されず，長年1人での営業だった事業所が新たに雇ったときには開業と認識される。起業家1人での開業は全体の2〜4割に達する（日本政策金融公庫総合研究所「新規開業実態調査」）[5]ため，その影響は無視できるほど軽微ではないかもしれない。第3に都道府県単位のデータしか公表されておらず，各市区町村の動向はつかめない。

それでも開廃業動向を把握するために『雇用保険事業年報』が使われる機会は近年増えている。たとえば，政府は成長戦略「日本再興戦略」（平成25年6月14日閣議決定）のなかで「開業率・廃業率10％台」という目標を掲げているが，この数値は『雇用保険事業年報』のデータに基づくものである（中小企

業庁 2014）。近年の『中小企業白書』でもしばしば同年報を用いて開業状況が分析されている。

③『民事・訴務・人権統計年報』『国税庁統計年報』

会社ベースの開業動向の把握に用いられるのは法務省『民事・訴務・人権統計年報』及び国税庁『国税庁統計年報』である。それぞれの資料には毎年の会社設立登記数，毎年末の法人数が記載されており，両者を組み合わせると会社ベースの開廃業率が算出できる。

会社組織での開業は全体の一部に過ぎない。たとえば，先の「新規開業実態調査」（2020年度）によると，株式会社での開業は3割程度である。しかし，会社組織で開業する起業家の成長意欲は一般により高い。このため，これらの統計は成長志向の開業を把握する場合には有益である。

④「就業構造基本調査」

上記の①～③の統計を用いると一定期間に誕生した企業または事業所によって開業動向を捉えることができる。他方，起業動向については誕生した経営者（起業家）の人数によって把握することができる。そのために有用なのは総務省「就業構造基本調査」である。

「就業構造基本調査」は1956年に始まり，1982年以降は5年ごとに実施されている。直近の2017年調査の対象は全国52万世帯，108万人の世帯員（15歳以上）にも及ぶ。同調査では，過去1年間に新たに「自営業主」および「会社などの役員」になった人数が集計されており，これらを起業家として把握できる[6]。「自営業主」「会社などの役員」のなかには親族事業の承継や内部昇進，ヘッドハンティングなどにより経営陣に加わった者，つまり自ら起業したわけではない者も含まれる。しかし，2007年調査からは自分で事業を起こしたのか否かを把握する質問が加えられている。公表データからは算出できないものの，中小企業庁（2020）には過去1年間に新たに「自営業主」「会社などの役員」になり，かつ自分で事業を起こした人の数が集計されている。

図表2-2　企業開廃業率の推移（非一次産業）

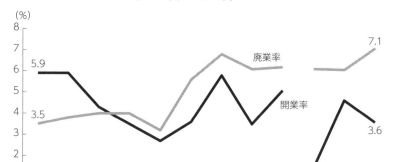

(注) 1.「企業」とは個人企業と会社企業の合計である。個人企業は単独事業所，本所・本店，
支所・支社・支店の合計，会社企業は単独事業所，本所・本店の合計である（図表
2-9，2-10も同じ）。
2.「04〜06」年までと「09〜12」年との間は資料が異なるためデータは連続しない。
資料：総務省「事業所・企業統計調査」（「04〜06」年まで），総務省「経済センサス　基礎
調査」，総務省・経済産業省「経済センサス　活動調査」（「09〜12」年以降）
出所：中小企業庁（2019）より筆者作成

　「就業構造基本調査」にもいくつかの限界がある。第1に，すでに事業を行っ
ている人（経営者）が新しい事業を始めても，従業上の地位が変わらないため
起業として認識されない。第2に，公表データが都道府県単位であり各市区町
村の動向は把握できない。

(3) 日本における開業・起業動向

　本項では開業率を用いて日本の開業動向を概観していく。開業率とは一定期
間（通常は1年）の開業数を期首の企業数（または事業所数）で除した値であ
り，開業動向の把握に当たって頻繁に用いられる指標である[7]。
　まず「経済センサス」「事業所・企業統計調査」に基づく企業開業率（年率）
の推移をみると，1970年代から90年代前半まで低下した後，90年代後半には
上昇，21世紀に入ると変動しつつも停滞している（図表2-2）。かつてと比べ

図表2-3　事業所開廃業率の推移

(注) 開業率，廃業率は前年度末の適用事業所数に対する当該年度の保険関係新規成立事業
　　所数，保険関係消滅事業所数の比率である。
出所：厚生労働省『雇用保険事業年報』（各年度版）より筆者作成

て近年の開業動向は必ずしも活発ではないといえる。また，企業開業率は
1970年代から80年代には企業廃業率を上回っていたが90年代以降は一貫し
て下回る。これは企業数の減少を意味する。

　次に上記の企業開業率を『雇用保険事業年報』に基づく事業所開業率，『民
事・訴務・人権統計年報』『国税庁統計年報』に基づく会社開業率と比べてい
こう。いずれの開業率とも1980年代からバブル経済期または90年代前半まで
低下傾向にある（図表2-3，2-4）。この点は企業開業率とほとんど変わらない。
しかし，企業開業率とは異なり，事業所開業率は，直近の2018，19年度には
低下しているものの21世紀に入り上昇傾向にあった。一方，会社開業率は
2010年ごろまでは横ばい，その後はいくぶん上昇傾向にあり，開業が近年活
発化しているようにもみえる。捕捉される範囲などの違いがそれぞれの傾向に
反映されており，どのタイプに着目するのかによって開業動向に対する評価は
変わるといえる。ただし，いずれの開業率をみても1980年代以前と比べると
低い。その理由は本章5.節で検討する。

図表2-4　会社開廃業率の推移

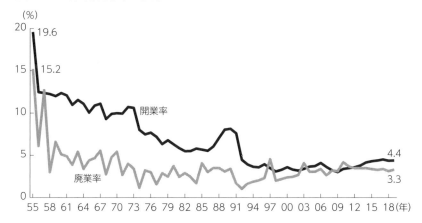

(注) 1. 会社開業率＝設立登記数÷前年末の会社数×100
　　 2. 会社廃業率＝会社開業率－増加率（＝（前年末の会社数＋設立登記数－当該年末の会社数）÷前年末の会社数×100）
　　 3. 設立登記数については，1955年から60年までは「登記統計年報」，1961年から71年は「登記・訟務・人権統計年報」，1972年以降は「民事・訟務・人権統計年報」を用いた。
　　 4. 設立登記数は，各暦年中の数値を指す。
　　 5. 1963，64年の会社数は国税庁「会社標本調査」による推計値である。1967年以降の会社数には協業組合も含む。
　　 6. 2006年以前の会社数は，その年の2月1日から翌年1月31日までに事業年度が終了した会社の数を指す。2007年から09年の会社数は，翌年6月30日現在における会社の数を指す。2010年以降の会社数は，確定申告のあった事業年度数を法人単位に集約した件数を指す。このため，2009年と10年の値は連続していない。
資料：法務省『民事・訟務・人権統計年報』，国税庁『国税庁統計年報』
出所：中小企業庁（2019）より筆者作成（2017年以降は資料に基づき筆者作成）

　次に「就業構造基本調査」により起業動向を確認する（図表2-5）。起業希望者，準備者は，1979年から2017年にかけてそれぞれ304.5万人から150.6万人へと50.5％，127.5万人から76.9万人へと39.7％も減少している。

　希望者，準備者は本業での起業，副業・兼業での起業という2つのタイプに分かれる。そこで，2つのタイプごとにみると，いずれも本業での起業を希望，準備している人の減少が大きい。その結果，2017年には，副業・兼業が本業での起業希望者，準備者よりも多くなっている。また，起業準備者については

図表2-5 起業家数等の推移

	1979	82	87	92	97	2002	07	12	17	増加率(%)
起業希望者（万人）	304.5	304.3	297.8	256.7	281.2	206.0	173.5	151.6	150.6	-50.5
うち本業での希望者	169.1	166.0	178.4	150.6	166.5	140.6	101.4	83.9	72.5	-57.1
うち副業・兼業での希望者	135.4	138.3	119.4	106.1	114.7	65.4	72.1	67.7	78.1	-42.3
起業準備者（万人）	127.5	142.9	136.2	114.6	132.0	87.8	84.0	74.4	76.9	-39.7
うち本業での準備者	75.1	80.0	82.5	67.8	80.1	60.8	52.1	41.8	36.7	-51.1
うち副業・兼業での準備者	52.4	62.9	53.7	46.8	51.9	27.0	31.9	32.6	40.2	-23.3
起業家（万人）	32.3	31.1	37.4	32.1	36.8	38.3	34.6	30.6	NA	-5.3
うち本業の起業家	30.6	29.7	35.9	30.4	34.8	37.2	33.2	29.3	NA	-4.2
うち副業・兼業の起業家	1.7	1.4	1.5	1.7	2.0	1.1	1.4	1.3	NA	-23.5
起業者（万人）	NA	NA	NA	NA	NA	NA	18.1	16.9	16.0	-11.6

(注) 1.「起業希望者」とは，有業者のうち「他の仕事に変わりたい」かつ「自分で事業を起こしたい」と回答した者，又は無業者のうち「自分で事業を起こしたい」と回答した者をいう。
　　 2.「起業準備者」とは，起業希望者のうち「（仕事を）探している」，又は「開業の準備をしている」と回答した者をいう。
　　 3.「起業家」は過去1年間に新たに「自営業主」「会社等の役員」になった者，「起業者」は起業家のうち自分で事業を起こした者である。
　　 4.「起業者」には副業・兼業は含まれない。
　　 5.増加率は，表中の最新時点の数値を最も古い時点の数値で除して算出している。
資料：総務省「就業構造基本調査」
出所：中小企業庁（2017）（2020）より筆者作成

2012年から17年にかけて副業・兼業が大きく増えたことで全体の数が上昇に転じている。

　近年，企業で働く人による副業・兼業が「働き方改革」として政策的に促進されている。今後，副業・兼業という形で起業のリスクを抑えつつ，うまくいけば本業に切り替えていくという意向を有する人が増加していくのかもしれない。

　一方，21世紀に入り，起業家も少なくとも2012年までは減少を続けているが，起業希望者，準備者と比べるとその幅は小さい。また，本業と比べて副業・兼業の起業家は極めて少なく，これまでのところ，副業・兼業での起業が活発化している様子はみられない。起業者（起業家のうち自分で事業を起こした者）のデータは前述のとおり2007年以降しか得られないが，その数も最近10年間大きくは減少していない。

　このように，実際の起業家以上に潜在的な起業家の減少が大きい。ここからは，起業したくてもできないというのではなく，起業を望む人が減少していることによって，開業率が低下していることがうかがえる。同時に，起業準備者に対する起業家の比率は21世紀に入り4割を超えており，それ以前（3割弱）を上回る。この結果は，準備の途中で挫折することなく起業を実現している人の割合が高まっていると解釈できるかもしれない。同一人物を追跡した結果ではないことに留意しなければならないが，かつてよりも起業を準備しやすい環境が整ってきたということも考えられるだろう。

（4）起業活動の国際比較

　では日本の起業動向は他国と比べて活発なのだろうか。ここではグローバル・アントレプレナーシップ・モニター（Global Entrepreneurship Monitor: GEM）に基づき国際比較を行う。GEMは米国のバブソン大学と英国のロンドン・ビジネス・スクールの研究者が中心となって1999年に始まった国際プロジェクトである。このプロジェクトの主要な活動は各国・地域最低2,000人の成人に対して毎年実施されるアンケートであり，例年数十か国・地域が参加している。

　GEMの主要な指標の1つは「総合起業活動指数（Total early-stage Entrepreneurial Activity Rate: TEA）」である。TEAは成人人口（18〜64歳）に占める起業活動従事者の割合を示す。起業活動従事者とは，起業に向けて具体的な準備を行っている人および起業直後（3.5年以内）の人である（詳細な定義は鈴木（2013）を参照）。なお，勤務先で新規事業を立ち上げている人（社内起業家，intrapreneur）であってもその事業の少なくとも一部を所有しているなどの要件を満たせば起業活動従事者として把握される。

　GEMのデータをみていくと，日本のTEAは2000年代前半以降，趨勢的に上昇している（図表2-6）。この結果，米国や英国よりは確かに低いものの，その他の主要先進国とは近年ほとんど差がないとみることもできる。特に2020年にはドイツを上回り，英国に近い水準にある。かつて日本は起業活動

図表2-6　主要先進国のTEAの推移

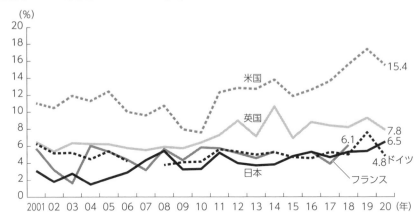

(注) データがない時点があるのは調査に不参加だった年があるためである。
出所：グローバル・アントレプレナーシップ・モニター

が世界で最も活発ではない国の1つとされてきたが，TEAをみる限りこうし
た状況は変わりつつあるのかもしれない[8]。

(5) 国の開業動向に影響を与える要因

　ここではWennekers et al.（2002）やGEMのフレームワークなどを参考に，
国の開業動向に影響を与える要因として技術，経済，制度（コラム②）の3つ
を紹介する[9]。このほか人的資本の高い国では開業は活発化しやすい。開業
を促進する人的資本については個人の起業プロセスを論じる次節で議論する。

① 技術要因

　新しい技術は，事業機会（business opportunity，ビジネスチャンス）を生
み出し，開業を促進する。たとえばIT技術が進展したことで，民泊や個人売
買の仲介，ライドシェア，SNSなど新たな事業が誕生した。技術開発が活発
な国では開業も活発になりやすい。

　新しい技術は大学や公的研究機関などで生まれることも多い。このためこれ

らの組織で開発された技術が民間に円滑に移転される仕組みが整備されていれば開業にプラスに働くと考えられる。日本にも企業への技術移転を手がける専門組織（TLO）を設置している大学がある。

② 経済要因

開業動向を左右する経済要因は多様だが，ここでは経済発展の程度とマクロ経済動向，資金調達環境の3つをとりあげる。

まず，経済発展の程度からみていこう。発展段階が低い国では企業が少なく雇用の場が乏しいことから生活のために開業する人が多いが，経済発展に伴い企業が増加すると雇われて働けるようになるので開業が減少する（Allen and Langowitz 2011）。しかし，さらに経済発展が進むと次の3つの理由で開業は再度活発になる[10]。第1に，産業構造において第3次産業の割合が高まる。一般に，第3次産業への参入のために必要な資金は少ないため開業が活発になりやすい。第2に，所得が増加すると製品・サービスに対するニーズが多様化する。その結果，ニッチ市場（第1章，p.16参照）が誕生するので小さい規模でも事業を始めやすくなる。第3に，所得増加によって開業に必要な資金を準備しやすくなる。

次に，マクロ経済動向についてみていこう。その代表例は景気であり，相反する2つの効果が指摘されてきた。1つは「プル効果（pull effect）」である。好況期には需要が拡大し事業機会が増加する。増加した事業機会に「引っ張られて」開業が増えるという効果である。もう1つは「プッシュ効果（push effect）」である。好況期には雇用機会が多いため開業は減少するが，不況期には希望する仕事が得られないため起業に「押し出される」人が増加するという効果である。いずれの効果が強いのかは国や時期によって異なるとみられるが，プル効果（プッシュ効果）がより強ければ好況（不況）期に開業が増える傾向が現れる。なお，事業機会を発見したという理由での開業は事業機会型，他に良い仕事がないという理由での開業は生計確立型と呼ばれる。

最後に，資金調達環境も開業動向を左右する。必要な資金を他者から調達し

にくい国では開業が難しくなる。借入で調達できるとしても金利が高ければ開業後に期待できる利益が低下し，開業は不活発になりがちである。一方，借入の担保となる土地の価格が高いと資金を調達しやすくなり開業が活発化しやすい。

コラム②　起業と制度の関係

　このコラムでは，法制度が起業する者の意思決定に与える影響について検討する。はじめに法制度に関する事例を紹介し，その後慣習が法制度化した例を紹介する。

　事業許認可制や免許・資格制は起業を抑制させる。業者間の競争を促進するような政策も起業するかどうかに対する意思決定に影響を与える。

　はじめに，事業許認可制について具体例を挙げる。たばこの小売販売業者（たばこ屋）を始めたい場合，一定の条件を満たし，財務大臣より事業許可を受けなければ，開業することができないことが，たばこ事業法（1984）によって規定されている。特に近隣に既存のたばこ販売場所があるかどうかが，事業許可を得るための審査条件となっている。したがって，繁華街か，住宅地かなどの地域によって規制を受ける距離範囲は異なるが，一定の距離範囲内に他のたばこ販売箇所がある場合は，新規の事業許可を得るために許可申請を行ったとしても不許可となる。これは，たばこ事業法第23条とたばこ事業法施行規則第20条に規定されている[11]。すなわち，既存の事業者は販売場所を増やすことが比較的容易に行うことができるが，新たに事業許可を申請する者にとっては参入が難しくなる。このような業界では，事業許認可制ではない業界と比べて，起業するための障壁がより高くなる。

　免許・資格制の具体例の代表的なものとして，医師免許があげられる。病院にて患者の診察や手術などは医師のみ行うことが許されている。他には，理髪師，美容師がある。理容師は理容師法（1948）によって規定され，この法律での「理容」とは，頭髪の刈込，顔そり等の方法により，容姿を整える

ことであると定義されている。一方，美容師は美容師法（1957）によって規定され，この法律での「美容」とは，パーマネントウエーブ，結髪，化粧等の方法により，容姿を美しくすることであると定義されている。

　なお，どちらの資格も持っていなければ，散髪するという主たる業務行為を行うことがでない。すなわち，理容師，または美容師資格を持っていないアシスタントスタッフなどは髪を洗うことなどはできるが，ハサミを持ち客の髪を切ることはできないのである。このように資格によって業務行為が制限されるものを「業務独占資格」と呼ぶ。以上のように，病院を起業する際には医師免許が必要であるし，理容室，美容室を起業する際には理容師資格ないし美容師資格が必要である。しかし，このような資格を取得するためには膨大な時間と学費がかかってしまう。医師であれば，医師免許を取得するまでには6年かかり，多額の学費もかかる。理容師，美容師であっても，2年間学校に通い，資格を取得しなければならないのである。資格の種類によって期間の長短はあるが，資格を必要としない業界に比べれば，起業が抑制されることは想像できるであろう。

　ここで，10分カットと呼ばれる，安価で手軽に利用できる「QBハウス」の事例を紹介する。これまでの理容店や美容店はヘアカットのみならず，洗髪や顔剃りを行うことが一般的であった。しかしながら，髪を下水に直接流すことはできないため，多額の水回り設備費用がかかってしまっていたのである。QBハウスのフランチャイズ事業を運営するキュービーネットは，理容師法，美容師法に洗髪設備の義務を直接規定した条文がなかったことに着目し，散髪後は掃除機で頭部に残った髪の毛を取り除く方法をとることにした。これによって，水回り設備を省略でき，少ないテナントスペースで開店することを可能にし，急成長した企業（浦野，2016），「QB House」（https://www.qbhouse.co.jp/about/）である。しかしながら，洗髪設備のないヘアカット専門店の拡大を受けて，全国理容生活衛生同業組合連合会が中心となり，各地の理容団体が衛生面の観点から条例の必要性を地方自治体に働きかけた。2000年4月に洗髪設備義務化条例が10道県で施行されたのをきっかけに，同

条例を採用する地域が拡大している。この条例によって，既存店については新たに洗髪設備の設置する義務はないが，新規出店する際には洗髪設備の設置が必要となる。このような場合，散髪のみに特化し，洗髪を行わないことで，出店場所の制約を減らし，出店コストを抑えるというメリットがなくなるため，参入を妨げてしまう可能性があるのである。

　それにも関わらず，なぜ法制度が必要となるのであろうか。もし，法制度の緩和や廃止を行えば，その業界への参入は増えるであろう。理容師，美容師資格を例に取ると，資格が廃止され自由に開業が可能となった場合，これまでよりも理容室や美容室が増え，サービス料金も下がるかもしれない。しかし，資格がないということは，十分な技能や知識を有しているかどうか客は知ることができないのである。もし，十分な技能を有していなければ，ハサミやひげ剃りのナイフで怪我をしてしまうかもしれない。このような場合，一定以上の技能を担保するような法制度があった方が望ましいと言える。すなわち，法制度が存在することによって被る社会的な損失に比べ，自由化を行い市場原理に任せた方が，社会に与えうる損失が大きくなってしまうような業界では法制度を用いて，参入を制限した方が良いこともあるのである。

　最後に，慣習や秩序が法へと変化した事例を紹介する。ドイツでは，手工業分野で起業したい者は，マイスターと呼ばれる親方の元で長期にわたり修行することで技能を身につけてきた。そして，十分に技能が身につき熟練工となると，晴れてマイスター（親方）となり，独立開業することが許されるという慣習が存在していたのである。しかし，今日では，この慣習は「手工業秩序法（Gesetz zur Ordnung des Handwerks 1953）」という法になり，マイスターは国家資格制度となった。同法の施行以降に手工業分野で独立開業する際には，開業を希望する職種でマイスターのもとでの職業訓練と職人としての経験を積み，マイスター資格試験を受験し，合格した者のみがマイスターとなり独立開業が許されるのである。このように，ドイツの手工業分野で起業すると言うことは，かなり長い時間を費やすことになり，このような業界においても起業するという意思決定に影響を与えることが想像できるで

あろう。このような厳しい制度を設けてしまったために，ドイツ手工業分野での起業する者や事業者は減少していった。これに対応するため，2004年に手工業秩序法の改正を行い，大規模な規制緩和を行うことになった。

　この法改正では，一部の医療，建築系職種は規制緩和から除外されたが，約半数の職種はマイスター資格を取得せずとも独立開業することが可能になった。残りの職種についても，職業訓練期間の短縮や職人経験期間の免除という緩和措置をとったのである。その結果，マイスター資格が独立開業の要件ではなくなった職種は開業者数が大幅に増え，現在でも廃業者の増加は見られるが，開業者数が上回り事業者の数が増え続けている。

　本コラムでは制度が起業に与える影響について一部の事例を取り上げて紹介してきた。しかし，現実社会において，起業を考えている者は，様々な要因が複雑に関係して意思決定を行っていることに注意が必要である。

(6) 地域別の開業動向

　同じ国のなかでも地域によって開業動向は異なる。図表2-7には，「経済センサス」に基づく都道府県別企業開業率（2014〜16年，年率）が示されている。開業率が最も高いのは沖縄県（5.7％），次いで宮城県，東京都となっている。総じて，三大都市圏に立地する，または政令指定都市を有する都府県で開業率は高い。

　前節で紹介した国の開業動向に影響を与える要因の多くは地域差も説明する。日本の研究をみると，①人口が増加つまり所得が拡大する地域（経済要因），②失業率が高い地域（経済要因），③大卒者や専門職が多い地域（人的資本要因）で開業は活発である[12]。このうち，失業率が高い地域で開業は活発であるという結果は，景気が悪いと仕事を求めて起業する人が増える，つまりプッシュ効果がプル効果よりも強いということを意味する。このほか，④製造業のウエートが低い地域で開業が活発であることも確認されている。上記の①と③は三大都市圏の開業率が高い理由といえるだろう。また，適切な支援策を地方政府が実施すれば，地域の開業は活発になることもありうるだろう。

51

図表2-7 都道府県別企業開廃業率（非一次産業，民営，2014〜16年）

(単位：%)

	開業率	廃業率		開業率	廃業率
北 海 道	3.5	7.1	滋 賀 県	3.6	6.8
青 森 県	3.4	6.1	京 都 府	3.0	7.0
岩 手 県	3.9	6.0	大 阪 府	3.6	8.0
宮 城 県	4.5	6.8	兵 庫 県	3.9	7.5
秋 田 県	2.8	5.8	奈 良 県	3.4	6.6
山 形 県	2.5	5.3	和 歌 山 県	3.3	6.2
福 島 県	2.8	5.5	鳥 取 県	3.4	6.7
茨 城 県	2.9	6.0	島 根 県	3.2	6.2
栃 木 県	3.1	6.2	岡 山 県	3.0	5.9
群 馬 県	3.2	6.3	広 島 県	3.5	6.5
埼 玉 県	3.2	6.8	山 口 県	3.5	6.4
千 葉 県	3.3	6.9	徳 島 県	3.3	6.6
東 京 都	4.4	9.0	香 川 県	3.5	6.6
神 奈 川 県	3.6	7.3	愛 媛 県	3.4	6.3
新 潟 県	3.1	6.0	高 知 県	3.3	6.3
富 山 県	3.1	6.2	福 岡 県	4.2	7.4
石 川 県	3.1	6.2	佐 賀 県	3.6	5.9
福 井 県	3.2	5.9	長 崎 県	3.3	5.8
山 梨 県	3.2	6.4	熊 本 県	3.2	8.3
長 野 県	3.2	6.1	大 分 県	4.2	7.2
岐 阜 県	3.2	6.0	宮 崎 県	4.3	7.4
静 岡 県	3.3	6.6	鹿 児 島 県	3.7	6.7
愛 知 県	3.6	6.8	沖 縄 県	5.7	8.3
三 重 県	2.9	6.3			

出所：総務省「経済センサス 基礎調査」（2014年），総務省・経済産業省「経済センサス
活動調査」（2016年）より筆者作成

　加えて，地域差を生み出す要因としては集積効果も注目されている。集積効
果とは，同一産業のまたは異なる産業の企業が近接して立地することで得られ
る効果である（第4章，p.147参照）。

　集積効果が生まれる理由の1つは，知識（技術，ノウハウ，情報など）のス
ピルオーバーによって集積内の潜在的な起業家が事業機会を発見しやすくなる
ことである。知識のスピルオーバーとは，他の企業や従業員に知識が人づてな
どで広まる現象である。スピルオーバーによって事業機会の認識に必要な多様
な知識が習得しやすくなる。この効果は，より多様な知識が流れる異業種の企

業の集積でより期待できるかもしれない。

　他方，同一産業の企業が集積していることで期待できる効果もある。まず，集積内には当該産業に関する知識を有する労働者が数多くいるため，新規開業企業は従業員を採用しやすくなる。合わせて，外注先をはじめとする関連産業が集積内では発達するため，起業家は作業・工程をアウトソーシング（外部委託）しやすくなる。質の高いサービスをアウトソーシング先から得ることで起業家は自ら得意とする業務・工程に集中できる。さらに，手がける業務・工程を少なくすることで資金をかけずに開業できるようにもなる。

　集積効果に関連して，企業だけではなく多様な組織が集積する効果によって，革新的で成長志向の開業を生み出す「エコシステム」が近年注目されている。多様な組織とは，起業家に資金を提供するベンチャーキャピタルやエンジェル（個人投資家），技術開発を支援する大学や研究所，開業を支援する政府やインキュベーター，販路確保や技術開発などのパートナーとなる大企業などであり，それぞれの強みを生かして新規開業企業の成長を促進する。グーグルやフェイスブック，イーベイなど，世界に名だたる急成長企業が米国カリフォルニア州のシリコンバレーから誕生した背景には効果的なエコシステムがあるといわれる。

(7) 業種別の開業動向

　開業動向は業種によっても異なる。図表2-8には企業開業率（2014〜16年，年率）が高い10業種（小分類）が示されている[13]。最も高い業種は「障害者福祉事業」（ケアホーム，グループホーム，福祉ホームなど），次いで「助産・看護業」（看護師による居宅訪問看護事業など）となっている。これらは高齢化に伴い拡大するニーズを満たすビジネスといえる。第3位は発電・変電事業などの「電気業」である。太陽光や風力などの再生可能エネルギー源を用いて発電された電気を電力会社が一定価格で一定期間買い取ることを国が義務づける制度（固定価格買取制度）の開始（2012年）や，電力小売りの自由化の進展などが，高い開業率の背景にあるとみられる。第4位は「インターネット付

図表 2-8　企業開業率が高い上位 20 業種（小分類，民営，2014～16年）

（単位：%）

	開業率	廃業率	期首企業数
障害者福祉事業	22.3	11.5	1,219
助産・看護業	17.8	9.9	1,396
電気業	17.5	10.7	387
インターネット附随サービス業	16.6	15.0	4,154
児童福祉事業	14.3	13.6	4,935
金融代理業	11.4	12.6	128
その他の洗濯・理容・美容・浴場業	11.2	13.1	17,128
持ち帰り飲食サービス業	10.0	11.8	7,636
健康相談施設	9.3	10.3	650
老人福祉・介護事業	8.4	9.8	23,069
簡易宿所	8.3	8.2	1,377
電気通信に附帯するサービス業	7.2	18.2	678
音声情報制作業	7.1	9.9	572
映像情報制作・配給業	7.1	10.8	3,864
運輸施設提供業	7.0	NA	112
金融商品取引業	6.9	12.7	2,046
職業紹介業	6.8	10.5	2,006
興行場（別掲を除く），興行団	6.8	10.4	2,528
ソフトウェア業	6.8	10.8	20,117
療術業	6.6	7.8	77,268

出所：図表2-7に同じ。

随サービス業」（ネット通販，音楽・映像配信など），第5位は児童福祉事業（保育所，児童相談所など）となっている。それぞれIT技術の進展，女性活躍推進をはじめとする政策動向や共働きの増加によって新たなニーズが誕生，拡大したことがうかがえる。このように，政治的，経済的，社会的，技術的な変化によって新たな事業機会が生まれた産業では開業が活発化する。なお，開業率の上位10業種の廃業率はすべて全業種（7.1％）を上回る。開業が活発な業種では競争は厳しいといえる。

　一方，開業率が最も低かったのは，ミニスーパーやよろず屋など「その他の各種商品小売業」（1.0％），次いで「漆器製造業」（1.0％）である。これらの

業種の開業率は上記の業種を大きく下回る。開業率の業種差は極めて大きい。

(8) 業種差を生み出す要因

　では，業種によって開業動向が異なるのはなぜだろうか。ミクロ経済学の応用分野である産業組織論によると，①参入（開業）後に期待される利潤が大きい業種ほど，②参入に要するコストが小さい業種ほど，参入が活発になる（Geroski 1995）[14]。

　参入後に期待できる利潤が高い業種の特徴としては，強力な競争相手がいないことや，市場の成長率が高いことなどが挙げられる[15]。一方，参入に要するコストは，事業を始める際の障害となる参入障壁（entry barrier）が高いほど上昇しがちである。主な参入障壁は次のとおりである。

①**必要資金量の大きさ**：参入に必要な資金が大きいほど開業は難しくなる。たとえば，製造業など多くの設備を要する業界への参入は一般に少なくなりがちである。一方，パソコン1台あれば始められるような事業への資金面での参入障壁は比較的低い。

②**大きな最小効率規模**：規模の経済，規模の不経済によって，平均費用が最も低くなる最小効率規模が存在する（第1章，p.14参照）。このため，起業家は最小効率規模で参入する必要がある。最小効率規模は業種によって異なり，この規模が大きいほど参入障壁は高い[16]。

　ただし，新規開業企業は，一般に多かれ少なかれ差別化された異なる製品・サービスを販売する。これらの市場が既存企業とは異なっていれば，最小効率規模も異なる可能性がある。つまり，同一業種内でも企業によって最小効率規模は異なりうる。

③**市場集中度**：市場集中度が高い（少数の企業が大きな市場シェアを有する）と，既存企業が協調することで効果的な参入阻止が行われやすくなる。

④**製品差別化**：製品・サービスが強く差別化されている業種に参入するには自らの製品・サービスも差別化しなければならない。そのためには多額の研究開発費が必要となるため参入が難しくなる。

⑤**広告集約度**：既存企業が多額の広告によってブランドや知名度を高めていると，参入者にも同様の対応が求められる。広告集約度の高さ（広告費の負担の大きさ）は参入障壁となる。

⑥**経営資源へのアクセス制限**：重要な経営資源の利用が既存企業によって制限されていることも参入障壁となりうる。特許など知的財産権や流通網は重要な経営資源の例である。

⑦**公的な参入規制**：様々な理由から参入を制限する公的規制は当然ながら参入障壁となる（コラム②参照）。たとえば，かつて日本の航空業界では路線ごとに免許が必要とされており，事実上新しい企業がこの業界に参入することはできない時代が長く続いていた。

4. 起業家像と起業プロセス

ここまでマクロの視点から開業動向を検討してきた。以下では，個々の起業家に焦点を当て，どのような人たちが，なぜ，どんなプロセスで起業に至っているのかを論じる。

(1) 起業家のプロフィール

ここでは前述の「新規開業実態調査」を参照しつつ，起業家のプロフィールをみていく（図表2-9）。なお，明示しない限りデータは本書執筆時点において最新の2020年度調査のものである[17]。

① 開業時の年齢

開業時の年齢の平均は43.7歳となっており，高齢化に伴い1991年度調査以降徐々に高まっている。

加齢には相反する2つの効果がある（Shane 2003）。まず，年齢を重ねるにつれて様々な職業経験を積んだりネットワークが広がったりすることが多い。この結果起業に踏み切りやすくなる。半面，加齢は起業を阻害する要因ともな

図表2-9　起業家のプロフィール

調査年度	1991	2000	2010	2020
開業時の年齢				
平均（歳）	38.9	41.6	42.6	43.7
分布（%）				
29歳以下	14.5	12.1	8.7	4.8
30歳代	39.9	32.2	35.6	30.7
40歳代	34.1	31.9	29.2	38.1
50歳代	9.3	21.1	18.9	19.7
60歳以上	2.2	2.7	7.7	6.6
性別（%）				
男性	87.6	85.6	84.5	78.6
女性	12.4	14.4	15.5	21.4
最終学歴（%）				
中学	7.4	6.4	5.5	3.5
高校	40.7	38.0	32.0	28.0
専修・各種学校	16.5	14.9	19.1	24.3
短大・高専	4.8	7.2	5.3	5.0
大学・大学院	30.6	32.9	37.9	39.1
その他	NA	0.6	0.2	0.1
開業直前の職業（%）				
会社や団体の常勤役員	14.8	14.6	13.0	10.7
正社員・正職員（管理職）	35.0	36.8	45.2	39.5
正社員・正職員（管理職以外）	39.5	38.5	26.3	29.8
非正社員	1.5	5.3	8.5	12.3
その他	9.1	4.8	7.1	7.6

（注）1. 1991年度調査では最終学歴の選択肢に「短大」が含まれていない。このため最終学歴については1992年度調査の結果を掲載している。ただし，1992年度調査の選択肢には「その他」がない。
　　　2. 開業直前の職業の「非正社員」は「パートタイマー・アルバイト」と「派遣社員・契約社員」の合計である。ただし，1991年度調査では「派遣社員・契約社員」が選択肢に含まれていない。
出所：日本政策金融公庫総合研究所「新規開業実態調査」（各年度調査）より筆者作成

る。リスクを避けようとする傾向は一般に加齢に伴い強まる。また，高齢で起業して成功したとしてもその成果を享受できる期間は若い人ほど長くないことも起業に対して消極的になる理由といえる。加えて，年配者の方が一般に賃金

や勤務先での地位が高く起業の機会費用が大きい。機会費用とは，ある行動
（たとえば起業）をとらなかったら得られたであろう便益（たとえば高賃金）
である。

　このように，相反する効果があることから，両者のバランスが良く起業に適
した年齢が存在すると考えられる。その年齢は40歳前後とされる。

② 性別

　性別は男性が78.6％，女性が21.4％である。女性の割合は最近高まってい
るものの男性を大きく下回る。女性が相対的に起業しない傾向は他の先進国で
も確認されている[18]。

　その理由として心理的要因，キャリア要因，環境的要因がある。心理的要因
からみていくと，リスク回避志向が強い（Verheul et al. 2012, Bönte and Pie-
geler 2013, Caliendo et al. 2015)，他者との競争を好まない（Bönte and Pie-
geler 2013）ことが指摘されている。キャリアに関しては，保健・衛生や教育
など自営業につながりにくい分野を大学で専攻する傾向（Leoni and Falk
2010）がまず挙げられる。さらに，家事や育児，介護の負担をより多く女性
が担うという固定的な性別役割分業などを背景に，過去の起業経験や管理職経
験が乏しく（Kepler and Shane 2007），事務職・業務補助職が多く（Boden
1996），キャリアを中断しがちである（藤井・金岡 2014）ことが起業しにく
くさせる[19]。環境的要因については，女性の方が資金を借りにくい（Georgel-
lis and Wall 2005），男性中心のコミュニティから経営資源を調達することが
難しい（高橋 2014）ことが挙げられる。

③ 最終学歴

　最終学歴は「大学・大学院」が39.1％と最も多く，社会の高学歴化を反映
してその割合は高まる傾向にある。次いで多いのは「高校」（28.0％）だが，
1990年代に比べて低下している。また，「専修・各種学校」の割合が高まって
おり，2020年度調査では24.3％となっている。

　学校教育が起業に役立つかどうかについて見解は分かれている。役立つ理由としては，資金調達やマーケティングなど起業に必要な知識を学習したり，新しい知識を収集，組み合わせることによって有望な事業機会を発見する能力や問題解決能力を身につけたりできることがある（Hisrich 2012）。これに対して，在学中は職業経験を積めないこと，学校教育で学習することの多い正解のある問いへの解答方法は正解のない取組みである起業活動においては役立たないことも指摘される（Casson 2003）。

　日本については，大学での学修自体には起業を促す効果はなさそうという研究がある。ただし，年齢が高まると同級生が企業幹部になるため顧客を開拓しやすくなる（ネットワーク効果）うえ，非大卒者と比べて自らの能力が高く起業して得られる報酬が大きいと判断しがちであること（セルフセレクション効果）から，大卒者の起業が促される可能性がある（松田ほか 2016）。

　なお，近年，「起業家教育」が注目されている。その内容は多様だが，学生・生徒等に対して起業活動の理論や手順，着眼点を教えたり，ビジネスプランの作成などその具体的な方法を実践したりすることが多い。教育の目的もプログラムによって異なるが，起業に対する関心の醸成やスキルの修得などがある。ただし，起業にもともと興味がある学生が受講しがちであることや受講から実際の起業までには長い年月が掛かることなどから，教育の効果，特に起業につながるかどうかについては十分に検証されていないのが現状である。

④　職業経験

　開業直前の職業は「正社員・正職員（管理職）」（39.5％）と「正社員・正職員（管理職以外）」（29.8％）が多い。起業家の大半は開業前に正規・常勤で働いている。ただし，近年は「非正社員」が徐々に増えている。

　職業経験を通じて起業に必要な様々なスキルや能力を身につけることができる。Shane（2003）によると職業経験は次のように分類される[20]。

（ⅰ）**汎用的な経験**：様々なビジネスに共通する経験。ビジネスの一般的な流れや仕組みなどに関する知識の修得，交渉力や問題解決能力，コミュニケー

ション力などの涵養や人脈拡大などに役立つ。

(ii) **特定業務の経験**：特にマーケティング，製品開発，マネジメントという外部の専門家に委託しにくい業務の経験が重要とされる。その一方，これらの業務だけではなく資金調達や人材管理など幅広い業務の経験が起業には必要であることから，特定のスキルのみに秀でるスペシャリストよりも，浅くてもよいので幅広い知識やスキルをバランスよく持つジェネラリストの方が起業に向いているとする「なんでもや仮説」（Lazear 2004）も提唱されている。

(iii) **開業する事業に関連する経験（斯業経験）**：市場動向や業界のしきたりなど業界外の人が得られない情報や，業界内での人脈の獲得につながる。「新規開業実態調査」によると，斯業経験を有する開業者は82.0％に達する。

(iv) **起業経験**：事業機会を実現するためのスキルは実際に起業してはじめて身につくとも考えられる。起業経験を有する起業家は習慣的起業家（habitual entrepreneur）と呼ばれる。習慣的起業家は，経営していた事業をやめた後に事業を新たに立ち上げる連続起業家（serial entrepreneur）と行っていた事業に加えて新たな事業を始めるポートフォリオ起業家（portfolio entrepreneur）に分類される。

⑤ **その他の特徴**

ここでは2つの特徴を紹介する。第1に，行動のお手本となるロールモデルが身近にいることが多い。たとえば自営業主の子どもは親の姿を見て育つなかで，自営業主として働く魅力や心構え，必要なスキルを自然と学習する（安田2004，Palmer et al. 2021）。その結果，将来自営業主となる可能性が高まる。親だけではなく親戚や身近な友人・知人もロールモデルとなりえる（Liñán and Fayolle 2015）。

第2に特定の心理的特質を持っているとされる。たとえば，リスク回避志向が弱い，自己効力感（自分はある行動をなし遂げることができるという認知）が高い，内的統制（出来事の原因を能力や努力など自らに帰す傾向）が強い，

曖昧な状況への対応力が高い，達成欲求が強い，過度に楽観的であることなどが指摘される。ただし，これらの特質の多くは他の職業で成功するためにも必要であり，起業家特有とはいえないかもしれない（Bygrave and Zacharakis 2007）。起業家の心理的特質に関する研究は日本では少なく，今後の解明が期待される。

（2）起業動機

ここでは主な起業動機として次の4つを紹介する。ただし，起業家は単一ではなく複数の動機で起業することが多い。

第1は，自分が望む働き方を実現したいという動機である。この点は開業の意義（本章2.節）で触れたところだが，詳しくみていこう。

図表2-10によると，最も多い動機は「自由に仕事がしたかった」（56.5%）である。雇われて働いていれば勤務先や上司の方針やルールに従って仕事をすることが求められる。起業すれば自分が自分の上司であり，こうした制約には縛られない。さらに「年齢や性別に関係なく仕事がしたかった」（12.4%）という結果からは，定年制によって離職を余儀なくされることや女性が十分活用されていないことによって起業する人たちの存在がうかがえる。他方「時間や気持ちにゆとりが欲しかった」（19.3%）を挙げる人も少なくない。必要最低限の収入を事業から得ながら，仕事のペースや働く時間帯・場所などを変えて望むライフスタイルを実現するために起業しているといえる。このような動機で起業する人はライフスタイル起業家（lifestyle entrepreneur）と呼ばれる。

第2は，自分のやりたい仕事をしたいという動機である。「仕事の経験・知識や資格を生かしたかった」（45.8%），「自分の技術やアイデアを事業化したかった」（30.0%），「社会の役に立つ仕事がしたかった」（29.3%）を挙げる人は少なくない。

第3は，経営することの面白さを味わいたいという動機である。「事業経営という仕事に興味があった」（34.8%）はその典型である。

第4は，金銭的な動機である。「収入を増やしたかった」は約4割（41.9%）

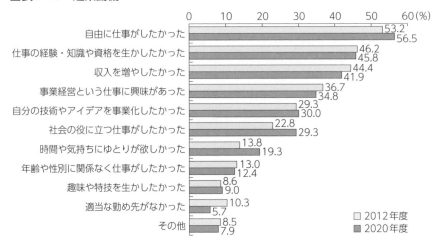

図表2-10　起業動機

起業動機	2012年度	2020年度
自由に仕事がしたかった	53.2	56.5
仕事の経験・知識や資格を生かしたかった	46.2	45.8
収入を増やしたかった	44.4	41.9
事業経営という仕事に興味があった	36.7	34.8
自分の技術やアイデアを事業化したかった	29.3	30.0
社会の役に立つ仕事がしたかった	22.8	29.3
時間や気持ちにゆとりが欲しかった	13.8	19.3
年齢や性別に関係なく仕事がしたかった	13.0	12.4
趣味や特技を生かしたかった	8.6	9.0
適当な勤め先がなかった	10.3	5.7
その他	8.5	7.9

(注)　1.3つまでの複数回答である。
　　　2.2012年度以降の調査では同じ選択肢が用いられている。このため2012年度調査の結果を参考として掲げた。
出所：日本政策金融公庫総合研究所「新規開業実態調査」（2012年度，2020年度）より筆者作成

に選択されている。また調査年度によって割合は異なるが「適当な勤め先がなかった」（5.7%）という回答もみられる。これは3.節で紹介した生計確立型の起業といえる。

　起業動機について同様の傾向は中小企業庁（2017）など多くの調査で確認されている。経済的なものだけではなく，またはそれ以上に望む働き方の実現や仕事のやりがいの追求という個人の内面的な充足が起業の意思決定において重要な基準となっている。

(3) 起業プロセスの理論

　起業プロセスは，経済学や心理学などの理論を用いてモデル化されている。ここでは代表的なモデルを紹介する。

① 経済学のモデル

　経済学の観点から起業の意思決定を説明しようとした代表的なモデルはルーカス・モデルである（Lucas 1978）。このモデルは閉鎖経済における効率的な資源配分を探求したものであり，そのなかで起業家の行動が検討されている。概要は次の通りである。

　このモデルでは，経営者は同質の労働者と資本を活用して生産し，一人で企業を経営する。ただし，経営能力は人によって異なる。経営能力が高いと生産性は高く，より大きな利益（報酬）が得られる。このため，能力が高いほど多くの資源を用いて大きな企業を経営する。一方，雇われて働く場合に必要な能力は人によって変わらず，すべての人が受け取る賃金は同一と仮定される。このため，経営能力が低ければ経営者ではなく労働者となる方が有利となる。つまり，一定以上の経営能力を有する人は経営者に，それ以外は労働者となることを選択する。2種類の能力を持つ個人を想定し，経営能力の程度によって選択される職業が変わるというのがルーカス・モデルの要点である。

　ルーカス・モデルはその後の研究で拡張されている。たとえば，Evans and Jovanovic（1989）は，能力に加えて資金制約（資金不足）を取り入れている。このモデルでは，所有する資産の多寡によって調達できる資金額が異なる。このため，資産が少ない人は能力が高くても十分な資金を調達できず起業することはできない。

　ルーカス・モデルと並んで大きな影響力を有してきたのがKihlstrom and Laffont（1979）のモデルである。このモデルはリスクに焦点を当てる。

　米国の経済学者，フランク・ナイト（Knight, F.）によると，起業活動の本質はリスクを引き受けることである（Knight 1921）。実際，労働者の賃金と比べて起業家の報酬は不確実である。この点を踏まえ，このモデルは能力ではなくリスクへの態度が異なる個人を想定する。リスク回避的な人は労働者となり，そうではない人は報酬の不確実さを受け入れて起業家となる。

　Taylor（1996）は効用（主観的な満足度）に着目している。効用は，金銭的報酬だけではなく仕事のやりがいや働き方など非金銭的報酬によっても左右

図表2-11　GEMのフレームワーク

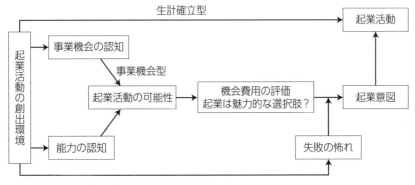

出所：Bosma et al.（2008）

される。起業家と労働者の選択に当たって，効用の多寡が基準とされる。この
モデルには前項でみた非金銭的な起業動機の強さが反映されているという点で
より現実的ということもできる。

② GEMのフレームワーク[21]

　労働経済学等の知見に基づき，GEMは起業プロセスをより具体的にモデル
化している（Bosma et al. 2008）。その概要は図表2-11のとおりである。

　このフレームワークによると，起業の第一歩は事業機会とそれを実現するた
めの能力の保有が主観的に認識されることである[22]。ここで注目すべきは，
事業機会や十分な能力が実際に（客観的に）存在するかではなく，主観的な認
識が重視されていることである。主観の重視は次に紹介する計画的行動理論と
の共通点といえる。その後，機会費用の大きさや失敗の怖れの強さを勘案しつ
つ，起業意図（entrepreneurial intention）が形成され起業活動が始まる。

　図の一番左に記載されている「起業活動の創出環境」（Entrepreneurial
Framework Conditions: EFC）はこうした一連のプロセスに対して影響を与え
る。EFCとは「新事業の創出を促進または阻害する状況」（GEMホームペー
ジ）である。具体的には，本章3.節でみた国・地域の開業状況を規定する要

図表2-12　計画的行動理論

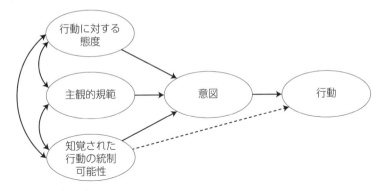

出所：Ajzen（1991）

因がこれに当たるが，政治情勢なども含まれる。国・地域の状況が起業の意思決定に影響を与えるというモデルは，起業活動と地域特性との関係を検討したSternberg（2009）でも提案されている。

③　心理学のモデル

　社会心理学をベースにした計画的行動理論（Ajzen 1991）は人の行動一般を説明するための理論だが，起業という行動の分析にも頻繁に用いられている（図表2-12）。

　この理論によると，「行動に対する態度」「主観的規範」「知覚された行動の統制可能性」の3つの認知が行動の意図を生み出し，意図が行動の先行要因となる。行動に対する態度とは自らにとってのその行動の望ましさ，主観的規範とは行動をとる（またはとらない）ことに対する身近な人たちからの社会的圧力，知覚された行動の統制可能性とは行動の実行の容易さに対する評価である。起業に対して好意的であるほど，起業すべきという社会的圧力が強いほど，起業のプロセスをやり遂げられると強く確信しているほど，起業意図が強まり，起業活動に従事するようになる。多くの研究では，3つの認知が起業意図を左右することが確かめられている（Liñán and Fayolle 2015）。

5. 開業が活発化しない背景

　本節では以上の議論と関連付けつつ，過去と比べてまたは英米と比べて日本で開業動向が低迷している背景として指摘されてきた4つの問題を紹介する。4つの問題とは，資金制約，金銭的魅力の乏しさ，起業態度・認識の弱さ，公式な制度である。

(1) 資金制約

　Evans and Jovanovic（1989）のモデルによると，保有する資産が少なければ能力の高い人であっても開業できない[23]。これは社会的な損失といえる。このため，開業に必要な資金が調達できていないのかどうか，つまり資金制約が現実に存在するかどうかは多くの研究の注目を集めてきた。

　資金制約の存在はいくつかの研究で示唆されている。たとえば，スウェーデンでは，宝くじに当たると（資金制約が緩和されると）自営業主になる傾向が強まり（Lindh and Ohlsson 1996），資産の不平等が強まるほど（資産が少ない人とともに多くの資産を有する人が多いと）自営業主が増える（Lindh and Ohlsson 1998）。これらの研究によれば，十分な資金を調達できるようになれば開業する人は増加する可能性がある。

　しかし，今日の日本において資金制約はそれほど強くはないかもしれない。たとえば，政府は2002年に「新創業融資制度」を創設した。これは「事業計画（ビジネスプラン）を審査して無担保・無保証人（法人の場合，代表者の保証も不要）」（中小企業庁ホームページ）で政策金融機関の日本政策金融公庫が融資する制度である。限度額は3,000万円と大きく，2019年度には3.2万件の融資が実行された。

　さらに，資金制約に直面するかどうかは資産の額ではなく，実は個人の人的資本（能力）によって決まるという見解もある（Bates 1990, Cressy 1996, 安田 2004）。この見解によると，能力が高い起業家は開業を成功させる確率が高いので，投資家から資金を調達できる。とすれば，資金制約に直面している

のは能力が低い人と考えることもできる。経済全体の効率的資源配分の観点からは，ルーカス・モデルが示唆するように，十分な資金が調達できない人たちは雇われて働くことが望ましいのかもしれない。

政策的な支援が大規模に行われていることもあり，現在の日本の資金調達環境は，総じて，比較的良好であるように思われる。ただし，バイオ・創薬や宇宙関連など，数十億円の資金を要し，しかもリスクが高い分野も存在する。これらの分野では資金制約が開業の阻害要因となっている可能性がある。

(2) 金銭的魅力の乏しさ

雇用者と比べた起業家の報酬が低下していることが，開業動向の低迷の要因とする見解がある（中小企業庁 2002，中尾・東 2015）。この見解は，賃金と報酬との比較を職業選択の基準とするルーカス・モデルの予測に沿ったものといえる。

この見解の妥当性を示唆するデータもある。ここでは内閣府（2011）に倣い1人当たり雇用者報酬に対する1人当たり混合所得（自営業主の所得）の比率（相対所得）をみてみよう（図表2-13）[24]。相対所得は，1980年には0.86だったが，バブル期と2000年代前半に上昇したものの趨勢的に低下，2019年には0.44となった。つまり，平均的にみて自営業主の所得は雇用者の半分にも満たない。1人当たり雇用者報酬と混合所得それぞれの推移をみると，いずれも1980年代からバブル経済直後の90年代初頭までほぼ一貫して増加している。しかし，90年代半ば以降雇用者報酬はほぼ横ばいであるのに対して，混合所得は2000年代の一時期を除いて低下傾向にある。混合所得が低下している理由は必ずしも明らかではないが，日本経済の潜在成長率の低下に伴い有望な事業機会が少なくなったことや，その結果として競争が厳しくなっていること，自営業主の高齢化が進んだことなどが考えられる。

他国と比べても日本の相対所得は低い。内閣府（2011）によると日本の相対所得は米国の3分の1に過ぎず，比較対象となっている国々のなかで最低である。ただし，相対所得が高い米国でも自営業主が減少している。相対所得だ

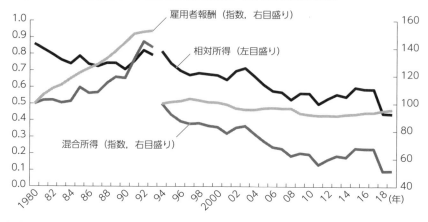

図表2-13　相対所得と1人当たり混合所得，雇用者報酬の推移

(注) 1. 相対所得は1人当たり混合所得÷1人当たり雇用者報酬である。
　　 2. 1980～1993年までは平成12年基準 (1993SNA)，1994年以降は2015年基準 (2008SNA) のデータである。このため1993年と1994年の間は連続しない。また，指数はそれぞれの系列の初年度を100としている。
出所：内閣府「国民経済計算」，総務省「労働力調査」より筆者作成

けでは米国と比べた日本の開業動向の不活発さは説明できないといえる。

　以上の分析はあくまでも平均的な自営業主，雇用者の比較である。個別にみれば「稼げる」自営業主は少なくない。それでも金銭的な魅力が薄れていることが，全般的にみて開業動向が活発化しない要因の1つである可能性は否定できない。

(3) 起業態度・認識の弱さ

　計画的行動理論によると，起業に関する認知がその状況を左右する。では日本の現状はどうなっているのだろうか。ここではGEMの結果に基づき検討していく。

　GEMのアンケートには起業態度に関する記述に対して「はい」「いいえ」「わからない」の三者択一で回答する質問がある[25]。これらの質問を用いて作成したのが以下①～⑤の指数である。それぞれの指数は「わからない」を除

いて算出した「はい」の割合である。このうち事業機会認識指数と知識・能力・経験指数は知覚された行動の統制可能性，起業評価指数と起業家地位指数は主観的規範との関連が比較的強いと考えられる。

①**事業機会認識指数**：「これから半年のうちに住んでいる地域で事業を始める良い機会があるだろう」

②**知識・能力・経験指数**：「新しいビジネスを始めるために必要な知識，能力，経験を持っている」

③**起業評価指数**：「日本では，多くの人たちは，新しいビジネスを始めることが望ましい職業の選択であると考えている」

④**起業家地位指数**：「日本では，新しくビジネスを始めて成功した人は高い地位と尊敬を持つようになる」

⑤**起業活動浸透指数**：「過去2年以内に新たにビジネスを始めた人を個人的に知っている」

　図表2-14には上記の指数の国別の状況（2011～2018年調査結果の平均）がまとめられている。これをみると，日本の指数は他の先進国よりも明らかに低い。特に低いのが事業機会認識，知識・能力・経験指数である。知覚された行動の統制可能性の弱さが開業の不活発さにつながっていることがうかがえる。

　他方，起業家を取り巻く人々の態度，つまり社会的規範が不活発な開業の原因とする見解もある。たとえば，安田（2017; 2018）が着目するのは「起業無関係者」である。これは起業活動浸透指数，事業機会認識指数，知識・能力・経験指数の記述すべてに「いいえ」と回答した人である。起業に価値を見出していない起業無関係者が多いと起業家は異端者とみなされがちであり，正当性（legitimacy）を確保できない。正当性とは「社会的に構成された規範，価値，信念，定義の体系のなかで，ある主体の行為が望ましい，当然，または適切であるという一般的な知覚または前提」（Suchman 1995）である。社会のなかで起業活動が正当と見做されなければ活発にはなりにくい。その結果，起業活動が社会にますます受け入れられにくくなり，一層不活発になるという負の

69

図表2-14　主要先進国の起業態度指標（2011〜18年の平均）

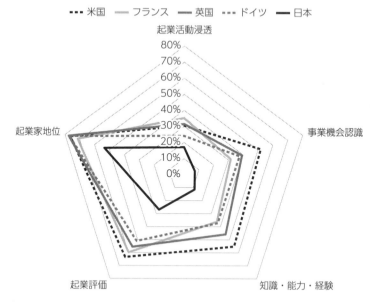

出所：グローバル・アントレプレナーシップ・モニターより筆者作成

フィードバックが働くことになる。コラム②では公式な制度が起業活動に与える影響を検討したが，それとともに，社会規範や慣行のような非公式な制度も起業の意思決定を一定程度左右することがうかがえる。

　起業活動に関する認知について長期的な変化を示すデータは存在しない。このため，開業率の長期的な低下との関係は不明である。ただし，1990年時点でハイテク化や情報化の進展に伴い開業時に求められる技術やノウハウの水準が高まっていることが開業率低下の要因であると指摘されている（国民金融公庫調査部1990）。この指摘は，行動の統制可能性が低い（起業のプロセスをやり遂げることが難しい）という認知が，開業率の長期的な低下の原因である可能性を示唆する。

(4) 公式な制度

　前項でみた社会的規範は非公式の制度だが，公式な制度が他国と比べた開業
率の低さの一因という可能性もある。たとえば世界銀行の「Doing Business
2020」は各国の開業に伴う手続きの数や時間，費用，最低資本金要件という
公式な制度を評価し，日本の開業環境を190カ国中106位にランク付けしてい
る。ただし，公式な制度が日本の開業動向に影響を与えるとしても，その程度
は必ずしも明らかにされてはいない。

　雇用保護の強さも起業を阻害する要因となりうる。労働者の地位が保護され
ていると，起業のインセンティブが低下したり起業家が雇用した従業員を解雇
できず経営の柔軟性が損なわれたりするからである。ただし，OECDの雇用
保護指標（2019年，正規労働者）によると，OECD38カ国中日本は11番目に
雇用保護が弱い国である。また，日本では労働者保護が緩められているにもか
かわらず起業希望者や準備者は減少している（岡室 2014）。開業と労働者保護
との関係についてはさらなる分析が必要である。

コラム③　開業に対するコロナ禍の影響

　新型コロナウィルス感染拡大は日本や世界の経済社会を大きく変えようと
している。そこで，ここではこうした変化が開業動向にどのような影響を与
えるのかを検討する。ただし，現時点でその影響を見通すことは難しく，以
下は暫定的な考察である。

　基本的に，感染拡大は開業動向にマイナスの影響を与えるとみられる。そ
の理由は，経済情勢の悪化に伴い事業機会は減少し，開業後に期待できる報
酬が低下するためである。しかも，経済の先行きが不透明になっており，開
業に対して知覚されるリスクは上昇している。コロナ対策に伴い財政赤字が
拡大していることも不透明さに拍車をかける。その結果，これまでよりも大
きな報酬が期待できなければ開業しないという人が増えることが予想される。
開業は減少する可能性が高い。

　その一方，開業を増やす要因も考えられる。第1は，企業の倒産・廃業に

伴う失業者の増加である。先にみたように日本ではプッシュ効果が強く，失業者が増加すれば，従業員を雇わない自営業主（フリーランスなど）をはじめとして生計確立型を中心に開業が増加する可能性がある。第2は，リモートワークの普及や副業の活発化である。リモートワークの推進に伴い通勤時間が短縮されるとともに，働く時間帯も労働者の裁量に任される余地が大きくなる。この結果，隙間時間を使って副業として起業する動きが起こるかもしれない。第3に，人材を確保しやすくなったことである。コロナ禍において労働需給が大きく緩和した。人材を採用しやすくなればその分，開業が増えるかもしれない。第4に，廃業の増加である。後継者難による廃業が増加する可能性が近年懸念されているが，コロナ禍をきっかけにその時期を早める企業が存在するとみられる。その場合，これらの企業の顧客の需要を満たすという事業機会が誕生するかもしれない。第5に，後述するように，コロナ禍に対応するための新しい製品・サービスが必要とされ，新しい事業機会が生まれていることである。

　ただし，これら5つの要因は新型コロナウィルス感染拡大のマイナスの影響を相殺するほど大きな効果はないかもしれない。また，第1と第2の要因によって増加する開業は，一般に小規模なものが多いことが予想される。とすると，開業は従来ほど雇用創出には貢献できない可能性がある。

　以上は経済全体に関する予測だが，新型コロナウィルスの感染拡大の影響は一律ではないだろう。たとえば，開業動向は事業内容によって異なる可能性がある。コロナ禍において特に大きな打撃を受けたのは対面でサービスを提供する事業や，家賃や人件費など固定費が高い事業である。今後，これらの事業分野での開業は減少する可能性がある。その一方，エッセンシャルワーカーが担うビジネスに対する需要はそれほど低下せず，開業動向は大きく変化しないかもしれない。また，コロナ禍で変化した生活習慣に対応したビジネスに対する需要は高まっている。人との接触を避けようとするニーズに対応した飲食のテイクアウトや運送業，語学やヨガなどのレッスンのネット配信，在宅勤務に伴う余暇の増加に対応した社会人向けの学習コンテンツ

の提供，布製マスクやフェイスシールド製造などが挙げられる。これらの事業分野での開業はかえって増加することさえ考えられる。加えて，デジタル化を推進しようとする政策的な動きや企業の取組みなどもみられる。その結果，情報通信技術（ICT）分野での開業や，これらの技術を活用しての開業が行いやすくなることも考えられる。

　地域的には，地方での開業が増加するかもしれない。リモートワークの進展に伴い都市圏から地方に人材が移住する動きが加速しているといわれる。これらの人材によって，規模は大きくないかもしれないがフリーランスのような起業が地方で増える可能性もある。

　以上をまとめると，新型コロナウィルスの感染拡大に伴う経済情勢の悪化によって開業は減少すると考えられる。ただし，その影響は一律ではなく事業分野や地域などによって異なるとみられる。また，開業数の減少やその小規模化によって開業に伴う雇用創出は小さくなる可能性がある。

6. 開業直後の課題

（1）開業後の動向

　誕生した企業はその後，様々な軌跡をたどる。成長する企業もあれば，規模は拡大しないものの基盤を固めて安定的に事業を継続していく企業もある。このような違いが生じる理由の1つは，起業家自身の意思である。起業家自身が成長を目指さなければ一般に企業は成長しない。逆に，ライフスタイル起業家のように，野心を抱かず経営を続けていければ十分と考える人も少なくない。成長を目指すかどうかは個人の価値観次第である。

　存続し続ける企業がある一方，事業を継続できず（継続せず）廃業する企業も存在する。ではどれくらいの新規開業企業が廃業しているのだろうか。正確な統計はないものの，鈴木（2012a）によると，開業後約5年以内に廃業した企業は調査対象の約15％である。おそらくこの割合は既存企業と比べて高い。"Entry is easy, but survival is not（参入は容易だが，存続はそうではない）"

（Geroski 1995）のである。

　ただし，すべての廃業が事業に失敗した結果生じたわけではなく，債務不履行に陥っていない廃業は鈴木（2012a）では約4割に達する（第5章，p.174も参照）。事業に失敗していないにもかかわらず廃業する理由は，介護・子育ての負担や他者への事業売却，雇用者としてリクルートされたこと，健康問題など多様である。

　開業後，個々の企業は存続することもあれば廃業に至ることもある。しかし，群としてみた（全体としてみた）新規開業企業の経営は次第に安定していく。その背景には，新規開業企業は様々な「不利益」を克服していくことと，学習を積み重ねていくことがある。以下ではこれらを紹介する。

(2) 様々な「不利益」の克服

　社会学の一分野，組織エコロジー論では，環境が組織の淘汰に与える影響が分析されている。そのなかで新しい組織が脆弱である理由として3つの不利益が指摘されている。これらが克服されていくことが群としてみた新規開業企業の安定につながる。

　第1の不利益は「新しさの不利益（liability of newness）」である（Stinchcombe 1965）。この理論によると，新しく誕生したばかりの組織は組織内外の問題に直面するため，廃業リスクは開業直後に最も高く，次第に低下していく。

　組織内の問題としては，新しい組織における新しい役割に求められるスキルや意思決定基準，職責や組織内不和の解消方法などを自力で学習，確立しなければならないことが挙げられる。この問題に対処するために，新しい組織は本来の事業に振り向けられるべき時間や労力などを割かなければならない。加えて，新しい組織の人たちはお互いよく知らないため信頼が乏しい。以上のことから，新しい組織の経営は非効率になりがちである。一方，組織外の問題とは，顧客や取引先などとの間に信頼が築かれていないことである。この結果，経営基盤が弱く従業員の採用や金融機関からの資金調達が難しくなることがありうる。これは第1章（p.22）で指摘された発展のための課題の1つである外

部からの信用の蓄積に関連する問題である。

　このうち組織内の問題を解決するために必要なのは，日々の事業を通じて社内の仕組みを整えていくことである。一方，組織外の問題の克服のためには，製品・サービスを繰り返し使ってもらったり，公的機関から表彰を受けたり，業界内で信用されている人に役員に就任してもらったりするなどして取引先等からの信頼を高めていくことが考えられる。

　第2の不利益は「青年期の不利益（liability of adolescence）」である（Brüderl and Schussler 1990）。この理論によると，開業直後からしばらくの間は廃業リスクが高まりその後低下する。新しさの不利益とは異なり，開業直後に廃業リスクが最も高くならない理由は，①開業までに準備した資金の蓄積があること，②業績は運によっても左右されるのである程度の期間の状況を観察したうえで廃業の意思決定が行われること，である。実際，この理論が示すように，廃業は開業数年後に最も多くなる傾向も観察されている（Brüderl and Schussler 1990, 鈴木 2012a）。

　第3の不利益は「小規模の不利益（liability of smallness）」である（Aldrich and Auster 1986）。小さな企業は，大きな企業ほど資金調達力，質の高い労働力，市場での存在感，マーケットパワー（交渉力）などを有していないため，廃業の可能性が高まるとするものである。先に示した「新規開業実態調査」によると，開業時の従業者数は平均4人程度である。このため，新しさだけではなく小規模の不利益も被ることになる。以下にみるように，群としてみた新規開業企業は学習に基づき規模を拡大していく。そのなかで小規模の不利益が次第に克服されていく。

（3）学習の進展

　群としてみた新規開業企業の経営が安定していくもう1つの背景は学習の進展である。ここでは学習に関する2つのモデルを紹介する。

　第1は，Jovanovic（1982）の「受動的学習モデル（Passive Learning Model: PLM）」における学習である。PLMによると，開業後の利益は，起業家の

75

経営能力と運（より正確にはランダムエラー）の2つによって決まる。起業家の経営能力の高低は開業前から決まっており，高ければコストを抑えることができ，より多くの利益を獲得できる。しかし，起業家は自らの能力を開業前に正確に把握できず，開業後の利益に基づきその高低を繰り返し評価，そして過去の判断を修正していく。こうしたプロセスのなかで，能力の低い起業家は自らの能力の低さを認識し，市場からいずれ退出する。幸運は長く続かないため，継続的に利益を挙げることができないからである。この結果，能力が高い起業家だけが市場に残ることになる。これらの起業家が経営する企業はより効率的になり，生産を拡大し成長を遂げていくため，新規開業企業の平均的な規模は既存企業に近づいていく。群としてみた新規開業企業の経営は安定化する。

　第2は，Ericson and Pakes（1995）の「積極的探求モデル（Active Exploration Model: AEM）」における学習である。AEMによると，起業家（参入者）は収益性が不明確な事業機会を実現していくために開業後に資金，時間，労力などを積極的に投資する。この投資の成果を学習することで，起業家は事業機会の価値（収益性）や自社の競争力を認識していく。同時に，さらなる投資によって，期待利益を高めようとする。こうして，収益が上がらない企業は退出を選択する一方，存続した企業は追加投資によって一層収益性を高め，企業規模を拡大していく。Ericson and Pakes（1995）は，このモデルのシミュレーションを通じて，参入者の規模は過小であり，予想キャッシュフローの現在価値がマイナスであるためその多くが退出することを示している。

　このようにPLMとAEMとの違いの1つは学習内容とその方法である。PLMでは市場からの情報に基づき自らの経営能力を受動的に，これに対してAEMでは起業家が投資を通じて事業機会の可能性等を積極的に学習する。加えて，業績を主として規定する要因も異なる。PLMでは開業前に決まっている起業家の経営能力，AEMでは開業後の投資が想定されている。

　ではいずれのモデルが現実をうまく説明するのだろうか。この点は既存企業へのキャッチアッププロセスを観察することで分析できる[26]。

　PLMでは，開業前から決まっている経営能力によって業績が主として規定されることから，開業初期の「優等生」企業，「劣等生」企業はその後もそれぞれ「優等生」「劣等生」であり続ける傾向がみられることになる。そして，群としての新規開業企業の業績は，主として能力の低い起業家の企業が退出することによって向上する。これに対して，AEMによると，開業後の投資が大きな役割を果たすことから，群としての新規開業企業の業績は「劣等生」の底上げによっても向上する。「優等生」と「劣等生」の逆転も生じうる。

　実証研究（データ分析）の結果をみると，カナダの製造業を分析したBaldwin and Rafiquzzaman（1995）では，主に非効率企業の淘汰によって，新規開業企業群と既存企業との生産性格差は10年間に徐々に縮小していることが示されている。この結果は，AEMではなくPLMの妥当性を裏付ける。他方，Pakes and Ericson（1998）は，米国の小売業では初期条件がその後の成長を決める（つまりPLMが支持される）が，製造業では開業後の取組みが成長を決める（つまりAEMが支持される）ことを明らかにしている。また，トルコの製造業企業を分析したTaymaz（2005）では，低成長企業の退出と継続的に成長した企業の存続というPLM，AEM両方の効果が確認されている。以上の結果からは，PLMとAEMのどちらかがより説得的というわけではないようである。いずれが現実に適合するかは国や産業によって異なる（Pakes and Ericson 1998）といえる。

　起業は人の人生において最も輝かしい瞬間でありうるが，その後の道のりは平たんではない。誕生したばかりの子どもと同様，「よちよち歩き」の企業は不安定であり，様々な課題を克服していかなければならない。これを実行できた企業のみが発展し，青年期を迎えられるのである。

7. まとめ

＊開業の活発化によって①経済全体の生産性が高まり，②イノベーションが盛んになり，③雇用が生まれるという効果が期待できる。同時に，自由に起業

できることは個人の潜在能力を広げ，望ましい働き方の実現にも寄与する。
* 日本における開業動向は長期的に低迷しており，英米と比べて不活発である。その背景としては，資金制約，金銭的魅力の乏しさ，起業態度・認識の弱さ，公式な制度の問題などが考えられる。ただし，明確な結論は得られていない。
* 開業動向は国・地域によって異なっており，技術や経済，制度や人的資本の状況など様々な要因が影響を与えている。また，開業動向の産業間の差は期待利潤と参入障壁の違いに主に起因する。
* 一般に，起業家は職業経験を通じて必要な人的資本を獲得する。また，起業の意思決定やプロセスは経済学や心理学に基づきモデル化されている。
* 群としてみた新規開業企業の経営が安定していく背景には，様々な不利益の克服や，起業家自らの能力についての学習の進展（PLM），投資を通じた事業機会の価値の把握と収益性の向上（AEM）などがある。

さらなる学習のために

① 大きなイノベーションを成し遂げた新規開業企業を探してみよう。そのイノベーションは，消費者・顧客のどのようなニーズを満たしたのかを考えてみよう。
② 起業経験がある人とない人を身近に探して，インタビューしてみよう。二人を比べて経歴や主観的認知などがどのように異なっているのかを分析してみよう。
③ 何が変われば日本の開業動向が活発化するのか議論してみよう。
④ 将来起業するとすれば，どのような事業を行ってみたいのか考えてみよう。その事業を行うためにはどのようなキャリアを選択していくべきなのか検討してみよう。

（注記）

(1) 一定の条件の下で参入の可能性さえあれば，既存企業に対して競争圧力が働く結果，現実の参入があった場合と同様に社会的な厚生が高まるとする見解もある（コンテスタビリティ理論）。より詳しい説明は小田切（2019）などを参照。

(2) これら5つは「新結合」の例だが，新結合とイノベーションとはほぼ同義であると考えられる。

(3) 「経済センサス」における事業所・企業の捕捉方法は「事業所・企業統計調査」と比べて拡充されている。このため2つの調査で把握された開業動向は厳密には連続していない。

(4) 調査対象外となっているのは農林漁業の個人事業所などである。加えて，「活動調査」では国及び地方公共団体の事業所も対象から除外されている。

(5) 「新規開業実態調査」は政策金融機関である日本政策金融公庫の総合研究所が1991年から毎年実施している調査である。調査対象は同公庫（国民生活事業）の融資を受けて開業した企業である。主な調査結果は同公庫のホームページに掲載されている。注（17）も参照。

(6) 「自営業主」とは「個人経営の商店主，工場主，農業主，開業医，弁護士，著述家，家政婦など自分で事業を営んでいる者」，「会社などの役員」とは「会社の社長，取締役，監査役，団体・公益法人や独立行政法人の理事・監事などの役職にある者」である。

(7) 日本では，通常，分母を企業数または事業所数として開業率を算出する。一方，欧米の研究では労働力人口を分母に用いることが多い（Audretsch and Fritsch 1994）。

(8) 雇用保険統計を基に開業率の国際比較を行った中小企業庁（2019）は，「単純な比較はできないものの，国際的に見ると我が国の開廃業率は相当程度低水準である」と結論づける。開業・起業動向の厳密な国際比較は難しく慎重な評価が必要といえる。

(9) Allen and Langowitz（2011）は，開業動向に影響を与える要因を起業家の需要要因（所得）と，起業家の供給要因（制度，人的資本）に整理する。経済要因はこれら2つの要因にまたがるなどの理由で，本文中に示した3つの要因にまとめている。

(10) Wennekers et al.（2005）を参考にしつつ，筆者の解釈を加えている。

(11) スーパーやコンビニエンスストアでは，ほとんどの場合たばこが取り扱われているが，これは，既存のたばこ屋が出張販売を行っているという体裁をとって

いるためである。

(12) ①～④は小林（2004），岡室（2006），小本（2007），鈴木（2019）などのうち，複数の研究で確認された結果である。

(13) 高橋・高部（2016）によると，『中小企業白書』の開廃業率の算出方法には他産業への転出や他産業からの転入が調整されていないという問題点があり，これを調整すると産業別の開廃業率はともに高くなる傾向がある。

(14) Storey（1994）では，参入は①参入後に期待される利益，②参入障壁，③産業の成長率，④産業の集中度によって規定されるというモデルが紹介されている。このモデルには本文に示していない③産業の成長率と④産業の集中度が含まれているが，これらは①参入後に期待される利益に影響を与えるとみることもできる。

(15) マイケル・ポーター（Porter, M.E.）の「5つの力分析」（図表3-11も参照）では，業界の収益性を左右する要因が既存企業間の対抗度，新規参入の脅威，買い手の交渉力，売り手の交渉力，代替品の脅威の5つにまとめられている（Porter 1980）。

(16) 規模の経済が参入障壁となるには，その実現に必要な投資の少なくとも一部がサンクコストでなければならない。サンクコストとは，過去に取得した資産等を売却しても回収できない投資（取得額に満たない金額）のことである。

　すでに行った投資の一部がサンクコストである場合，既存企業は回収可能なコスト（総投資額－サンクコスト）を考慮して事業を継続するかどうかを決定する。逆にいえば，サンクコストは事業を続けても続けなくても回収できないため考慮されない。これに対して，参入者はこれから投資を行うため総投資額を考慮する。このため，参入者が考慮するコストはサンクコストの分既存企業よりも大きい。この結果，参入者にとっての予想される利益は既存企業よりも小さく，参入が抑制されることになる。逆に，サンクコストがなければ考慮されるコストは同じであるため，必要額を調達できる限り規模の経済は参入障壁としては働かない。以上の議論は次に述べる製品差別化や広告集約度にも当てはまる。

(17) 2020年度新規開業実態調査の実施要領は次のとおり（同調査のプレスリリースより抜粋）。

①調査時点：2020年7月

②調査対象：日本政策金融公庫国民生活事業が2019年4月から同年9月にかけて融資した企業のうち，融資時点で開業後1年以内の企業5,176社（不動産賃貸

業を除く）

　③調査方法：調査票の送付・回収ともに郵送，アンケートは無記名

　④回収数：1,597社（回収率30.9％）

(18) 性の多様性が近年社会で認められるようになっている。男女の比較という意義は今後薄れていく可能性がある。

(19) 性別役割分業が起業を促進するという見解（柔軟性仮説）もある。この見解によると，働く時間を調整しやすく雇用者よりも家庭での負担と仕事の両立がしやすいため起業が促される。ただし，この見解の妥当性は地域などによって異なっている。

(20) Shane（2003）は他者の観察を通じて暗黙知を学ぶ代理学習（vicarious learning）も職業経験の1つに挙げるが，他の経験と切り口が異なるため本文中には示していない。なお，次に述べるロールモデルからの学習は典型的な代理学習である。

(21) GEMのフレームワークはバージョン3まで存在するが，本文中のものはバージョン1に基づく。古いものではあるがバージョン2以降と比べて個人の起業プロセスが詳細に描かれている。

(22) 事業機会の起源については2つの考え方がある。1つは，注意深く独自の情報を持つ起業家が「発見」するものだという考え方である。もう1つは，起業家が新技術などを用いて外部環境に働きかけて「創造」するものだという見解である。それぞれカーズナー（Kirzner, I.），シュンペーター（Schumpeter, J.A.）がこうした見解をとる代表的な論者である（Shane and Venkataraman 2000）。なお，近年注目されている理論，エフェクチュエーション（effectuation）も後者の見解に近い（Sarasvathy 2008）。エフェクチュエーションは熟達した（成功した）連続起業家の発想を分析したものである。エフェクチュエーションによると，熟達した起業家は，事業機会を実現するために経営資源を集める（「コーゼーション」）のではなく，逆に手元で利用可能な資源に基づき事業機会を創造する。

(23) 能力がある起業家に資金が提供されない理由の1つとして「情報の非対称性」が指摘されることがある。詳細は第7章，p.220を参照。

(24) 混合所得，雇用者報酬は，いずれも国民所得統計の項目である。混合所得とは生産活動から発生した付加価値のなかで「家計部門のうち持ち家を除く個人企業の取り分」，雇用者報酬は「生産活動から発生した付加価値のうち労働を提供した雇用者（employees）への分配額」である（内閣府ホームページ）。1人当た

りへの換算には「労働力調査」の自営業主数と雇用者数を用いている。

(25) 2019年調査からは回答の選択肢が変更されているため，以下では2018年までのデータを用いている。

(26) 中小企業庁（2002）では，日本において新規開業企業の従業者数や付加価値生産性が既存企業にキャッチアップしていくプロセスが描かれている。

【参考文献】

浦野寛子（2016）「選択と集中による顧客サービス戦略—QBハウスの事例考察から」立正大学経営学会『立正経営論集』48(2)，pp.63-78.

岡室博之（2006）「開業率の地域別格差は何によって決まるのか」橘木俊詔・安田武彦編『企業の一生の経済学—中小企業のライフサイクルと日本経済の活性化』ナカニシヤ出版，pp.87-118.

岡室博之（2014）「開業率の低下と政策措置の有効性」労働政策研究・研修機構『日本労働研究雑誌』649，pp.30-38.

小田切宏之（2019）『産業組織論—理論・戦略・政策を学ぶ』有斐閣.

国民金融公庫調査部（1990）『新規開業の実態—豊かさのなかでの自己実現』中小企業リサーチセンター.

小林伸生（2004）「地域における開業率規定要因と環境整備の方向性」日本中小企業学会『アジア新時代の中小企業（日本中小企業学会論集23）』同友館，pp.100-113.

小本恵照（2007）「開業率の地域格差に関するパネル分析」『ニッセイ基礎研究所レポート』44，pp.58-82.

鈴木正明（2012a）「だれが廃業したのか」日本政策金融公庫総合研究所編『新規開業企業の軌跡—パネルデータにみる業績，資源，意識の変化』勁草書房，pp.21-57.

鈴木正明（2012b）「開業後の雇用はどのように変動したのか—正社員の雇用状況とガゼルの分析」日本政策金融公庫総合研究所編『新規開業企業の軌跡—パネルデータにみる業績，資源，意識の変化』勁草書房，pp.93-133.

鈴木正明（2013）「日本の起業活動の特徴は何か—グローバル・アントレプレナーシップ・モニターに基づく分析」『日本政策金融公庫論集』19，pp.17-33.

鈴木正明（2019）「起業活動の低迷を持続させる要因は何か～労働市場アプローチに基づく地域要因の分析から」日本大学商学部『商学集志』88(4)，pp.139-161.

高橋徳行（2014）「起業態度と起業活動の国際比較―日本の女性の起業活動はなぜ低迷しているのか」『日本政策金融公庫論集』22，pp.33-56.

高橋徳行・磯辺剛彦・本庄裕司・安田武彦・鈴木正明（2013）「起業活動に影響を与える要因の国際比較分析」*RIETI Discussion Paper Series*, 13-J-015.

高橋雅夫・高部勲（2016）「経済センサスを活用した事業所の開業率・廃業率等の推計」経済統計学会『統計学』111，pp.1-16.

中小企業庁（2002）『2002年版 中小企業白書』ぎょうせい.

中小企業庁（2014）『2014年版 中小企業白書』日経印刷.

中小企業庁（2017）『2017年版 中小企業白書』日経印刷.

中小企業庁（2019）『2019年版 中小企業白書』日経印刷.

中小企業庁（2020）『2020年版 中小企業白書』日経印刷.

内閣府（2011）『平成23年度 年次経済財政報告』.

中尾武雄・東良彰（2015）「日本の開業率が低下した原因について―1966年から2010年の開業率の決定要因の時系列分析」*Doshisha University Center for the Study of the Creative Economy Discussion Paper Series*, No.2015-02，同志社大学創造経済研究センター.

一橋大学イノベーション研究センター編（2001）『マネジメント・テキスト イノベーション・マネジメント入門』日本経済新聞社.

藤井辰紀・金岡諭史（2014）「女性起業家の実像と意義」『日本政策金融公庫論集』23，pp.27-42.

松田尚子・土屋隆一郎・池内健太・岡室博之（2016）「開業希望と準備の要因に関する計量分析」*RIETI Discussion Paper Series*, 6-J-009

水村陽一（2019a）「開業促進政策と開業障壁―ドイツ手工業秩序法の大改正に関する実証分析」日本中小企業学会『中小企業と人材（日本中小企業学会論集38）』同友館，pp.117-129.

水村陽一（2019b）「戦後ドイツ手工業分野の特殊性と構造変化〜手工業秩序法1953年制定から2004年法改正までのマイスター強制部門を中心に〜」東洋大学大学院『東洋大学大学院紀要』56(1)，pp.175-201.

安田武彦（2004）「創業時の流動性制約と創業動機，政策金融の効果」*RIETI Discussion Paper Series*, 04-J-032.

安田武彦（2017）「地域の起業活動とその水準の決定要因（その1）」東洋大学経済研究会『経済論集』43(1)，pp.137-155.

安田武彦（2018）「地域の起業活動とその水準の決定要因（その2）」東洋大学経済研

究会『経済論集』44(1), pp.55-78.

労働政策研究・研修機構（2019）『ユースフル労働統計2019』.

Ajzen, I. (1991) "The Theory of Planned Behavior," *Organizational Behavior and Human Decision Processes*, 50, pp.179-211.

Aldrich, H.E. and Auster, E.R. (1986) "Even Dwarfs Started Small: Liabilities of Age and Size and Their Strategic Implications", *Research in Organizational Behavior*, 8, pp.165-198.

Allen, I.E. and Langowitz, N.S. (2011) "Understanding the Gender Gap in Entrepreneurship", in M. Minniti (ed.) *The Dynamics of Entrepreneurship-Evidence from the Global Entrepreneurship Monitor Data*, Oxford University Press, pp.31-56.

Audretsch, D.B. and Fritsch, M. (1994) "The Geography of Firm Birth in Germany", *Regional Studies*, 28, pp.359-365.

Baldwin, J.R. and Rafiquzzaman, M. (1995) "Selection Versus Evolutionary Adaptation: Learning and Post-entry Performance", *International Journal of Industrial Organization*, 13, pp.501-522.

Bates, T. (1990) "Entrepreneur Human Capital Inputs and Small Business Longevity", *Review of Economics and Statistics*, 72, pp.551-559.

Boden, R.J. (1996) "Gender and Self-employment Selection: An Empirical Assessment", *Journal of Socioeconomics*, 25, pp.671-682.

Bönte, W. and Piegeler, M. (2013) "Gender Gap in Latent and Nascent Entrepreneurship: Driven by Competitiveness", *Small Business Economics*, 41(4), pp.961-987.

Bosma, N.S., Jones, K., Autio, E. and Levie, J. (2008) *Global Entrepreneurship Monitor; 2008 Exective Report* (https://www.gemconsortium.org/file/open?fileId= 47106).

Brüderl, J. and Schüssler, R. (1990) "Organizational Mortality: The Liabilities of Newness and Adolescence", *Administrative Science Quarterly*, 35, pp.530-547.

Bygrave, W. and Zacharakis, A. (2007) *Entrepreneurship*, Willey. （高橋徳行・田代泰久・鈴木正明訳『アントレプレナーシップ』日経BP社, 2009年）

Caliendo, M., Fossen, F.M., Kritikos, A. and Wetter, M. (2015) "The Gender Gap in Entrepreneurship: Not Just a Matter of Personality", *CESifo Economic Studies*, 61, pp.202-238.

Casson, M. (2003) *The Entrepreneur: An Economic Theory*, Edward Elgar Publishing.

Cressy, R. (1996) "Are Business Start-up Debt-rationed?", *Economic Journal*, 106, pp.1253-1270.

Ericson, R. and Pakes, A. (1995) "Markov-perfect Industry Dynamics: A Framework for Empirical Work", *The Review of Economic Studies*, 62(1), pp.53-82.

Evans, D.S. and Jovanovic, B. (1989) "An Estimated Model of Entrepreneurial Choice under Liquidity Constraints", *Journal of Political Economy*, 97(4), pp.808-827.

Fritsch, M. and Wyrwich, M. (2017) "Persistence of Regional Entrepreneurship: Causes, Effects, and Directions for Future Research", *Jena Economic Research Papers*, 2017-003.

Georgellis, Y. and Wall, H.J. (2005) "Gender Differences in Self-employment", *International Review of Applied Economics*, 19(3), pp.321-342.

Geroski, P.A. (1995) "What Do We Know about Entry?" *International Journal of Industrial Organization*, 13, pp.421-440.

Hisrich, R. (2012) *Entrepreneurship 9th edition*, McGraw-Hill Education.

Jovanovic, B. (1982) "Selection and the Evolution of industry", *Econometrica*, 50(3), pp.649-670.

Kawaguchi, D. (2008) "Self-Employment Rents: Evidence from Job Satisfaction Scores," *Hitotsubashi Journal of Economics*, 49(1), pp.35-45.

Kepler, E. and Shane, S. (2007) "Are Male and Female Entrepreneurs Really That Different?" *The Office of Advocacy Small Business Working Papers*, No.309.

Kihlstrom, R.E. and Laffont, J.J. (1979) "A General Equilibrium Entrepreneurial Theory of Firm Formation Based on Risk Aversion", *Journal of Political Economy*, 87(4), pp.719-749.

Knight, F. (1921) *Risk, Uncertainty and Profit*, University of Chicago Press. （奥隅栄喜訳『危険・不確実性および利潤』文雅堂銀行研究社，1959年）

Lazear, E.P. (2004) "Balanced Skills and Entrepreneurship", *American Economic Review*, 94(2), pp.208-211.

Leoni, T. and Falk, M. (2010) "Gender and Field of Study as Determinants of Self-employment", *Small Business Economics*, 34(2), pp.167-185.

Liñán, F. and Fayolle, A. (2015) "A Systematic Literature Review on Entrepreneurial Intentions: Citation, Thematic Analyses, and Research Agenda", *International Entrepreneurship and Management Journal*, 11, pp.907-933.

Lindh, T. and Ohlsson, H. (1996) "Self-employment and Windfall Gains: Evidence from the Swedish Lottery", *The Economic Journal*, 106, pp.1515- 1526.

Lindh, T. and Ohlsson, H. (1998) "Self-employment and Wealth Inequality", *Review of Income and Wealth*, 44(1), pp.25-42.

Lucas, R.E. (1978) "On the Size Distribution of Business Firms", *Bell Journal of Economics*, 9(2), pp.508-523.

Mankiw, N.G. and Whinston, M.D. (1986) "Free Entry and Social Inefficiency", *Rand Journal of Economics*, 17(1), pp.48-58.

Palmer, C., Fasbender, U., Kraus, S., Birkner, S. and Kailer, N. (2021) "A Chip off the Old Block? The Role of Dominance and Parental Entrepreneurship for Entrepreneurial Intention", *Review of Managerial Science*, 15(2), pp.287-307.

Pakes, A. and Ericson, R. (1998) "Empirical Implications of Alternative Models of Firm Dynamics", *Journal of Economic Theory*, 79, pp.1-45.

Parker, S. (2018) *Economics of Entrepreneurship 2nd edition*, Cambridge University Press.

Porter, M.E. (1980) *Competitive Strategy: Techniques for Analyzing Industries and Competitors*, Free Press. (土岐坤・服部照夫・中辻万治訳『競争の戦略＜新訂版＞』ダイヤモンド社，1995年)

Reynolds, P.D., Bygrave, D. and Autio, E. (2003) *GEM 2003 Global Report* (https://www.gemconsortium.org/file/open?field=47102).

Rogers, E. (2003) *Diffusion of Innovations 5th Edition*, Free Press. (三藤利雄訳『イノベーションの普及』翔泳社，2007年)

Sarasvathy, S. (2008) *Effectuation: Elements of Entrepreneurial Expertise*, Edward Elgar Publishing. (加護野忠男監訳，高瀬進・吉田満梨訳『エフェクチュエーション』碩学舎，2015年)

Shane, S.A. (2003) *A General Theory of Entrepreneurship: The Individual-opportunity Nexus*, Edward Elgar Publishing.

Shane, S.A. and Venkataraman, S. (2000) "The Promise of Entrepreneurship as a Field of Research", *Academy of Management Review*, 25(1), pp.217-226.

Sternberg, R. (2009) "Regional Dimensions of Entrepreneurship", *Foundations and Trends in Entrepreneurship*, 5(4), pp.211-340.

Stinchcombe, A.L. (1965) "Social Structure and Organizations", in March, J.P. (ed.) *Handbook of Organizations*, Rand McNally, pp.142-193.

Storey, D.J. (1994) *Understanding the Small Business Sector*, Thomson Learning. (忽

那憲治・安田武彦・高橋徳行訳『アントレプレナーシップ入門』有斐閣，2004
年）

Suchman, M.C. (1995) "Managing Legitimacy: Strategic and Institutional Approaches", *Academy of Management Review*, 20(3), pp.571-610.

Taylor, M.P. (1996) "Earnings, Independence or Unemployment: Why Become Self-employed?", *Oxford Bulletin of Economics and Statistics*, 58(2), pp.253-266.

Taymaz, E. (2005) "Are Small Firms Really Less Productive?" *Small Business Economics*, 25, pp.429-445.

Verheul, I., Thurik, R., Grilo, I. and van der Zwan, P. (2012) "Explaining Preferences and Actual Involvement in Self-employment: Gender and the Entrepreneurial Personality", *Journal of Economic Psychology*, 33, pp.325-341.

Wennekers, S., Uhlaner, L.M. and Thurik, R. (2002) "Entrepreneurship and Its Conditions: A Macro Perspective", *International Journal of Entrepreneurship Education*, 1(1), pp.25-68.

Wennekers, S., van Stel, A., Thurik, R. and Reynolds, P. (2005) "Nascent Entrepreneurship and the Level of Economic Development", *Small Business Economics*, 24, pp.293-309.

鈴木正明・土屋隆一郎・水村陽一

第 **3** 章

中小企業の発展・成長

| 学習のポイント |

① 企業の発展と成長の違いは何か。

② 企業が新事業を手がけて発展を図ることはなぜ重要なのか。

③ 企業が成長することは，社会的にどのような役割があるか。

④ 企業の成長要因として多くの要因が唱えられている。それらはどのように
　整理することができるのか。

1. はじめに

　生まれたばかりの企業の多くは，経営が不安定である。その結果，短期間で
廃業に至る企業も少なくない[1]。オープンしたばかりの飲食店がわずか数か
月後には店を閉じていたというケースをみかけることは，一度や二度ではない
だろう。

　このような不安定な時期を脱した企業は，経営を維持できるようになり，一
部の企業は発展・成長の道を歩むようになる。本章で取り上げる中小企業のラ
イフサイクルは，開業期の次に迎える発展・成長段階である。

　では，そもそも開業期とはいつまでを指すのだろうか。アントレプレナー
シップの研究で有名なティモンズ（Timmons, J.A.）は，開業期を「通常，創
業後の2～3年，場合により7年に及ぶ」と指摘している（Timmons 1991; 訳
書p.221）。また，Reynolds and White（1997）は，開業後の生存率が5～6年
目にいくぶん高まることから，これを開業期（infancy）から確立期（adoles-
cence）への移行とみなしている。一方，第2章で解説したグローバル・アン

89

トレプレナーシップ・モニター（GEM）では，起業活動従事者を起業準備者および起業直後（3.5年以内）と定義しており，事業開始後の3.5年間を開業期とみなしている。

では，日本ではどのように考えられているのだろうか。

政府が策定した成長戦略である「日本再興戦略（2016年）」では，GEMの指標である「総合起業活動指数」，つまり成人人口（18歳〜64歳）に占める起業活動従事者の割合を評価指標（補助指標）として採用している。したがって，同戦略ではGEM同様，事業開始後の3.5年間を開業期とみなしているといえるだろう。

一方，開業期の企業を対象とする公的支援の例を示すと，次のとおりである。

1つは，2016年に施行された中小企業等経営強化法における定義である。同法では，中小企業のうち事業開始後5年未満の個人または設立後5年未満の会社等を「新規中小企業者」としている。

2つ目は，2014年に施行された産業競争力強化法における定義である。同法でも，事業開始後5年未満の個人または設立後5年未満の会社を「創業者」としている。

3つ目は，政府系金融機関である日本政策金融公庫の融資制度である。開業企業は「営業実績が乏しいなどの理由により，資金調達が困難な場合が少なくない」（「日本政策金融公庫ディスクロージャー誌2020」p.36）ことから，同公庫は「新規開業資金」という融資制度を設けている。その対象者の要件の一つは，事業開始前あるいは事業開始後おおむね7年以内であることだ。

これらからいえることは，日本では早ければ事業開始後3.5年，遅くとも7年程度経過すれば，多くの企業は開業期を脱すると想定されているということだろう。

こうしてみると，開業期はかなりの幅をもって考える必要がありそうだ。そこで本章では，事業開始後おおむね3〜7年程度経過し，事業を始めた直後に直面する様々な課題を克服することで経営が安定するようになった企業を「既

存企業」とみなし，その発展と成長についてみていくことにする。

　なお本章では，「成長」とは売上高や資産の大きさ，従業員数などで測った規模が拡大することを意味する。つまり量的拡大に注目する概念である。一方，「発展」とは企業が事業内容や生産・供給の仕組みなどの特徴を変化させるといった，質的変化に注目する概念である。そして，「発展」することによって，結果的に「成長」がもたらされることが少なくない。

2. 中小企業の発展

　前節で述べたように，「成長」とは量的拡大に注目する概念であるのに対して，「発展」とは経営の質的変化に注目した概念である。事業内容そのものを変えるような大きなものから，生産方法を少し改善したり，売り方を少し改めたりするといったような相対的に小さな変化までを含めて，本章では発展と考える。

　企業にとって，成長することは必ずしも重要なことではない。実際に，成長志向を持つ企業のほうが少数派である（後掲図表3-7①の「既存企業」参照）。しかしながら，たとえ成長を志向しない企業であっても，長期にわたって経営を維持するためには，発展を図ることは重要である。それは次のような理由による。

　多くの企業は開業時点の経営環境に最もふさわしい事業形態で参入すると考えられる。しかし時間の経過とともに経営環境は変化する。このため，事業形態と経営環境との間に乖離が生じるようになる。この乖離を埋め，再び経営環境にふさわしい事業形態に修正するためにも，企業は発展しなければならないのである。

　本節では，企業の発展の典型的な形態である，新事業の展開（新製品の開発も含まれる）を取り上げる。

図表3-1　製品ライフサイクル

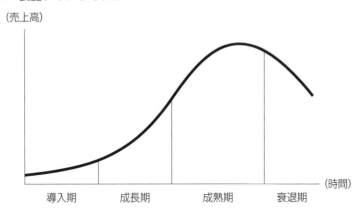

出所：筆者作成

(1) 新事業の重要性

　まず製品ライフサイクル論をもとに，新事業を展開することの意義を考えてみよう。

　製品ライフサイクルはマーケティング論における重要な概念の1つである。それによると，売上高は時間の経過とともに，図表3-1のようなS字型の曲線を描くと考えられている。そして製品のライフサイクルは，導入期，成長期，成熟期，衰退期という4段階に分類されるのが一般的である。新たな製品・サービスを開発して開業した企業にとって，導入期には市場を開拓し拡大することが最も重要な課題である。やがて市場が拡大し成長期を迎えると，後発企業との競争が激しくなる。競争戦略によって競争優位を獲得しなければならない。しかし競争優位を獲得できたとしても，競争が激しくなれば収益性は相対的に低くならざるをえない。また製品・サービスが普及するとともに市場の拡大も鈍化し，やがては成熟期，衰退期へと移行する。

　したがって，開業時の製品だけで経営を持続できる期間にはかぎりがある。とりわけ中小企業ではこの期間は相対的に短い。なぜなら，第1章で述べたように，中小企業の多くは市場規模が小さい「ニッチ（すき間）」を活動分野と

図表3-2　主力事業におけるライフサイクル

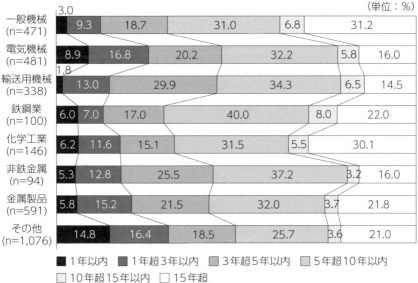

（単位：％）

	1年以内	1年超3年以内	3年超5年以内	5年超10年以内	10年超15年以内	15年超
一般機械(n=471)	3.0	9.3	18.7	31.0	6.8	31.2
電気機械(n=481)	8.9	16.8	20.2	32.2	5.8	16.0
輸送用機械(n=338)	1.8	13.0	29.9	34.3	6.5	14.5
鉄鋼業(n=100)	6.0	7.0	17.0	40.0	8.0	22.0
化学工業(n=146)	6.2	11.6	15.1	31.5	5.5	30.1
非鉄金属(n=94)	5.3	12.8	25.5	37.2	3.2	16.0
金属製品(n=591)	5.8	15.2	21.5	32.0	3.7	21.8
その他(n=1,076)	14.8	16.4	18.5	25.7	3.6	21.0

■1年以内　■1年超3年以内　■3年超5年以内　□5年超10年以内
□10年超15年以内　□15年超

出所：経済産業省ほか（2016）

しているからである。一般的に，市場規模が小さいほど普及の上限に達するまでが早く，ライフサイクルは短くならざるをえない。

　実際に，製品によって異なるものの，総じてその寿命はあまり長くはない。図表3-2は，主力事業の主力製品が売れている期間（経済的寿命）をみたものである。いずれの業種でも10年以内である企業割合は60％を超える。とりわけ「電気機械」，「輸送用機械」は5年以内が半数近くに達している。デジタル化の進展によって技術革新のスピードが加速していること，顧客ニーズの変化が進んでいることなどを背景に，ライフサイクルの短縮化が進んでいるといえるだろう。

　以上のように考えると，製品・サービスの寿命を超えて中小企業が経営を維持するためには，新事業を手がけることが重要だといえるだろう。

図表3-3　アンゾフの成長マトリックス

	既存市場	新市場
既存製品	① 市場浸透戦略	③ 市場開拓戦略
新製品	② 製品開発戦略	④ 多角化戦略

出所：Ansoff（1957）

(2) 新事業の分類

　一口に新事業を展開するといっても，内容は様々である。その分類によく用いられるのがアンゾフの成長マトリックスである（Ansoff 1957）。縦軸に「製品」，横軸に「市場」という2つの軸を取り，それぞれに「既存」，「新規」という区分を設けることでできるマトリックスを用いた分類である（図表3-3）。マトリックスにおける4つのセルは，それぞれ①市場浸透戦略，②製品開発戦略，③市場開拓戦略，④多角化戦略に対応する。このうち，②，③，④が新事業への展開にあたる。

　市場浸透戦略は，既存製品を既存市場に販売することで成長を図る戦略である。具体的には，広告宣伝や価格の引き下げ，製品の差別化などを図ってシェアを拡大したり，顧客をリピーターとして囲い込んで購入頻度・購入単価を高めたりする方法などが考えられる。たとえば，1997年にネット通販のプラットフォーム「楽天市場」を開設してスタートした楽天株式会社は，携帯電話で利用できる「ケータイ版楽天市場」を開始（2000年）したり，ポイントサービスである「楽天スーパーポイント」を付与（2002年）したりした（図表3-4）。これらは市場浸透戦略といえるだろう。

　製品開発戦略は，既存市場に新製品を販売することで成長を図る戦略である。楽天の場合，楽天オークション（1997年），楽天ブックス[2]（2000年），

図表3-4　楽天の事業展開

年	市場浸透	製品開発	市場開拓	多角化
1997	楽天市場開設 (13店舗でスタート)	楽天オークション		
2000	携帯電話で利用できる「ケータイ版楽天市場」開始	Infoseekを子会社化 楽天ブックス設立		
2001		楽天トラベルのサービス開始		
2002	楽天スーパーポイントの付与開始			
2003				証券会社を買収し子会社化 (現・楽天証券)
2004		カード会社を子会社化 (現・楽天カード)		プロ野球に参入
2005				リサーチ会社を子会社化 (現・楽天インサイト)
2008			台湾楽天市場を開始	結婚情報サービス会社を子会社化
2009			タイのECサイト会社を子会社化	イーバンク銀行を買収し子会社化 (現・楽天銀行)
2010			米国，フランスのECサイト会社を子会社化	電子マネー事業を子会社化 (現・楽天edy)
2011			ブラジル，ドイツのECサイト会社を子会社化	
2012		電子書籍事業(Kobo) 参入		生命保険会社を子会社化 (現・楽天生命)
2014				楽天モバイル参入
2016		医薬品通販会社を子会社化	台湾でフリマ・アプリ提供開始	
2017				民泊事業に参入
2018				損害保険会社を子会社化

出所：有価証券報告書（各年版），決算説明会資料等より筆者作成

楽天トラベル（2001年），楽天カード（2004年）などによって新しいサービスを提供している。これらは，主として既存のネット通販の顧客を対象にして開発されたサービスだといえる。

　市場開拓戦略は，既存の製品を新市場に販売することで成長を図る戦略である。楽天は2008年以降，ネット通販を海外で相次いで展開している。これは市場開拓戦略だといえる。

　多角化戦略は，新製品を新市場に販売することで成長を図る戦略である。当初の事業から製品，市場ともに離れることになり，他の戦略よりもリスクは大きい。楽天のケースでは，証券会社への参入（2003年）以降，リサーチ会社，銀行，電子マネー，携帯電話キャリアなど様々な事業を手がけている。

　この間の楽天の売上高は図表3-5のとおり，一貫して右肩上がりである。一方，楽天市場開設時（1997年）に13店であった出店者は2004年に1万店を超えた。その3年後に2万店，さらに2年後に3万店，さらに3年後に4万店を超え，急速に増加していた。出店者数の推移をみると，2010年頃までは，新事業だけではなく，既存事業である楽天市場も同社の成長に大きく寄与していたと考えられる。しかし，その後の出店者の増加は鈍化している[3]。それにもかかわらず，2010年代（とりわけ2010年代半ば以降）の売上高はそれ以前と比べて，より急角度な右肩上がりとなっている。このことから，新製品開発，新市場開拓，多角化といった新事業への展開が成長に大きく寄与しているといえるだろう。

　楽天はきわめて大きく成長した極端なケースかもしれない。しかし，一般の中小企業でも新事業を手がける企業は少なくない。「2017年版　中小企業白書」によると，新製品開発戦略を実施している中小企業の割合は23.7％，新市場開拓戦略は22.3％，多角化戦略は16.0％，事業転換戦略は4.9％である[4]。そして，それぞれの戦略を実施した企業は実施していない企業と比べて，経常利益率が増加したとする割合が高い。

図表3-5　楽天の売上高

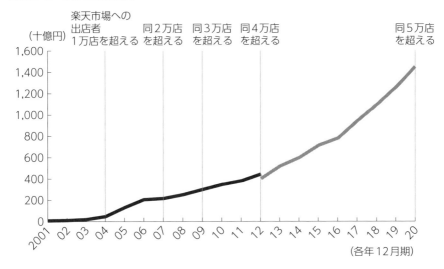

(注)　1. 連結ベースである。
　　　2. 2012年度に会計基準が変更されたため，その前後の売上高は接続しない。
出所：楽天「有価証券報告書」（各年版）より筆者作成

(3) 範囲の経済の追求

　既存事業に加えて新事業を手がけるときに重要なことは，範囲の経済（econ-omies of scope）を追求することである。範囲の経済とは，複数の事業を同時に運営する場合に得られる価値が，それぞれの事業が別々に運営される場合の価値の合計よりも大きくなることを意味する。相乗効果（シナジー）ともいう。

　では，範囲の経済とはどのように生じるのか。その源泉は，①活動の共有，②経営資源の共有，③財務の3つに分類される。

① 活動の共有

　製品・サービスを生産し，それを市場に供給するまでに，企業は原材料の調達，生産，流通，販売促進など，様々な活動を行っている。活動の共有とは，

複数の事業がこの一連の活動のうちのいくつかを共有することである。たとえば，異なるラインの製品を生産している企業が，複数の製品を同じトラックに混載して配送したり，同じ販売経路を利用したりするなど，流通活動を共有するような場合である。

では活動を共有すると，なぜ相乗効果が得られるのだろうか。その要因は主として4つある。

第1の要因は規模の経済が生じることである。複数事業によって共有された活動に規模の経済が働くことで，コストが削減される。たとえば，単一事業の製品Aだけを小型トラックで配送するよりも，複数事業の製品A，B，Cを大型トラックで一度に配送したほうが，製品1単位当たりの配送コストは割安になる。

第2の要因は学習効果である。学習効果とは，累積生産量が増加するごとに，一定の比率で1単位当たりの平均コストが低下する現象である（後掲コラム参照）。複数の事業がそれぞれ単独で生産する場合，それぞれの事業ごとの累積生産量は小さいことから，十分な学習効果が発揮されない。しかし，生産活動を共有すると累積生産量は短期間に大きくなることから，学習効果をより早く発揮させることができ，コスト削減をいち早く実現できる。

ソニーがPlayStation 2（PS2）を発売した2000年当時は，DVDプレイヤーが普及し始める時期でもあった。ソニーはDVDに対応した光学ドライブをPS2に搭載したことから，DVDプレイヤーとPS2を生産するにあたって，両者に共通するDVDドライブには，規模の経済だけではなく，学習効果も作用し，大きなコスト削減効果が得られたはずである。

第3の要因は，複数の製品をパッケージ化することである。製品開発や販売活動などを共有することでパッケージ化された複数の製品群は，顧客にとって高い価値をもたらすことがある。たとえばワープロソフト，表計算ソフト，プレゼンテーションソフトなどをパッケージ化したオフィスソフトである。ソフト間の連携がしやすく，操作方法も似ていることから，一つ一つのソフトが別々に開発・販売されるよりも，顧客にとっての価値は大きい。その結果，活

動を共有化しなかった場合と比べて，より多くの売り上げが実現できるであろう。

　第4の要因は，ある事業における評判を他の事業に活用することである。ある事業が洗練されたデザインで高い評判を得ているときに，デザイン制作という活動を他事業が共有すれば，他事業でもその評判の恩恵によって売り上げを増やすことができるだろう。

　第1，第2の要因は，活動を共有することでコスト削減という相乗効果の獲得を可能にし，第3，第4の要因は，活動を共有することで売り上げ拡大という相乗効果の獲得を可能にするのである。

② 経営資源の共有

　複数の事業間で活動を共有しない場合でも，経営資源を共有することでコスト削減や売り上げ拡大がもたらされる。このとき共有されるのは無形の経営資源であることが多い。有形の経営資源である機械・設備などを複数の事業が共有する場合は，稼働率100％を超えることはできないが，情報やノウハウ，信用など無形の経営資源にはこのような制約はないからである。

　たとえば，製麺機の製造とそば屋を同時に経営する企業がある。経営者がそば屋で自らそば打ちのノウハウを身につけたことから，そのノウハウをもとにして同社は手打ち麺と遜色のない麺を作れる製麺機を開発することができた。また，製麺機を購入する人のなかには，そば屋などで働いた経験が乏しい人もいる。そのような人に対して同社は，自社のそば屋を利用して研修を行っている。つまり，自ら身につけたそば屋経営のノウハウを，製麺機事業のアフターサービスに利用している。そば屋の経営で獲得した経営資源を共有することで，製麺機の売り上げが拡大するという相乗効果が生まれているのである。

③ 財務

　財務面で相乗効果が生じることもある。

　第1は，複数の事業間で効率的な資金配分が可能になることである。この考

図表3-6　製品ポートフォリオ・マネジメント

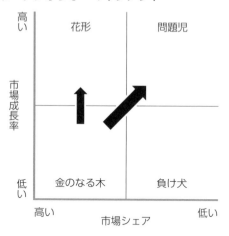

（注）矢印は資金の配分の動きを示す。
出所：ボストン・コンサルティング・グループのホームページ（https://www.bcg.com/ja-jp/
　　　about/our-history/growth-share-matrix.aspx），2020年5月8日閲覧

え方を説明する理論として，ボストン・コンサルティング・グループ（アメリ
カに本社を置くコンサルティング会社）の「製品ポートフォリオ・マネジメン
ト」（Product Portfolio Management: PPM）が有名である。

　PPMでは，市場シェア（横軸）と市場成長率（縦軸）という2つの軸を用
いる（図表3-6）。市場シェアの高さは資金流入の大きさを意味する。シェア
が高ければ規模の経済が相対的に大きく作用することから，コストを抑制でき
大きな利益が生まれる。それが大きな資金流入をもたらす。一方，市場成長率
の高さは資金流出の大きさを意味する。市場の成長率が高いことは企業にとっ
て望ましいことではあるが，そこでシェアを高めるためには成長率を上回る投
資が必要になる。それが大きな資金流出をもたらす。

　市場シェアが高く，市場成長率が低い組み合わせは，「金のなる木」と呼ば
れる。シェアが高いので資金流入が大きいうえに，すでに成長率は鈍化してい
るので資金流出は小さい。その結果，「金のなる木」にあたる事業には大きな
資金が手元に残る。しかし，この事業は近い将来に衰退期を迎えるので，新し

い事業を育てる必要がある。

　市場シェア，市場成長率がともに高い組み合わせは，「花形」と呼ばれる。シェアが高いので資金流入は大きいが，市場の成長についていくには大きな投資が必要となり資金流出も大きい。資金流出のほうが大きければ，「金のなる木」から生まれた資金を「花形」に配分し，将来の「金のなる木」に育てる必要がある。

　市場シェアが低く，市場成長率が高い組み合わせは「問題児」と呼ばれる。これを次の「花形」に育てるためには，市場の成長率以上に投資してシェアを拡大しなければならず，大きな資金流出が生じる。「問題児」の資金流入は小さいことから，不足する資金を「金のなる木」から配分する必要がある。

　市場シェア，市場成長率ともに低い組み合わせは，「負け犬」と呼ばれる。成長率が高いときにシェアの獲得に失敗した事業であり，いずれは撤退することになる。

　PPMを実現することで，事業間における効率的な資金配分ができる。

　財務面における第2の相乗効果は，リスク分散が可能になることである。

　単独の事業しか持たない場合は，過大な資金流入超過，または過大な資金流出超過が生じることがある。たとえば，スキーリゾートは冬に売り上げが集中し多額の資金が流入する。その半面，夏には売り上げがあがらず，資金は大幅な流出超過となる。年間を通じて資金ポジションの振幅が大きく，うまく調整しないと資金繰りが逼迫するおそれがある。このとき，資金ポジションが異なる複数の事業を営めば，そのような事態は避けられる。先の例だと，夏はキャンプ場やゴルフ場を経営することなどによって，資金ポジションの振幅は小さくなり，リスク分散が図られる。

　第3の相乗効果は節税効果である。A事業で生じた損失をB事業で生じた利益で相殺することで，法人税を少なくすることができる。ただし，B事業の利益をはるかに上回る損失がA事業で生じていた場合は，単独であれば継続できたB事業も一緒に倒産するおそれがある。

以上のように，新事業を手がけることで範囲の経済を追求できる。しかしその半面，リスクもある。中小企業はもともと経営資源が豊富にあるわけではない。複数の事業に経営資源が分散すると，既存の事業まで弱体化するおそれがある。このようなリスクをうまくコントロールしながら範囲の経済を実現することが，新事業による発展を目指すうえでは重要である。

3. 中小企業の成長と経営課題

（1）成長を実現できる企業は多くない

　本節では，量的拡大に注目する概念である「成長」を取り上げる。

　中小企業の成長を考えるにあたって，最初に確認しておきたいことが2つある。

　1つは，必ずしもすべての中小企業が成長を志向しているわけではない，ということだ。図表3-7①は新規開業企業と既存企業の今後の規模拡大に対する経営者の意向をみたものである。開業して間もない企業の多くは，開業前に予想していた売上高に達していない。損益分岐点を上回る売り上げを実現できなければ赤字となり，いずれ企業は立ち行かなくなる。このため，新規開業企業では9割以上の企業が売上規模を「拡大したい」と回答している。一方，既存企業では規模を「拡大したい」とする割合は4割弱にすぎず，「現状維持でよい」が53.6％と過半数を占める。成長志向を持つ企業のほうが少数派である。また同じ既存企業でも，経営者が高齢になるほど「現状維持でよい」の割合が高まり，成長志向は乏しくなる（図表3-7②）。さらに，高齢の経営者のなかでも，後継者が決まっていない企業は成長志向が乏しい（図表3-7③）。

　なかには，あえて成長を志向しない企業も存在する。第2章で紹介したライフスタイル起業家もその1つである。自身が望むライフスタイルを実現できれば，現状維持で十分と考える経営者は少なくない。

　もう1つは，たとえ大きく成長したいと考えていたとしても，それを実現できる企業は少ないということだ。日本政策金融公庫が毎年実施している「新規

図表3-7　規模拡大に対する経営者の意向

①新規開業企業と既存企業　　　　　　　　　　　　　　　　　　　　（単位：％）

②経営者の年齢別（既存企業）

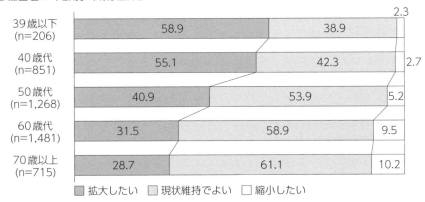

③後継者の決定状況別（既存企業，経営者の年齢が60歳以上）

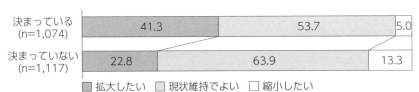

（注）1. 新規開業企業は開業後平均14.7か月経過した企業を対象としている。
　　　 2. 既存企業は創業後5年以上経過した企業を対象としている。
出所：日本政策金融公庫「新規開業実態調査」（2015年），「地域経済における中小企業の役
　　　割に関するアンケート」（同）

103

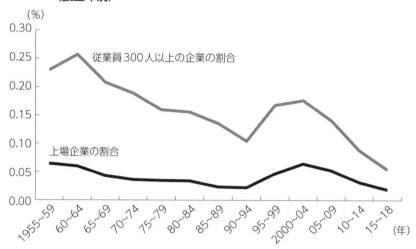

（注）　1．たとえば1955年〜59年の値は，1955年から59年の間に設立登記された企業のうち，
　　　　2020年時点で上場している企業，または2020年時点で従業員300人以上の企業の占
　　　　める割合である。
　　2．設立登記数は，株式会社，（特例）有限会社，合名会社，合同会社の設立である。
　　3．上場企業は，東証1部・2部・マザーズ，名証1部・2部，地方単独，ジャスダック
　　　　上場企業である（上場市場の重複は除外した）。
　　4．従業員300人以上の企業は，帝国データバンクのデータベースから集計（設立年が
　　　　判明している企業）。なお総務省「経済センサス（2016年）」によると従業員300人
　　　　以上の会社企業数は14,086社であるのに対して，同データベースに収録されている
　　　　従業員300人以上の企業は13,430社であり，同データベースのカバレッジは高い。
出所：法務省「民事・訴務・人権統計年報」，帝国データバンクのデータベースより筆者作成

開業実態調査」によると，将来の株式上場を目標としている新規開業企業は，
調査年次にかかわらず11〜13％程度存在している。しかし，現実には上場に
至る企業の割合はそれほど高くはない。会社の設立登記数に占める上場企業数
の割合を設立年別にみると，おおむね0.03％から0.06％の範囲で上下動して
おり，全期間を平均すると0.04％にすぎない（図表3-8）[5]。同様に，会社の
設立登記数に占める従業員300人以上の会社の割合を設立年別にみても，0.1％
から0.25％程度であり，全期間平均では0.15％にすぎない。たとえ成長を志

向していたとしても，株式上場や300人以上の従業員規模に至るまで大きく成長できる企業は，一握りにすぎない。

(2) 成長企業の社会的な役割

　必ずしもすべての中小企業が成長を志向しておらず，また大きな成長を実現できる企業が一握りにすぎないとはいえ，成長企業が社会に果たす役割は小さくない。つぎに，成長企業の主な社会的役割をみていこう。ここでは3つの役割を指摘する。

　第1は雇用を生み出すことである。第2章では開業の役割として雇用の創出を指摘したが，成長企業についても同様のことがいえる。図表3-9は，日本を代表する大企業2社（パナソニック，トヨタ自動車）と急成長企業5社の従業員数の変化をみたものである。2004年時点でパナソニックの従業員数は約29万人，トヨタ自動車は約26万4,000人にのぼるのに対して，急成長企業5社は合計で1万3,000人にすぎない。しかし2004年から2019年にかけての増加数をみると，急成長企業5社は合計で約16万1,000人も増加している。同期間に約1万9,000人減少したパナソニックはもちろんのこと，約10万6,000人も増加したトヨタ自動車をも上回っている[6]。

　このような急成長企業は「ガゼル」と呼ばれ，1980年代頃からその雇用創出力に関する研究が行われている。ガゼルとは，砂漠やサバンナに生息する草食動物である。足が速く繁殖力に富んでいることから，Birch（1987）が急成長企業の呼称として用いるようになった（高橋2003）。ガゼルに関する多くの研究に共通するのは，ごく少数の企業が新たに創出された雇用の大部分を生み出しているということである。

　たとえば，Storey（1994）は中小企業のうち上位4％の企業が，10年間で雇用全体の半分を創出することを示している。また，急成長企業の国際比較を行ったSchreyer（2000）は，フランスでは既存企業数に占める急成長企業の割合が4.7％であるのに対して，雇用創出に占める割合は50％を超えることを示している。同様に，スペインは10.1％の急成長企業が雇用全体の80％以上

図表3-9　急成長企業の従業員数の増加

(単位：人)

決算年	パナソニック	トヨタ自動車	ファーストリテイリング A	エイチ・アイ・エス B	ソフトバンクグループ C	楽天 D	サイバーエージェント E	A〜E 5社の合計
	1935年設立	1937年設立	1963年設立	1980年設立	1981年設立	1997年設立	1998年設立	
	3月決算	3月決算	8月決算	10月決算	3月決算	12月決算	9月決算	
2004年	290,493	264,410	1,782	4,041	5,108	958	767	12,656
2019年	271,869	370,870	56,523	15,202	76,866	20,053	5,139	173,783
15年間の増加	-18,624	106,460	54,741	11,161	71,758	19,095	4,372	161,127

(注) 1. 臨時雇用者を除く。
　　　2. 連結ベースである。
出所：各社の有価証券報告書より筆者作成

を創出，オランダでは5.2％の急成長企業が雇用全体の60％以上を創出，イタリアでは1.4％の急成長企業が雇用全体の40％以上を創出，カナダ（ケベック州）では2.2％の急成長企業が雇用全体の30％以上を創出していることを示している。Falkenhall and Junkka（2009）は，スウェーデンでは10％前後の急成長企業が雇用の純増数を上回る雇用を創出していることを示している。

　第2の役割は，地域経済の活性化を担っていることである。大都市と比べて地方では，中小企業は雇用などの創出に果たす役割が相対的に大きい（図表3-10）。したがって，中小企業が成長することが及ぼすインパクトは，大都市よりも地方においてより大きい。

　第3の役割は新市場を形成することである。新しい製品・サービスや新しい事業形態を開発した企業が成長することで，多くの後発企業が追随する。その結果，それまでになかった新市場が生まれる。たんに一つの企業が成長するにとどまらず，市場として拡大することによって，社会・経済に大きな影響をもたらす。

　その一例はコンビニエンスストア業界である。1974年に1号店をオープンした株式会社セブン-イレブン・ジャパン[7] が日本におけるコンビニエンスストアの本格的な発展の起源である（川辺 2004）。同社は，ライセンス契約を締結したアメリカのサウスランド社の事業形態をもとにして，日本市場に受け入

図表3-10　従業者数の割合（2016年，地域圏別）

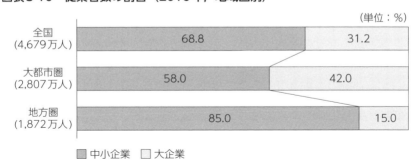

（注）大都市圏は，埼玉県，千葉県，東京都，神奈川県，愛知県，京都府，大阪府，兵庫県
　　を合計した。地方圏はそれ以外の道県である。
出所：中小企業庁（2019）より筆者作成

れられるように日本型のコンビニエンスストア業態を確立した。たとえば，品
切れによる機会損失を避けるための商品管理や，多頻度小口配送を可能にする
地域集中出店などの手法は，同社が開発した。そして，同社が店舗数を急増さ
せただけでなく，総合スーパー系コンビニエンスストアなどが相次いで参入す
ることで，市場全体も拡大した。2020年には店舗数は55,924店，売り上げは
約10兆6,600億円にのぼる市場規模になっている（日本フランチャイズチェー
ン協会「コンビニエンスストア統計」）。
　このほか，労働者派遣事業を始めたテンプスタッフ株式会社（1973年設立，
現・パーソルホールディングス株式会社），中古本販売の新しい業態を立ち上
げたブックオフコーポレーション株式会社（1991年設立，現・ブックオフグ
ループホールディングス株式会社），1998年にインターネット証券にいち早く
乗り出した松井証券株式会社なども，新市場を形成した成長企業といえるだろ
う。

（3）様々な成長要因

　企業の成長が社会的に望ましいものであるとするならば，その成長要因を探
ることが重要になる。成長要因が明らかになれば，成長を促進する政策を講じ

ることができるからである。

　企業の成長に影響を及ぼすと思われる要因は数多く存在する（Davidsson, Achtenhagen and Naldi 2010）。このため，企業の成長に関しては様々な研究が存在する。しかしながら，それらを理路整然と整理するのは容易ではない（McKelvie and Wiklund 2010）。以下では，企業の成長に影響を及ぼす要因を，ある程度の内容の重複を含みながらみていくことにしたい。

(4) 成長要因─外部環境

　企業の業績に影響を及ぼす大きな要因の一つは，企業を取り巻く外部環境である。たとえば，経済成長率が高く，競争が激しくなければ，企業の成長は促進されるであろう。

　外部環境のうち，マクロ要因を分析する考え方に，PEST分析がある。これは政治（Politics），経済（Economics），社会（Society），技術（Technology）の4つの要因を分析するというものである。

　政治要因には，法律や規制，税制，支援政策などがある。たとえば消費税増税は多くの企業に対してマイナスの影響を及ぼす。規制が緩和されると新しい事業機会が生まれることからプラスの影響がある半面，多くの企業が参入しやすくなることから競争が激しくなりマイナスの影響もあるだろう。

　経済要因には，国内外の景気動向や金利，物価変動率，為替レートなど，マクロ経済に関する要因がある。たとえば為替レートが円高になれば，一般的に輸出企業にとってはマイナスの影響が，輸入企業にとってはプラスの影響がある。

　社会要因には，人口構成（高齢化など），消費者の嗜好や意識，行動，生活スタイルなどがある。たとえば，新型コロナウイルス（2020年）への対応によって人々の行動が大きく変わったことで，ゲーム会社やテレワーク関連企業などにはプラスの影響があったものの，人の移動や接客などを伴う多くの企業にはきわめて大きな悪影響が及んだ。

　技術要因には，新技術のほかに，新素材や新デザインなどがある。たとえば

図表3-11　５つの力

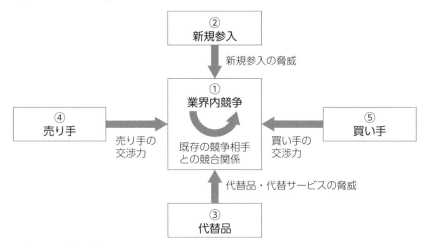

出所：Porter（1980）

　情報通信技術（ICT）の革新は，企業に様々な事業機会をもたらすとともに，それらに代替されることでマイナスの影響を受ける企業も生み出した。

　マクロ要因のほかに，企業が属する産業の構造も企業の業績に影響を及ぼす。ポーター（Porter, M.E.）の「５つの力」（five forces）は，その要因を分析する理論として有名である（Porter 1980）。①業界内における同業者との競争の強さのほかに，②新規参入の障壁，③代替品の有無，④売り手（供給業者など）の交渉力の強さ，⑤買い手の交渉力の強さによって，業界の業績が左右されるというものである（図表3-11）。

（5）成長要因─経営資源

　同じ国の同じ産業に属している企業でも，成長する企業もあれば衰退する企業もある。外部環境だけで企業業績は説明できないことから，企業の内部要因に注目した理論がある。その代表が，経営資源に着目したリソース・ベースト・ビュー（Resource Based View：「資源アプローチ」とも訳される）である（Barney 1991）。

図表3-12　VRIO分析

経済価値の有無	希少性の有無	模倣の難易性	組織の力	競争相手との関係
なし	なし	容易	弱い	劣位
あり	なし	容易	↑	同等
あり	あり	容易	↕	一時的な優位
あり	あり	困難	強い	持続的な優位

出所：Barney（2002），高橋（2005）

経営資源は一般的に次の四つに分類される（Barney 2002）。

(a) 人的資本：経営者や従業員が持つ経験，知識，人間関係など

(b) 物的資本：工場や設備，原材料へのアクセスなど

(c) 財務資本：資金，内部留保される利益など

(d) 組織資本：組織に対する評価（信用），組織文化，管理・調整システム，
　　　　　　　　外部の企業との関係など

そして，これらの経営資源に経済価値（Value）があり，さらに希少性（Rarity）があるとともに，模倣が困難であり（Imitability），しかもそれを組織（Organization）が十分に活用できる体制が整っていれば，企業は持続的な競争優位を獲得できる。これをVRIO分析という（図表3-12）。

保有する経営資源やその水準はそれぞれの企業によって異なる。したがって，VRIO分析によって測られる経営資源の水準が，企業間の業績の違いを生むのである。

(6) 成長要因—ストーリー（Storey, J.D.）の分類

Storey（1994）は数多くの先行研究をもとに，中小企業の成長に影響を与える要因を，「企業家/経営資源」，「企業」，「経営戦略」の3つに分類した（図表3-13の1行目）。そして，それぞれの要因は単独で影響を与えるのではなく，3つの要因すべてが適切に組み合わされることで企業は成長を遂げると述べている。

3つの要因のなかには多くの要素が含まれている。しかし，「企業」に分類

図表3-13　ストーリー（Storey）の分類

Storey（1994）の分類				
企業家／経営資源	企業		経営戦略	
動機 失業の圧力 教育 経営者としての経験 創業者メンバーの数 自営業の経験 家族の履歴 社会的周辺性 機能的スキル 訓練 年齢 事業失敗の経験 斯業経験 企業規模別の就労経験 性別	企業規模 企業年齢 事業組織形態 所有形態	業種／市場 立地	国の支援 市場における競争	雇用者の訓練 経営者の訓練 外部株主の導入 技術の洗練度 市場でのポジショニング 市場に対する調整計画の作成 新製品の導入 経営スタッフの調達 顧客の集中度 情報とアドバイスの利用 輸出
		マクロ経済＊		外部資源へのアクセス＊
資源		環境		戦略
本庄（2007）の分類				

(注)　＊印は，本庄（2007）がStorey（1994）に追加した成長要因である。
出所：Storey（1994），本庄（2007）

されている要素のなかには，経営資源として捉えたほうがよいもの，あるいは（外部）環境として捉えたほうがよいものがある。同様に，「経営戦略」のなかにも環境として捉えたほうがよいものがある。そこで，本庄（2007）はStoreyの分類をもとに，成長要因を「環境」，「資源」，「戦略」の3つに組み替えている。この分類の前二者は，（4）および（5）でみた「外部環境」「経営資源」に対応することから，本章では本庄（2007）の組み替えた分類に従うことにする（図表3-13の最終行）。合計すると40近くの要素が含まれているが，以下では主なものを説明する。

① 資源

「資源」の構成要素の多くを占めるのは，人的資本，とりわけ企業家[8] 自身の人的資本である。中小企業は従業者数が少ないことから，企業家の果たす役割は大企業と比べて相対的に大きくなるからである。

「教育」，「経営者としての経験」，「自営業の経験」，「機能的スキル」（経営全般の能力ではなく，たとえば，マーケティング，人事，研究開発，財務など特定の分野における能力のこと），「訓練」，「事業失敗の経験」，「斯業経験」（開業した事業に関連する仕事をした経験），「企業規模別の就労経験」（大企業で働いた経験があるか，中小企業で働いた経験があるかということ）は，企業家が開業前に積んだ経験によって，企業家の人的資本の水準を測る要素である。そして，企業家が1人ではなく複数いれば，その人的資本も厚みを増すであろう。こうした考えから，資源の要素として「創業者メンバーの数」も加えられている。

「年齢」は企業家の加齢による影響を測るものである。第2章では，起業することに対して加齢には相反する効果があることを指摘した（第2章のp.56を参照）。成長に対しても同様に，プラスとマイナスの効果があるだろう。加齢に伴い肉体的な能力や意欲が衰えれば，企業の成長にはマイナスの影響を及ぼすであろう。その一方で，加齢に伴って経験や信用，人的ネットワークが高まるのであれば，プラスの影響を及ぼす。

企業家の「性別」は，女性企業家の抱える問題に着目した変数である。その背景には，男性と比べて女性は金融機関から資金を調達しにくいと思われていることや，飲食店や個人向けサービス業など急成長とはあまり縁のない事業を営んでいることなどといった理由によって，女性が経営する企業は成長しにくいという仮定がある。しかし，問題の本質は女性という性別にあるのではなく，女性を取り巻く環境にある。出産・育児などによって勤務キャリアを中断せざるを得ない女性は，起業に必要な経験を十分に積むことが難しい。経験が乏しい結果として，女性は金融機関の審査に通りづらかったり，起業しやすいものの成長はしにくい事業に参入したりするのである。Storey（1994）は，

112

先行研究の結果をもとに，性別は企業の業績に大きな影響を与えるものではない，と結論づけている。

「動機」は企業家の成長意欲に関連する変数である。その背景には，事業を始めた動機をポジティブなものとネガティブなものに大別すると，前者によって事業を始めた企業家は後者よりも高い成長を実現できるという仮定がある。ポジティブな動機とは，発見した事業機会を自らの手で実現したいとか，自分の能力を思う存分発揮したいなどというものである。一方，ネガティブな動機とは，勤務先への不満や，失業したもののほかに適当な勤務先が見つからなかったというような動機である。Storey（1994）は，第2章でみたライフスタイル起業家もネガティブな動機に含まれるとしている。ポジティブな動機を持つ企業家のほうが，相対的に成長意欲は強いと考えられる。「失業の圧力」も同様に，動機に関する変数である。勤務者が勤務先をあえて辞めて事業を始める場合と比べて，失業者は相対的に低いスキルしか持っておらず，その水準に応じた低い成長意欲しか持っていない，ということが仮定されている。

「企業規模」，「企業年齢」と成長との関係については，かなり早い時期から研究されてきた（後掲コラム参照）。多くの実証分析では，企業規模と成長，企業年齢と成長との間にそれぞれ負の関係が成り立っているという結果が得られている[9]。つまり，企業規模が小さいほど成長率は高く，また企業年齢が若いほど成長率は高いという関係である。前者はコラムで述べたジブラの法則が成り立たないことを意味する。日本企業に関する主な分析結果は図表3-14のとおりである。

② 環境

「環境」に含まれる要素は企業自身がコントロールできないものであり，すでにみた「(4) 成長要因—外部環境」とおおむね重なる。

「マクロ経済」や「業種/市場」が拡大していれば，企業の成長は促進されやすくなる。一方，「市場における競争」が激しければ，成長は抑制されやすくなる。

図表3-14　日本企業に関する主な実証分析（企業規模，企業年齢と成長との関係）

文献	サンプル	成長指標	企業規模と成長との関係	企業年齢と成長との関係
安田 (2006)	従業者50人以上かつ資本金3,000万円以上の企業，企業活動基本調査1992年調査，1998年調査対象企業のうち製造業13,688社	従業者数	負	負
深尾・権 (2011)	事業所企業統計	従業者数	正	負
岡室・加藤 (2013)	2007年1月から2008年8月までに設立された製造業またはソフトウェア業に分類される新設法人，1,514社（2008年11月）をその後3回にわたって追跡調査	従業者数	負	非有意
Liu (2018)	従業者50人以上かつ資本金3,000万円以上の企業，企業活動基本調査1995年～2014年	従業者数	負	負
Tsuruta (2020)	CRD（信用リスクデータベース）データ，2001～2015年，188,021社	売上高	負	負

出所：筆者作成

　中小企業には「立地」に大きく依存する企業が少なくない。たとえば，かつての中心商店街である。1980年頃までは多くの買い物客が集まり賑わっていた。しかし，自家用車の普及とともに郊外のロードサイドに商業立地はシフトし，「シャッター街」と化した中心商店街は少なくない。このような中心商店街に立地していた商店の成長や衰退は立地に大きく依存している。

　「国の支援」のなかには，企業の成長を促進するものがある。たとえば中小企業等経営強化法では，労働生産性の伸び率が一定水準以上となる計画を立案した中小企業に対して，税制や金融など様々な支援策を準備している。

③　戦略

　企業が十分な資源を持っていたとしても，それを十分に活用できる経営戦略が欠けていれば，成長を実現することは難しい。また，外部環境が変化した場合には，新たな環境に適応できる経営戦略が必要となる。つまり戦略は，資源や環境との関係によって選択されるといえるだろう。

図表3-15　競争戦略の類型

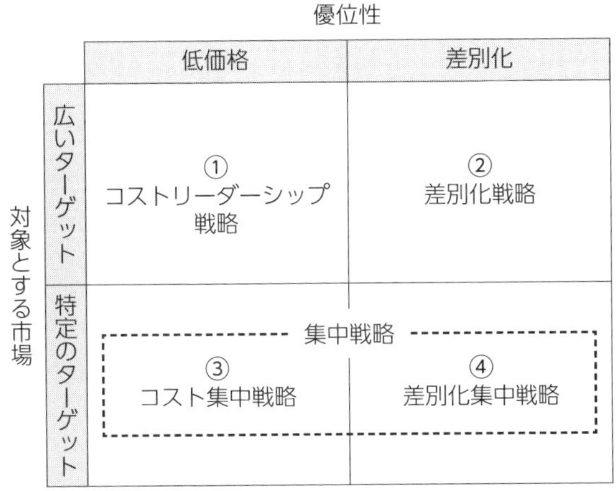

優位性

		低価格	差別化
対象とする市場	広いターゲット	① コストリーダーシップ 戦略	② 差別化戦略
	特定のターゲット	集中戦略 ③ コスト集中戦略	④ 差別化集中戦略

(注) ポーターは優位性の源泉として低コストと差別化をあげているのに対して，中小企業庁（2020）では低価格と差別化を用いている点に注意を要する。
出所：中小企業庁（2020），p.II-5

　「市場でのポジショニング」とは，自社の製品・サービスが市場において特異なポジションを占めること，すなわち差別化戦略を意味する。ポーターは企業の競争戦略を①コストリーダーシップ戦略（低コストを実現することで競争優位を獲得する戦略），②差別化戦略（顧客が自社の製品・サービスに対して感じる価値を高めることで競争優位を獲得する戦略），③集中戦略（特定の市場に資源を集中し，低コストまたは差別化を実現することで競争優位を獲得する戦略）に分類した（Porter 1980）。「2020年版 中小企業白書」では集中戦略をさらにコスト集中戦略と差別化集中戦略に分け，中小企業における構成比を調査している（図表3-15）[10]。それによると，中小企業は差別化集中戦略を行う企業割合が56.6％と高く，差別化戦略が28.8％，コスト集中戦略が9.9％と続く。特定の市場をターゲットにするかどうかは別にすると，中小企業は差別化戦略をとる割合が高い。Storey（1994）は，市場でのポジショニングが中小企業の成長の重要な要素であるとみなしているが，「市場でのポジショニングは容易に計測できず，分類できない複雑な概念である」とも指摘している。

115

「技術の洗練度」とは技術の水準を意味する。高水準の技術を持つ企業は成長しやすいと考えられている。技術水準は，研究開発の実施状況や特許権の所有状況などによって計測されることが多い[11]。しかし，中小企業全体でみると研究開発を実施している企業は1.3％，特許権・実用新案権・意匠権・商標権を所有している企業は2.8％にすぎず，業種別にみると製造業や情報通信業など，ハイテク企業が多いと思われる業種に偏っている（中小企業庁「中小企業実態基本調査」2018年）。これらの指標は，調理技術の高い飲食店，ヘアセット技術の高い美容院など，従来型の業種にも存在する技術水準の高い企業をカバーしていない。このため，研究開発や特許などとはあまり縁のない業種では，いかに技術水準を計測するかが問題となる。

「市場に対する調整」とは，外部環境の変化に対応することである。これと「新製品の導入」は，第2節で取り上げた新事業の展開と重なる。

「経営者の訓練」，「雇用者の訓練」は人的資本を高める取組みであり，企業の成長要因の一つであると考えられている。「2020年版 中小企業白書」によると，人材教育・能力開発投資[12]を行った中小企業の割合は74.5％を占め，実施した企業は実施していない企業と比べて労働生産性の上昇幅が大きくなる傾向にある。また，経営者・役員に対する人材教育・能力開発投資を重視する企業はそうでない企業と比べて労働生産性の上昇幅が大きいという傾向も指摘している。

以上のとおり，実に多くの要因が企業の成長を左右すると考えられている。それをストーリーは「企業家/経営資源」「企業」「経営戦略」（本章では「資源」「環境」「戦略」に組み替えた）に分類した。この分類は多くの研究で言及されており，一定の評価を得ている[13]。

(7) 成長要因—デビッドソン（Davidsson, P.）のモデル

Davidsson（1989; 1991）は，数多くの成長要因をストーリーとは異なる方法で，「機会」，「必要性」，「能力」，「成長意欲」の4つに整理した。図表3-16

図表3-16　デビッドソンのモデル

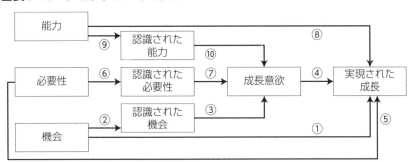

出所：Davidsson（1991）

はその枠組みを示している。

　「機会」とは有利に利用できる外部条件である。すでにみた「外部環境」と重複する。たとえば成長産業に属していたり，需要が拡大している地域に立地したりしていることは，企業の成長を客観的に促進する要因である（図表3-16の①の矢印）。一方，企業家はどの外部環境をどのように認識するかは，人によって異なる。成長産業に属していたとしても，市場の拡大を重視する人もいれば，新規参入者の増加によって将来の競争激化を重視する人もいる。前者は企業活動に対して積極的な意欲を抱くのに対して，後者はさほど積極的にはならないであろう（同②の矢印）。外部環境に対する主観的な認識が，「成長意欲」を左右するのである（同③の矢印）。そして，「成長意欲」は企業の成長に影響を及ぼす（同④の矢印）。

　「必要性」にも客観的な要因と主観的な要因がある。たとえば十分な利益をあげていない企業にとって，従業員に満足な給料を支払ったり経営者自身が標準的な生活水準を満たしたりするためには，企業の成長は客観的に必要なことである。このような客観的な必要性が企業の成長を促す（同⑤の矢印）。それに対して，経営者自身がどの程度の生活水準が必要であると考えるかは人それぞれである（同⑥の矢印）。認識された必要性が「成長意欲」に影響を及ぼし（同⑦の矢印）[14]，そして「成長意欲」が企業の成長に影響を及ぼす（同④の

矢印)。

　「必要性」を満たしたり「機会」をうまく利用したりするためには，「能力」が必要である。「能力」はすでにみた経営資源と重なる部分がある。教育や様々な経験，人脈などを通じて獲得した能力の客観的な水準は，企業の成長を左右する（同⑧の矢印）。一方で，経営者がその能力をどのように認識するかは，人それぞれである（同⑨の矢印）。能力を実際よりも過大評価している場合は「成長意欲」が高く，過小評価している場合は「成長意欲」が低い（同⑩の矢印）。そして「成長意欲」が企業の成長に影響を及ぼす（同④の矢印）。

　機会，必要性，能力という客観的な要因が同じ企業であっても，実現される成長の大きさが異なるのは，これらの要因をどのように認識するかによって成長意欲が異なってくるからである。ストーリーの分類では「資源」に含まれていた「動機」を，デビッドソンのモデルでは，客観的な要因を経営者がどう認識するかという主観的な要因を介した「成長意欲」として扱っている点が大きな特徴だといえる。

(8) 成長要因─企業家的志向性

　「企業家的志向性（entrepreneurial orientation）」は，近年，急速に研究が進んでいる成長要因である。必ずしも統一的な定義はないが，企業家的行動（資源の新たな組み合わせによって事業機会を利用し，市場に影響を与える行動）につながる，企業や経営者の戦略的な志向を意味する（Wiklund 1998）。一般的には，企業家的志向性は「革新性（innovation）」，「先駆性（proactive）」，「リスク・テイク（risk taking）」の3つの次元によって計測されることが多い（Miller 1983など）。

　企業家的志向性と業績との関係については，企業家的志向性が強い企業ほど業績は良好であるという結果が多くの研究で得られている。日本においても，江島（2018）が同様の実証結果を得ている。したがって，企業家的志向性は成長を含む企業業績にプラスの影響を与えているといえるだろう（小本2016）。しかしながら一方で，企業家的志向性という概念が曖昧であるという

指摘もなされている。

（9）成長期の経営課題

　中小企業が成長の道を歩むようになると，3つの経営課題に直面する。それ
は，①経営資源の調達，②後発企業との競争の激化，③組織づくりである。こ
れらは成長に対する障壁だといえる。

① 経営資源の調達

　企業は成長するに伴って，資金や設備，人材などの経営資源がより多く必要
となる。

　より多くの売り上げを実現するには，より多くの製品・サービスを生産・供
給しなければならない。それには設備を拡充したり，工場・店舗などを増設し
たりしなければならない。このときに設備投資資金が必要となる。さらに，一
般的には，売り上げが増加するにつれて追加的に運転資金が必要となる。これ
を増加運転資金という。

　増加運転資金はなぜ必要になるのか。商社や問屋などの卸売業を想定した図
表3-17をもとにみていこう。

　棚卸資産回転期間とは，仕入れた商品が売れるまでにかかる期間である（図
表の想定例では3か月）。また，商品が売れてもすぐに現金が手に入るわけで
はない。小売店などの事業者に販売する場合，掛け売りとなるのが一般的であ
る。このとき，販売してから現金として回収するまでの期間を，売掛債権回転
期間という（想定例では2か月）。同様に，商品を仕入れてから代金を支払う
までの期間を仕入債務回転期間という（想定例では1か月）。

　想定例では，商品を仕入れてから売り上げを現金で回収するまでに5か月を
要する（棚卸資産回転期間＋売掛債権回転期間）。そのうち最初の1か月間は
仕入代金の支払いが猶予されている。残る4か月は，現金を支払ってから現金
を回収するまでに必要な期間である。これを現金回転期間という（棚卸資産回
転期間＋売掛債権回転期間－仕入債務回転期間）。これは言い換えると，現金

図表3-17　資金の支払いと回収

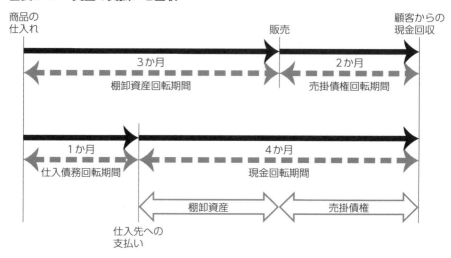

出所：筆者作成

が商品や売掛債権に形を変えている期間である（想定例では商品に2か月，売掛債権に2か月）。

　したがって，この企業は売り上げの4か月分を商品や売掛債権として保有しなければならないことから，それに見合う現金をあらかじめ準備しておかなければならない。これを運転資金という。毎月の売り上げが100万円だとすると，その4か月分，400万円の運転資金が必要である。

　この運転資金は，売り上げが増加するにつれて多くなる。毎月の売り上げが200万円に増加すると，必要な運転資金は800万円になり，この企業は追加的に400万円の運転資金が必要になる。これを増加運転資金という。以上のような理由から，売り上げが増加する成長期には，増加運転資金が必要となるのである。

　成長に伴って，資金のほかにも人材も必要になる。量的に従業員を増やさなければならないだけではなく，質の高い人材も確保する必要性が生じる。開業期には，起業家が起業前に勤務していた企業の同僚・部下などを自社に呼び寄

せたり，役員が友人を紹介したりするなど，縁故で人材を集めることが少なくない。しかし，やがてそれでは間に合わなくなり，労働市場を通して人材を採用しなければならなくなる。

　また，企業が成長し従業員規模が大きくなると，後述するように組織体制を整える必要がある。このとき，管理的なスキルを持つ人材が必要になる。

②　後発企業との競争の激化

　起業家が新しい事業機会を発見し，その潜在的な可能性を見込んで開業したとしても，事業として成り立つかどうかは実際にやってみなければ分からない。しかし誰かが事業として成り立つことを示せば，後発企業は次々に参入する。したがって，後発企業との競争の激化に対応することも成長期の課題である。

　たとえば，いまでは多くの人が利用しているSNS（ソーシャル・ネットワーキング・サービス）である。その初期である2004年にmixiやGREEが参入し，SNSの知名度は高まった（大向 2015）。しかし，その後mobage（2006年），ニコニコ動画（同），YouTube（2007年），Twitter（2008年），Facebook（同），LINE（2011年）など様々なタイプのSNSが相次いで日本におけるサービスを開始し，競争が激しくなった。日本における主要なSNSの利用率をみると，mixiやGREEの利用率は大きく低下している（図表3-18）。一方で，後発のSNSでも，YouTubeやLINEのように利用率を大きく高めているサービスもあれば，利用率が伸びずにサービスを終了させたところもある。

③　組織づくり

　開業時には起業家を含め，少数の従業者で企業を立ち上げる。多くの場合，組織とはいえない状態である。しかし，企業が成長し多くの従業員を抱えるようになると，組織づくりが必要になる。経営者が従業員を把握できる範囲をみると，従業員20人以下の企業ではその81％以上を把握できるとする経営者の割合は96.8％にのぼる（図表3-19）。この割合は21〜50人の企業でも92.3％と高いが，従業員数がそれ以上になると低下する。50人規模を超えると全従

121

図表3-18　代表的SNSの利用率の推移

名称	日本における サービス開始時期	利用率（%）						
		2012年	2013年	2014年	2015年	2016年	2017年	2018年
mixi	2004年2月	16.8	12.3	8.1	6.9	6.8	4.3	4.5
GREE	2004年2月	11.8	10.0	6.9	4.9	3.5	2.5	2.0
Mobage	2006年2月	12.9	11.4	8.6	6.9	5.6	4.9	4.0
ニコニコ動画	2006年12月	−	−	19.1	19.3	17.5	18.9	16.7
YouTube	2007年6月	−	−	65.1	66.7	68.7	72.2	75.7
Twitter	2008年4月	15.7	17.5	21.9	26.5	27.5	31.1	37.3
Facebook	2008年5月	16.6	26.1	28.1	32.5	32.3	31.9	32.8
LINE	2011年6月	20.3	44.0	55.1	60.6	67.0	75.8	82.3
Google+	2011年6月 (2019年4月終了)	−	27.3	22.5	26.3	26.3	23.7	−
Vine	2013年11月 (2017年1月終了)	−	−	1.9	3.3	2.9	−	−
Instagram	2014年2月	−	−	−	14.3	20.5	25.1	35.5
Snapchat	2016年頃	−	−	−	−	−	2.1	2.0
TikTok	2017年8月	−	−	−	−	−	−	10.3

（注）日本におけるサービス開始時期は筆者調べ。
出所：総務省情報通信政策研究所「情報通信メディアの利用時間と情報行動に関する調査」

図表3-19　経営者が従業員を把握できる範囲（従業員規模別）

（単位：%）

従業員数（人）	20%以下	21〜40%	41〜60%	61〜80%	81%以上	合計
〜 20	0.7	0.7	0.3	1.5	96.8	100.0
21〜 50	0.6	1.0	1.5	4.6	92.3	100.0
51〜100	1.1	2.1	4.4	12.2	80.2	100.0
101〜300	3.6	8.8	12.4	22.6	52.6	100.0
301〜	10.3	22.3	21.2	27.2	19.0	100.0

（注）代表者（経営実権者）が，役員を除く正社員の顔と名前を把握している割合につい
　　て尋ねている。
出所：中小企業金融公庫「経営環境実態調査」（2004年11月）

業員を把握するのは困難になるといえる。このとき，中間管理職を導入するな
どフォーマルな組織が必要になる。

　グレイナー（Greiner, L.E.）の成長段階モデルは，組織の成長段階における
特性と5つの段階ごとに直面する問題を論じたものとして有名である（Greiner

1972)。このほかにも，Scott and Bruce（1987）も同様の5段階成長モデルを論じ，Timmons（1994）は成長段階を3つに分類するなど，成長段階モデルを論じる研究者は少なくない。

グレイナーによると，企業の成長には5つの段階があり，成長するにつれて各段階の末期にそれぞれ特有の問題が生じ，その問題を解決することで次の段階に移行する。

第1段階は開業期である。この時期は新製品の開発と販売に全力が尽くされる。経営者と従業員とのコミュニケーションは形式にとらわれず頻繁に行われる。やがて企業が成長すると，増加した従業員は組織への帰属意識が乏しいことから，形式にとらわれないコミュニケーションだけでは管理できなくなる。ここに「リーダーシップの危機」という問題が生じる。有能な管理職を置くことでこの問題を乗り越えた企業は，次の成長段階に移行する。

第2段階の特性は，生産活動と販売活動を分離するために職能的組織（業務内容別に編成された組織）が導入され，職務の割り当てが専門化されること，そして職務上の上下関係が確立されコミュニケーションがよりフォーマルなものになることである。新しい組織形態は成長を可能にするが，やがていっそう規模が大きくて複雑な組織を管理するのにふさわしくないものになってしまう。とりわけ，下位の従業員は集権化された組織にしばられるのを嫌い，自主性を求めるようになる。この問題に対して，多くの企業は権限の委譲によって解決を図り，新たな成長を目指す。

第3段階は分権化された組織によって成長する局面である。管理職により大きな権限が委譲されるとともに，下位の従業員を動機づけるために事業部制やボーナスなどが用いられる。しかし，権限を持った現場の管理職は他部門との調整を行わずに，物事を進めてしまう。次に必要となるのは，部門間の調整を行う仕組みである。

第4段階では，調整をうまく行うための正式な仕組みや，計画立案手続き，予算管理制度などが導入される。このような調整により，企業の限られた資源がより効率的に配分されるようになることから，成長が促進される。しかし，

様々な制度があまりにも多く導入されると，形式主義の危機が生じる。この危機を乗り越えるために，部門を越えたチームを結成するなど，協働が必要になる。こうして危機を乗り越えた企業は，第5段階，協働による成長段階に至るのである。

　以上のような成長段階モデルに対しては，すべての企業が第1段階から第5段階まで移行するわけではない，データをもとに実証されてはいないなどという批判が存在する（Storey 1994; Davidsson, Achtenhagen and Naldi 2005など）。とはいえ，成長とともに異なる組織形態が必要になるということは，直感的に理解できるモデルだといえるだろう。

コラム　企業規模，企業年齢と成長

　企業規模と成長との関係は，古くから研究されているテーマである。そのきっかけとなったのは，フランスのエンジニアでもあり統計学者でもあったジブラ（Robert Gibrat）が1931年に提唱した「ジブラの法則」（「比例効果の法則」ともいう）である。それは一口でいうと「企業成長率は企業の規模と独立している」，つまり企業規模によって成長率に違いはみられないということである。

　欧米では1950年代から，ジブラの法則が成り立つかどうかについて数多くの実証的な研究が行われてきた（「2002年版 中小企業白書」）。一部に異なる結果もみられるが，多くの分析では企業規模と企業成長率との間に負の関係があることが指摘されている。つまり，規模の小さな企業ほど成長率が高い，という結果である。

　1980年代からは，企業年齢と成長との関係にも関心が寄せられるようになった（「2002年版 中小企業白書」）。やはり一部の例外はあるものの，多くの分析では企業年齢と企業成長率との間に負の関係があるという結果が得られている。若い企業ほど成長率が高いということである。

　では，なぜ規模の小さい企業ほど成長率が高くなる傾向がみられるのか。

その理由の一つとして，次のような説明がなされている。

　第1章で解説したとおり，規模の経済および規模の不経済が存在すること
で，平均費用曲線はおおよそU字型の形状を描く（第1章のp.14参照）。この
U字の底に当たる部分が最小効率規模，すなわち平均費用が最小になる生産
規模である。

　規模の小さな企業は最小効率規模の生産量に達しておらず，平均費用は相
対的に高い。したがって，最小効率規模の生産量になるまで企業規模を拡大
することが望ましい。一方，最小効率規模やその近傍にある企業は，最小効
率規模を超えて生産を拡大すると，平均費用が上昇するおそれがあることか
ら，成長する必要性が乏しい。以上の結果，最小効率規模から遠く離れた企
業，すなわち規模の小さい企業ほど成長率が高くなる傾向がみられるのであ
る。

　もう一つの理由としては，学習効果（learning effect）による説明がなされ
ている。

　学習効果とは経験を積むことで効率性が向上する現象のことである。生産
経験を積むことで，労働者の習熟度が高まったり，品質管理等の技術が高ま
り不良品の発生率が低下したりする。その結果，単位あたりの生産費用は低
下する。

　経験は製品の累積生産量で表される。このとき，累積生産量と単位生産費
用との関係は，図表3-20のようになる。学習効果は累積生産量が増加するに
つれて逓減する。このため，規模の小さな企業（＝累積生産量の小さな企業）
ほど大きな学習効果を得られるので，成長しやすくなる。このことは，経験
をあまり積んでいない若い企業についてもあてはまる。

　以上のほかにも，規模と成長との間に負の関係がある理由として，規模の
小さな企業では経営者が市場に近く，組織が柔軟であることから，新しい事
業機会をいち早く把握して成長を実現しやすいという指摘もある（Blackburn,
Hart and Wainwright 2013など）。

図表3-20　学習効果

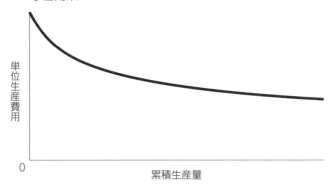

出所：筆者作成

4. まとめ

＊「発展」とは企業の質的変化に注目する概念であり，「成長」とは量的拡大
　に注目する概念である。「発展」することによって，結果的に「成長」がも
　たらされることも少なくない。

＊製品・サービスの寿命を超えて中小企業が成長を持続するためには，新事業
　を手がけることが重要である。新事業は，製品開発，市場開拓，多角化に分
　類することができるが，そこで求められるのは範囲の経済を追求することで
　ある。範囲の経済は，活動の共有，経営資源の共有，財務面から生まれてく
　る。

＊必ずしもすべての中小企業が成長を志向しているわけではない。また，成長
　を志向しているとしても，大きな成長を実現できる企業は一握りにすぎな
　い。

＊成長を実現できる企業が一握りだとしても，成長企業が社会的に果たす役割
　は決して小さくはない。主な役割は，①雇用の創出，②地域経済の活性化，
　③新市場の形成があげられる。雇用の創出については，ごく一部の企業（上
　位4％程度）が新たに創出された雇用の多く（半分以上）を占めるという現

126

象が，多くの国々でみられる。

＊企業の成長要因として様々な要因が指摘されている。それらは，資源，環境，戦略に分類することができる。さらに近年では，経営者の主観によって大きく決まる成長意欲や，企業家的志向が成長要因として指摘されるようになっている。

さらなる学習のために

① 図表3-4のように，急成長企業の事業展開を①市場浸透，②製品開発，③市場開拓，④多角化に分け，年表形式にしてみよう。そして②〜④については，既存事業との間にどのような範囲の経済が生まれているのかを考えてみよう。

② 中小企業の多くは，成長を志向しない企業や大きな成長を実現できない企業である。それらの企業が存在することの意義とはなにかを議論してみよう。

③ 株式を上場している企業のうち，最近10〜15年以内に設立された企業を選び，その企業がなぜ成長したのかを分析してみよう。ただし，既存企業の持株会社や子会社・関連会社，合併に伴って設立された企業，投資法人など，実質的に新規の設立とはいえない企業は除く。

（注記）
(1) 生まれたばかりの企業が短期間で廃業する理由として，第2章では様々な不利益と学習の問題を指摘している。
(2) 楽天市場は出店者にネット通販の場所とシステムを提供しているのに対して，楽天ブックスは楽天株式会社が直接運営するネット書店である。
(3) 2023年3月末現在の出店者数は5万7,079店である。
(4) 「2017年版 中小企業白書」では，「新製品開発戦略」，「新市場開拓戦略」はアンゾフの成長マトリックスと同じ定義であるが，「多角化戦略」は「既存の事業を維持しつつ，新市場で新製品・サービスを展開する戦略」，「事業転換戦略」は

「既存の事業を縮小・廃止しつつ，新市場で新製品・サービスを展開する戦略」
としている。

(5) この割合は1995年から2009年まではやや高まっている。その要因としては，
①1997年に独占禁止法が緩和され持株会社を設立できるようになったことか
ら，この時期に大企業がグループ会社を束ねる持株会社を設立するケースが多
かったこと，また②合併する際に受け皿会社を設立したりするケースが多かっ
たこと，③マザーズ（東京証券取引所，1999年創設）など上場基準が相対的に
緩い市場が創設されたことなどが考えられる。

(6) これらの数字は子会社等を含めた連結ベースである。このため，買収して連結
対象となった企業も含まれている。また，国内だけでなく，連結対象である海
外の会社の従業員も含まれている。

(7) 当時の社名は株式会社ヨークセブンである。株式会社イトーヨーカドーの子会
社として設立された。

(8) ここでは「企業家」という表記を用いる。①新たに企業を立ち上げる人という
意味で用いられる「起業家」だけではなく，すでに存続している企業を経営す
る人も含めて論じていること，②Storey（1994）の訳書において「企業家」と
いう表記が用いられていることがその理由である。

(9) なかには，異なる結果が得られた研究もある。たとえば，イギリスの上場企業
を分析したSingh and Whittington（1975）は，企業規模と成長との間にやや弱
い正の関係を検出している。また，イギリスの生命保険会社を分析したHard-
wick and Adams（2002）は分析期間によって，企業規模と成長との間に正，負，
相関なしという結果を得ている。一方，企業年齢と成長との間に正の関係を見
出した研究には，インドのコンピューターハードウェア産業を分析したDas
（1995），イタリアのハイテク企業を分析したColombo and Grilli（2005）など
がある。

(10) ポーターは優位性の源泉として低コストと差別化をあげているのに対して，
「2020年版 中小企業白書」は低価格と差別化を用いている点が異なる。

(11) たとえば安田（2006）は，製造業に属する従業員50人以上，資本金3,000万円
以上の企業を対象とする分析で，従業員1人あたり研究開発費および売上高に対
する研究開発費比率が高い企業ほど，成長率が高いことを実証している。

(12) 外部講師や指導員の招聘，外部セミナー・研修への参加の助成，大学・大学院
などへの授業料の助成などのOff-JT（職場から離れて行われる人材育成）に関
する投資を，「人材教育・能力開発投資」として調査が行われている。

(13) Smallbone, Leigh and North（1995），Blackburn, Hart and Wainwright（2013）など。また，Barringer, Jones and Neubaum（2005）のように，Storey（1994）の分類をもとに成長要因を「企業家の特性」，「企業属性」，「事業戦略」，「人的資本戦略」と細分化している研究もある。

(14) 前掲図表3－7でみたように，経営者の年齢が高いほど成長志向は乏しくなる。デビッドソンのモデルに従うと，この背景には「必要性」に対する経営者の認識が大きく働いているといえる。Davidsson（1989）は，経営者が高齢になれば扶養負担や住宅ローンの負担などが軽減されること，創業時の希望がすでに叶えられている可能性が高いことから，成長する必要性をあまり感じないと説明する。経営者が60歳以上で後継者が決定していない場合も成長志向が乏しい（前掲図表3－7）が，これも同様に必要性に対する認識の問題といえるだろう。つまり，後継者がいないのであれば，あえて成長する必要はないと多くの経営者が感じているということである。

【参考文献】

江島由裕（2018）『小さな会社の大きな力』中央経済社.

大向一輝（2015）「SNSの歴史」『通信ソサイエティマガジン』9(2)，電子情報通信学会.

岡室博之・加藤雅俊（2013）「スタートアップ企業における雇用の成長と構成変化の決定要因：研究開発型企業とそれ以外の企業の比較分析」『フィナンシャル・レビュー』112，財務総合政策研究所.

川辺信雄（2004）「コンビニエンス・ストアの経営史―日本におけるコンビニエンス・ストアの30年」『早稲田商学』400，早稲田大学.

経済産業省，厚生労働省，文部科学省（2016）『2016年版ものづくり白書』経済産業調査会.

小本恵照（2016）「企業家的志向と企業業績：先行研究の検討と今後の研究課題」『駒澤大学経営学部研究紀要』45.

高橋徳行（2003）「成長戦略と人材ニーズ―ガゼルの経営戦略」佐藤博樹・玄田有史編『成長と人材―伸びる企業の人材戦略』勁草書房.

高橋徳行（2005）『起業学の基礎』勁草書房.

中小企業庁（2002）『2002年版 中小企業白書』ぎょうせい.

中小企業庁（2017）『2017年版 中小企業白書』日経印刷.

中小企業庁（2020）『2020年版 中小企業白書』日経印刷.

深尾京司・権赫旭（2011）『日本経済成長の源泉はどこにあるのか：ミクロデータによる実証分析』経済産業研究所, RIETI Discussion Paper Series, 11-J-045.

本庄裕司（2007）「第3章 中小企業の成長」安田武彦・高橋徳行・忽那憲治・本庄裕司『テキスト ライフサイクルから見た中小企業論』同友館.

安田武彦（2006）「第4章 企業成長と企業行動, 加齢効果」橘木俊詔・安田武彦編『企業の一生の経済学 中小企業のライフサイクルと日本経済の活性化』ナカニシヤ出版.

Ansoff, H.I. (1957) "Strategies for Diversification", *Harvard Business Review*, 35(5). （DIAMONDハーバード・ビジネス・レビュー編集部編訳「多角化戦略の本質」『戦略論（1957〜1993）』ダイヤモンド社）

Barney, J. (1991) "Firm Resources and Sustained Competitive Advantage", *Journal of management*, 17(1).

Barney, J. (2002) *Gaining and Sustaining Competitive Advantage*, 2nd edition, Prentice Hall Inc.（岡田正夫訳『企業戦略論【競争優位の構築と持続】<上・中・下>』ダイヤモンド社, 2003年）

Barringer, B.R., Jones, F.F. and Neubaum, D.O. (2005) "A Quantitative Content Analysis of the Characteristics of Rapid-growth Firms and Their Founders", *Journal of Business Venturing*, 20(5).

Birch, D.G. (1987) *Job creation in America: How our smallest companies put the most people to work*, The Free Press.

Blackburn, R.A., Hart, M. and Wainwright, T. (2013) "Small Business Performance: Business, Strategy and Owner-manager Characteristics", *Journal of Small Business and Enterprise Development*, 20(1).

Colombo, M.G. and Grilli, L. (2005) "Founders'Human Capital and the Growth of New Technology-based Firms: A Competence-based View", *Research policy*, 34(6).

Das, S. (1995) "Size, Age and Firm Growth in an Infant Industry: The Computer Hardware Industry in India", *International Journal of Industrial Organization*, 13(1).

Davidsson, P. (1989) *Continued Entrepreneurship and Small Firm Growth*, Stockholm School of Economics.

Davidsson, P. (1991) "Continued entrepreneurship: Ability, need, and opportunity as determinants of small firm growth", *Journal of business venturing*, 6(6).

Davidsson, P., Achtenhagen, L. and Naldi, L. (2005) "Research on Small Firm Growth: A Review", Paper presented at the 35th EISB Conference, Barcelona, Spain.

Davidsson, P., Achtenhagen, L. and Naldi, L. (2010) "Small Firm Growth", *Foundations and Trends in Entrepreneurship*, 6(2).

Falkenhall, B. and Junkka, F. (2009) "High-growth firms in Sweden 1997-2007: Characteristics and development patterns", *The Swedish Agency for Growth Policy Analysis*.

Greiner, L.E. (1972) "Evolution and Revolution as Organizations Grow", *Harvard Business Review*, 1972 Jul.-Aug.（藤田昭雄訳「企業成長の"フシ"をどう乗り切るか」『ハーバードビジネス』ダイヤモンド社，1979年2月）

Hardwick, P. and Adams, M. (2002) "Firm Size and Growth in the United Kingdom Life Insurance Industry", *Journal of Risk and Insurance*, 69(4).

Liu, Y. (2018) *Firm age, size, and employment dynamics: Evidence from Japanese firms*, Research Institute of Economy, Trade and Industry (RIETI), RIETI Discussion Paper Series 18-E-006.

McKelvie, A. and Wiklund, J. (2010) "Advancing Firm Growth Research: A Focus on Growth Mode Instead of Growth Rate", *Entrepreneurship Theory and Practice*, 34(2).

Miller, D. (1983) "The correlates of entrepreneurship in three types of firms", *Management science*, 29(7).

Porter, M.E. (1980) *Competitive Strategy*, Macmillan Publishing Co.（土岐坤・服部照夫・中辻万治訳『競争の戦略』ダイヤモンド社，1995年＜新訂＞）

Reynolds, P.D. and White, S.B. (1997) T*he Entrepreneurial Process; Economic Growth, Men, Women, and Minorities*, Quorum Books.

Schreyer, P. (2000) *High-growth Firms and Employment*, OECD Science, Technology and Industry Working Papers 2000/03.

Scott, M. and Bruce, R. (1987) "Five Stages of Growth in Small Business", *Long Range Planning*, 20(3).

Singh, A. and Whittington, G. (1975) "The Size and Growth of Firms", *The Review of Economic Studies*, 42(1).

Smallbone, D., Leig, R. and North, D. (1995) "The Characteristics and Strategies of

High Growth SMEs", *International Journal of Entrepreneurial Behavior and Research*.

Storey, D.J. (1994) *Understanding the Small Business Sector*, Routledge.（忽那憲治・安田武彦・高橋徳行訳『アントレプレナーシップ入門』有斐閣，2004年）

Timmons, J.A. (1994) *New Venture Creation*, 4th Eddition, Richard D.Irwin, Inc.（千本倖生・金井信次訳『ベンチャー創造の理論と戦略』ダイヤモンド社，1997年）

Tsuruta, D. (2020) "Japan's elderly small business managers: Performance and succession", *Journal of Asian Economics*, 66.

Wiklund, J. (1998) *Small firm growth and performance: Entrepreneurship and beyond*, Jönköping International Business School (Doctoral dissertation).

村上義昭

第 **4** 章

中小企業の企業間連携・集積・クラスター

学習のポイント

① 中小企業の企業間連携にはどのような種類があるのか。またその目的や効果はどのようなものだろうか。
② 集積理論の系譜を辿ると，何が変化してきたといえるだろうか。
③ 日本の産業集積の実態はどのように変化してきているだろうか。
④ 産業クラスター理論では，集積することでなぜ企業の生産性が向上し，イノベーションが活発になるといえるのだろうか。
⑤ 中小企業が地域でのつながりを深めることで，実践コミュニティ，ソーシャル・キャピタル等が生まれるといわれるのはなぜだろうか。

1. はじめに

　前章では，中小企業の発展や成長について見てきた。こうした発展や成長のためには，資金，人材，技術，情報などの経営資源が必要となるが，中小企業は，単独では潤沢な経営資源を有しているとはいえない。このため，一企業で対応することには限界がある。これを克服するために，他の企業や機関とつながることで，不足する経営資源を補完することも選択肢の一つである。さらに，つながることで，単に資源の補完というだけではなく，学習やイノベーションが促されたり，その企業の評判が高まったりする等の効果も生まれる。
　また中小企業は，立地する地域との関係（従業員，顧客，取引先等）が密接である。地域とのつながりの深さや広さの重要性は，これまでの中小企業研究でも言われてきたことである。中小企業が地域住民の働く場を提供していると

いう意味では，地域の雇用に影響を与える存在である。サプライチェーンにおける部品の加工や製造を担っているという意味では，地域の経済に影響を与えている。また，商店街の一員としてイベントの場の提供をしたり，地域の祭りの神輿の担ぎ手や運営の担い手であったり，地域社会にも影響を与えているのが中小企業という存在である。

　2.節では，どのような企業間連携のタイプがあるのかをみていくことにする。2（1）では，中小企業が参加するネットワーク組織のタイプを紹介する。2（2）では「連結の経済」と「ネットワーク外部性」を説明する。2（3）では，『2020年版 中小企業白書』に取り上げられた，中小企業と外部連携の実態調査を紹介する。製造業と非製造業では，外部連携の取組み実態や目的が異なることなどを説明する。「コラム」では，近年各地で開催されているオープンファクトリーの事例を紹介する。

　3.節では，集積について説明していく。3（1）では，集積の理論の系譜，そして3（2）では，集積とイノベーション・学習について説明する。3（3）では，日本における産業集積の実態とタイプ分けを，2006年版の中小企業白書から紹介する。そして近年では各地の産業集積は縮小傾向にある中，そうした状況を分析するためのツールとして，産業集積のライフサイクルの概念を紹介する。

　4.節の4（1）では，ポーターのクラスター理論について説明する。4（2）では，「実践コミュニティ」や「ソーシャル・キャピタル」などの概念を紹介する。社会学の分野にまたがる概念であるが，中小企業のネットワークを理解する上で，重要なテーマである。

2. 中小企業と企業間連携

(1) 中小企業とネットワーク組織

　中小企業が参加する連携には，多様なタイプが存在する。企業が他の組織と繋がることを，ネットワークという用語で表現することがあるが，その定義は

様々である。

　たとえば中小企業白書では，ネットワーク組織を「2つ以上の企業又は組織が，経営資源を共有し，外部効果を享受する目的で形成する継続的な関係」（中小企業庁 2003）と定義している。そしてこれまで日本経済を支えてきた下請取引関係（垂直連携ネットワーク）と，中小企業の間でも取組みが進展しつつある事業連携活動（水平連携ネットワーク）を分類している。

　「垂直連携ネットワーク」は，連携・ネットワークを組む企業同士の関係が，原材料や部品の供給者と購入者であるというように，取引がベースにある関係を指す。下請取引関係は，自動車などの組み立て産業を代表とした，製造業で多くみられてきた。

　下請とは，一般的には「特定の事業者に依存する程度が高く，その事業者の発注に応じて，その事業者の必要とする物品の全部または一部について，製作，加工，組立，修理などを行っているすべての場合のこと」を指す（中小企業庁 2012）。また，下請中小企業振興法においては，「下請中小企業」とは，「自社よりも資本金又は従業員数の大きい他の法人から，製品・部品等の製造・加工や，発注企業が他社に提供する役務等を受託している中小企業」とされている[1]。

　一方，「水平連携ネットワーク」は，ネットワーク参加者間の取引関係を基盤としていない。そして多くの場合は，構成メンバー間の対等性や平等を重視する緩やかな関係を築いている。

　中山は，ネットワーク組織を「2以上の組織または企業が独立性を保ったまま共通目的を達成するために形成する継続的な協力関係」と定義しており，その例として，図表4-1にあるように，任意グループ（異業種交流，農商工連携等），下請・系列組織，中小企業組合，商工団体（商工会議所・商工会），産学連携，業界団体，チェーン組織等を挙げている（中山 2017，pp.1-2）。

　それらの連携の目的も様々であり，経営情報や技術情報の獲得，販売先や仕入先の探索や確保，共同事業（共同受注，共同仕入，共同加工等），ライセンシング，資本・販売・技術提携，信用力の向上，政策提言等がある（中山

図表4-1　中小企業が参加・活用しているおもなネットワーク組織

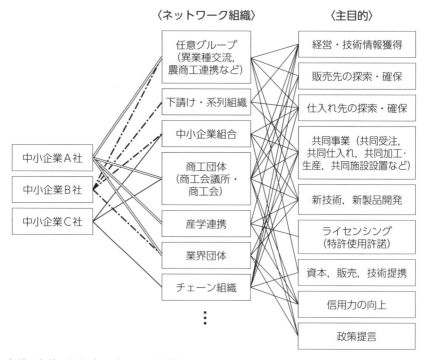

出所：出所：中山（2017）p.3より引用

2017，p.3）。

　図表4-1のネットワーク組織を見ると，その多様性が見て取れる。地域住民として，地元の商工会議所の会員になり，自社が立地する商店街の振興組合にも入り，自社の新商品のアイデアを得るために異業種交流や業界団体にも加入していることもあるだろう。そうした複数のネットワークの参加者の中には，小学校からの同級生がいることもあるであろうし，商店街の隣の店の経営者同士ということもあるだろう。一方，異業種交流では，あえて普段接する機会の少ない分野の参加者と知り合いになることもある。このように，1社の中小企業も，様々なネットワークに参加し，多様な方面でのつながりを持ちながら経営をしているといえる。

136

　以上のような，中小企業のネットワークや連携は，他社や機関とつながることで，ネットワーク内の様々な共通目的を達成することを可能にする。

　ネットワークの効果を経済学的な視点から見る西口は，ネットワークを「共通目的のために，「組織」の境界を越えて，公式・非公式を問わず，メンバーシップが限られた中で，意識的に調整された2人以上の人間の活動や諸力の体系である」と定義している（西口 2003，p.9）。この定義は，近代組織論の祖，バーナード（Barnard, C.I.）の組織の定義「組織とは意識的に調整された2人以上の人間の活動や諸力の体系」（Barnard 1938）をベースにしている。こう捉えることで，ネットワークがなければ遮断されていたであろう情報が，組織の壁を越えて流れるという点に注目する。さらに，ネットワークに参加することで得られるメリットとして①「評判」，②「中央からの公式な調整」，③「社会的埋め込み」，④「情報共有と学習」などが挙げられる（西口 2003）。

　①の「評判」効果は，外部の人が，そのネットワーク自体を信頼して評価している場合，そのネットワークのメンバーもそこに属しているということで，信頼を得られるというものである。②の「中央からの公式な調整」効果は，そのネットワークのコアとなる企業や組織が，メンバーのために設備やサービスを一元管理したり調整したりすることである。製造業ならば生産設備の共用や，展示会への共同出店などが挙げられる。③の「社会的埋め込み」効果は，そのネットワークがある地域社会のコミュニティがベースとなり，そこに"社会的に埋め込まれた"メンバーが有形無形のメリットをえることを示す。たとえば，コミュニティにおいて信頼が生み出されていれば，お互いを取引相手として監視したりする取引費用がかからなくて済むことになる。④の「情報共有と学習」効果は，メンバーが，情報や知識を共有し学習することが生まれるメリットである。メンバーでないと得られることができない濃密なコミュニケーションを通じて，相互学習が進み，知識創造に結び付く（西口 2003，pp.10-12）。

（2）連結の経済とネットワーク外部性

第3章において「規模の経済」と「範囲の経済」について紹介した。本節では，その後に続く新たな経済性としての「連結の経済」とそれに関連して「ネットワーク外部性」について説明していく[2]。

① 連結の経済

経済活動の基本的な判断基準として経済性という見方がある。かつては「規模の経済（economies of scale）」や「範囲の経済（economies of scope）」によるメリットが着目されてきた。その後，工業化時代から情報化時代へと移り変わり，大量生産から多品種少量生産へと生産の型が移ると，ネットワークの結びつきが生む経済性，つまり「連結の経済（economies of network）」が重要になってきた（宮沢 1988）[3]。

連結の経済では，情報やノウハウが核となり，組織間，主体間の結合によって，相乗効果，シナジー効果[4] などが発揮される。これはアウトプット面での効果である。また，インプット面でも，範囲の経済は企業内部の資源のみを活用するのに対して（内部資源），連結の経済では，外部資源の活用（「共有」要素の活用）が可能となる。したがって，連結の経済においては規模の経済や範囲の経済において重視された費用節約というものを超えて，それを上回る効果が期待される（宮沢 1998，p.54）。

このように，連結の経済が働く経済社会においては，企業や組織は，他と繋がりネットワークを築くことで，外部資源を活用するメリットに加えて，さらなる効果が期待できるといえる。したがって，自社の資源のみでは制約のある中小企業は，他の企業や組織とネットワークを構築することが重要になる。その実態については，中小企業白書（2020）の調査結果をもとに（3）で説明していく。

② ネットワーク外部性

連結の経済においては，ネットワーク外部性が働く。ネットワーク外部性と

は，ネットワークに参加するメンバーの数が増えれば増えるほど参加メンバーにとっての効用が増えることを指す[5]。たとえば，無料のフリマアプリ「メルカリ」では，不要なものをアプリやPCを通して売ったり，他の利用者から欲しいものを買ったりすることができる。このような取引サービスのアプリでは，参加者が多ければ多いほど出品者の数も増え，売買するものの種類が多くなるうえに，購入してくれる可能性も高くなる。反対に，アプリの利用者が少なければ，そのアプリを見る人の数も少なく，出品者も少なく，購入してくれる可能性も低くなり，また欲しいものを見つける可能性も低くなる。

　同じようにLINE，facebook，Instagram，TwitterなどのSNS（Social Networking Service）においても，利用者が多ければ多いほど，情報交流が盛んになり，そのサービスの質や利便性が向上し，サービスの価値が増大する。

　メルカリやSNSのこのようなメリットは，ネットワーク外部性の直接的効果である。一方で，ネットワーク外部性には，間接的効果もある。これは，ある製品やサービスの利用者が増えるほど，それに付随した製品やサービス（補完財）が多く開発され，その製品やサービスの利用者の利便性が上がることを指す。たとえば，iPhoneの利用者が増えれば増えるほど，iPhoneで利用できるアプリやアクセサリ等も多く開発され，iPhone利用者は多くのコンテンツやサービスを楽しむことができるようになる。

　次項では，中小企業の連携についての実態をみていくことにする。

(3) 中小企業と連携

　ここでは，日本における中小企業の連携についての実態調査の結果を見ていく。中小企業白書（2020年版）では，中小企業の外部連携の実態について，図表を用いて説明をしている。なお，ここでは連携の深さを基準に，3つの類型（「業務委託（アウトソーシング）」，「業務提携（パートナーシップ）」，「資本提携」）で分析をしている。

　図表4-2をみると，製造業と非製造業では，連携の内容が異なることがわかる。たとえば製造業では，「生産」，「物流」および「研究開発」の分野で外部

図表4-2　分野別，外部連携の取組状況（2013年以降）

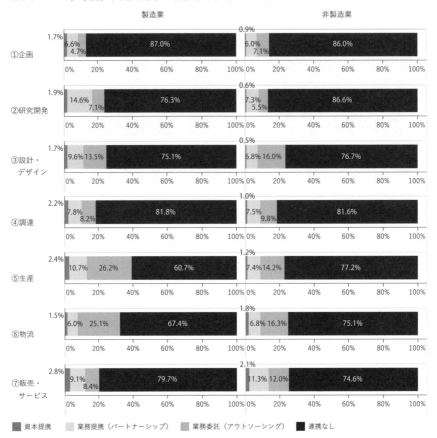

（注）1. 外部連携の実施状況について，分野ごとに「自社の事業領域の範囲外である」と回答した者は除外して集計している。
　　　2. ここでの「業務提携（パートナーシップ）」とは，特定の分野に限定して他社と業務上の協力関係を持つことを指す（具体的には，技術供与，共同開発・調達・物流・生産，販売提携，他社施設利用，人材交流などが該当する）。
　　　3. 各回答数（n＝製造業/非製造業）は以下のとおり。①企画：n＝1,565/1,331，②研究開発：n＝1,572/1,218，③設計・デザイン：n＝1,597/1,282，④調達：n＝1,710/1,342，⑤生産：n＝1,755/1,279，⑥物流：n＝1,627/1,295，⑦販売・サービス：n＝1,663/1,502。
資料：㈱東京商工リサーチ「中小企業の付加価値向上に関するアンケート」
出所：中小企業庁（2020），p.Ⅱ-116

と連携している割合が高い。一方，非製造業では「生産」，「物流」に加えて，「設計・デザイン」，「販売・サービス」の分野での連携も進んでいる一方，「企画」，「研究開発」，「調達」分野で連携する企業の割合は低い（中小企業庁2020，pp.316-317）。

　それでは，中小企業が外部と連携することで，労働生産性はどのように変化するのであろうか。図表4-3は，分野別・外部連携の取組み状況別に，企業の労働生産性の変化を見たものである。これを見るとわかるように，製造業では「研究開発」や「調達」の分野で「連携あり」が「連携なし」と比較して労働生産性の上昇幅が大きい。非製造業では，全分野において「連携あり」が「連携なし」と比較して，労働生産性の上昇幅が大きいことがわかる。特に「設計・デザイン」，「企画」，「生産」分野でその差が大きくなっている。

　上記のグラフから，中小企業の外部連携は，製造業と非製造業では目的や労働生産性の向上に違いがあることがわかった。製造業では研究開発分野やアイデアや発想の補完をする目的で外部連携を活用する企業はまだ少ないものの，そうした分野や目的で外部連携を活用した場合，労働生産性の上昇幅が大きいことが明らかになった。一方，非製造業では，外部連携を活用した場合，全ての分野において，企業は労働生産性の上昇幅が大きいことが見て取れる。

　こうしたことから，自社のみの経営資源では企業活動に制約がある中小企業にとっては，外部の企業や機関と連携することで，自社に対しての様々なメリットがあることがわかる。その背景には，他社との情報共有が可能になることや，人脈が生まれること，そしてそうした交流の中で学習の機会を得ているということもできる。この点について，連携やネットワークへの参加者は，自分が「日常的に所属する組織の境界を往還しつつ，自分の仕事・業務に関する内容について学習・内省する（中原2012，p.186）」という"越境学習"の機会を得ていると考えることもできる。

　中原によれば，職場学習が上司，同僚，部下との相互作用による経験学習と内省サイクルで学びが深まるのに対して，越境学習は，「組織外において行われる学習」であって，多くの場合，組織の定める就業時間外において個人の自

141

図表4-3　分野別・外部連携の取組状況別，労働生産性の変化

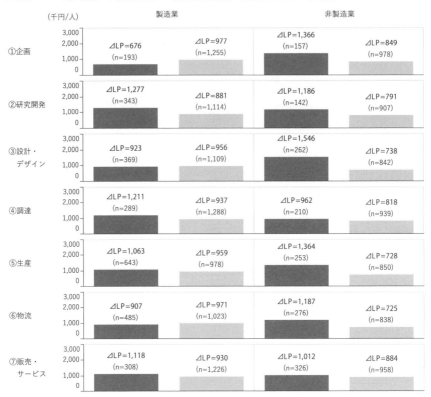

(千円/人)　　　　　製造業　　　　　　　　　　　　非製造業

①企画

②研究開発

③設計・デザイン

④調達

⑤生産

⑥物流

⑦販売・サービス

■ 連携あり　　■ 連携なし

(注) 1. 労働生産性＝(営業利益＋人件費＋減価償却費＋賃借料＋租税公課)÷従業員数。
　　 2. ⊿LP (労働生産性の変化) とは，2018年時点と2013年時点の労働生産性の差のことをいい，平均値を集計している。
　　 3. 労働生産性の変化上位5％値以上の企業及び95％値以下の企業は外れ値として除外している。
資料：㈱東京商工リサーチ「中小企業の付加価値向上に関するアンケート」
出所：中小企業庁 (2020)，p.II-117

由意思によって生起する (中原 2012，p.186)。したがって，中小企業のネットワークへの参加は，越境学習の場にもなっていること，そしてそれがイノベーションをもたらす可能性があると考えることができる。

2（3）では，中小企業が様々なネットワークに参加することで得られる効果について見てきた。最後に述べた越境学習やイノベーションについては，次のコラムで，地域イベントの事例をもとに考察していこう。業種や規模が様々な中小企業が，仲間と一緒にイベントに参加することで，どのようなメリットを感じるのであろうか。

コラム　ネットワーク参加の事例：墨田区のオープンファクトリー「スミファ」

　「スミファ（すみだファクトリーめぐり）」は，一般の人が墨田区の町工場を巡って，職人と話し，技術に触れ，ものが作られていく"現場"を肌で感じることのできるイベントであり，2019年で第8回を迎えた。墨田区の多様な産業構造を示すように，印刷業，金属加工，ガラス加工，ウレタン加工，鋳造，革漉き，プレス加工，裁断加工など，実に多くの業種や工程にわたる企業が参加している。それぞれの企業が工場見学，ワークショップ，ツアー，物販，スタンプラリーなどに参加しており，2019年開催の第8回では，土日の2日間で約4,000人の来場者があった[6]。

　イベントの実行委員会は，事前に参加企業が知り合いになるため場を提供し，仲間づくりを積極的に後押ししている。そうした交流の中で，まったく業種の異なる企業を来場者が訪問し，1つのモノを作り上げるワークショップのアイデアなども出てくる。たとえば，ガラスの博物館でリンゴの形をしたガラスのハンコを作り，ウレタン加工の会社でリンゴの形をしたウレタンのケースを購入し，鋳造工場で真鍮の葉っぱを作るというコラボ企画が実施された。多様な業種の企業が参加するスミファだからこその企画である。

　中小企業がスミファに参加する目的は，「自社のことを知ってもらいたい」という想いが共通である。プレス加工であれば，一般の人には知られていない工程を担っている。また，OEM生産を行っている革小物メーカーであれば，自社の名前が外に出ることはない。鋳造業も，一般消費者は最終商品を

撮影：スミファ実行委員会

見ているだけであって，鋳物がどのように作られて，どのような役割を持っているのか，知る機会は少ない。こうしたことから，中小企業は自社の事業や魅力をアピールするために，オープンファクトリーに参加している。

そしていざ参加してみると，他にも効果があることを実感する企業が多い。スミファの場合であれば，①社員への教育効果，②地域へのPRや交流，③受注につながる，④採用につながる，の4つが挙げられる。

1つ目の社員への教育効果とは，は，オープンファクトリーをきっかけに，社外の人とのネットワークに参加することで，社員の教育に役立ったという点である。モノづくり企業の場合，職人は普段，取引先以外の人と交流する機会はほとんどない。しかし，スミファを通して，一般の来場者が，普段当たり前だと思っていた自分の仕事を見て感動し，とても喜んでくれる。自分の仕事は，土日にわざわざ時間を作って見に来てもらえるものであること自体が，新鮮な驚きなのである。来場者の生の声を聞き，自分の仕事に誇りを持てたり，来場者の質問に，より分かりやすく自分の仕事を説明するために努力をするようになる。こうしたことが，どの会社も挙げていた社員に対する効果である。すなわち，「一般の人からの直接的な評価」は，町工場の現場で働く社員にとっては大きな効果があることがわかる。また，ワークショップを企画したり準備する段階で社員を巻き込んでいくことも，効果がみられ

144

撮影：スミファ実行委員会

る。ワークショップを企画することで，自分の仕事の棚卸をすることができ
る。さらには，子どもや来場者にどのようにしたら喜んでもらえるだろうか
と，アイデアを出す習慣がつく。また，安全に見てもらうために，工場や工
房の整理整頓をするなど，周囲に気配りができるようになる。これらはすべ
て，社内のコミュニケーションが豊かになることにつながっている。

　2つ目の地域へのPRや交流とは，どのようなことだろうか。町工場は，普
段は何をしている場所なのか分かりづらいという声がある。昔から地元にあ
る工場でも，実は中に入ったことがないということが多い。一方で，住工共
生の意味からも，新住民や騒音を気にして戸を閉め切らざるを得ない工場と
地域住民の関係性の改善が望まれている。よって，オープンファクトリーを
開催することで，地域の町工場に足を運ぶきっかけができる。実際に鋳物工
場では，近隣の女性がスミファのチラシを見てきてくれた。そこで，近所で
このような鋳物・加工の工場があることを知り，その後，自宅のタンスの
取っ手が壊れてしまったので，何とか直せないかという話があった。社長と
相談して「何とかしよう」ということになり，うまく使い込んだ風合いまで
復元できた際には，とても喜んでくれたというエピソードがある。

　3つ目の受注につながるという点は，たとえばウレタンという多様な使途
のある素材を扱っている企業は，スミファ参加企業から商品の緩衝材として

注文を受けることに繋がっている。プレス加工企業は，スミファの前からこの会社に関心があった企業の人がスミファの際に来社し，即取引へとつながった例もある。このように，中小企業にとっては，オープンファクトリーというネットワークに参加することで，普段の取引では出会えない人達に出会うことで，越境学習の機会を得ることができ，様々なメリットへとつながることがわかる。

　最後に4つ目の採用につながるという点について説明しよう。当初の期待より効果があったと参加企業が実感することの1つに，採用への効果がある。後継者不足，採用の難しさに直面する町工場が多い中，オープンファクトリーに参加する企業も例外ではない。著名な就職ポータルサイトへの登録は，負担の割には効果が望めないケースもある。まして町工場は，関心があっても気軽に見に行くことはできないと思われているため，オープンファクトリーは門をくぐる意味でのハードルを下げるという点でも意義深い。外から見えにくい職人の仕事であればあるほど，直接仕事ぶりを目にして会社の雰囲気を知ってもらうことが，採用後のミスマッチを防ぐことにもつながる。実際に，ある参加企業は，ハローワークに問い合わせてきた人には，普段から工場見学をするように伝えているが，オープンファクトリーの開催日に来てくれることもあるという。その場で社内の雰囲気を知り，面接の予約ができることや，社員に質問ができることはお互いにメリットがあるといえる。ある印刷会社も，美術大学での企業説明会に行く際に，スミファに参加していることがよいアピールになると感じている。実際にグラフィック面で優秀な写真を複数名採用することができている。

3. 集積の理論と実態

（1）集積の理論の系譜[7]

　集積は，古くて新しい概念である。ここでは，ウェーバーやマーシャルなどの古典的理論を紹介し，その後，その流れを受けて発展した立地論，集積の利

益，ウィリアムソンの取引費用論などの系譜について説明をする。

　1.節で述べたように，中小企業は，取引先や従業員，顧客など，その企業が立地する地域に深く根差していることが多い。経済地理学や中小企業，地域経済，地域産業の研究分野などでも，ある一定地域内に企業が集まり，お互いに関連しあっている状態を産業集積と捉え，多くの研究がなされてきた。

　古くは，20世紀初頭に工業立地論を展開したウェーバー（Weber, A.）の研究がある。ウェーバーは，輸送費と労働費の節約としての「偶然集積」が形成され，さらには，ある特定の場所で生産機能が集積することにより「純粋（あるいは技術的）集積」が形成されるが，それにより地価の高騰が起こり，それが分散要因となって集積傾向が弱まると分析した[8]。ウェーバーの議論の特徴は，費用の最小化を目指す工場の立地を集積要因とみなしている点にある（Weber 1922）。

　これに対して，マーシャル（Marshall, A.）は，同業種の小規模企業が集積することで外部経済が発生することを指摘した。外部経済とは，ある経済主体（企業・消費者）の行動が，その対価を受けとることなく，他の経済主体に便益や利益を与えることである。たとえば，技術革新の可能性，技術伝播の容易性，補助産業の発達，特殊技能を持つ労働者の労働市場の存在などである。マーシャルは，集積することで得られる優位性に焦点を当てた。特に，経済主体が近くにいることでイノベーションを生み出す可能性が高まるという指摘は，その後の産業集積，クラスター研究にも大きく影響を与えている（Marshall 1890; 1920）。

　ウェーバーの流れは，主に立地論の分野で多様性を見せ，一方でマーシャルの流れはその含意の多様性から，様々な分野に影響を与えた。本章でとりあげるポーター（Porter, M.E.）は，両者の流れを統合し，生産性の向上とともにイノベーションへの刺激を与えるという観点から，クラスターの優位性を指摘した（Porter 1998）。ポーターのクラスター概念については，4.節でみていくことにする。

　また，「空間経済学」のクルーグマン（Krugman, P.）は，企業立地の移動，

集中立地のメカニズムを数理的に解明した。クルーグマンによると，生産の地域的集中の程度は，①規模の経済性，②輸送費，③天然資源賦与の制約を受けない「移動の自由な」生産の大きさの程度によって規定される。一般的には，規模の経済性の程度が大きい（収穫逓増）ほど，輸送費が安いほど，生産の移動の自由度が高いほど，生産は特定地域に大きな規模で集中することとなる。反対にそれらが逆であれば，各地に分散して小規模な産業集積が形成される（Krugman 1991）。

(2) 集積とイノベーション・学習

次に，集積の機能が，費用最小化や資金調達面でのメリットから，イノベーションや新規事業形成へのメリットへと移ったとする議論がある。たとえば，古典的産業集積からクラスターの時代へと以降するという立場である（山﨑 2002）。古典的集積は，ドイツのルール工業地帯や日本の四大工業地帯に代表され，その形成は，資源立地条件，交通条件，市場立地条件等により決定されてきた。特に日本における首都圏への工業集積は，非常に高い集積水準を維持してきた。しかし，グローバル化の進展により，上記の諸条件は優位性を低下させ，世界の中でのサプライチェーンをいかにして構築するのかが重要課題となってきた。すなわち，コアとなる競争力を企業が維持するためには，学習が必要であり，そのためには，対面でコミュニケーションをとることが重要で，そのことによる情報交換が重要となる。さらに，知識や情報は他の経済主体や大学・研究機関とのネットワーク関係の中で交換され，学習を行う風土が必要となる。この点は，ポーターのクラスター概念にもあるように，イノベーションへの刺激や新規事業への好影響という点で，クラスターの優位性といえる。

さらにポーターは，クラスターの進化と衰退を考えるにあたり，内部での硬直性によるイノベーションのペースの低下を指摘して，それを抑制するために，グレード・アップする必要性にも触れている。この背景には，「知識志向の時代（石倉 1999）」，「知識ベースの経済（中小企業庁 2000）」という考え方がベースにあるといえる。そしてそれが，いわゆるローカル・ミリュウ論や学

習地域論などである。ローカル・ミリュウ論は，イタリアのカマーニ（Camagni, R.）によって提示された概念であり，「ミリュウ」と呼ばれるローカルな環境（ここでは地域として捉えてよいだろう）は，集団的学習機能および不確実性低下機能を持つという考え方である。この研究は，新古典派経済学の影響を受けた既存研究から脱却し，不完全情報，限定合理性などの存在により，限定合理性を持つ経済主体が「ローカル・ミリュウ」において直面する不確実性を低下させる機能があると主張した（Camagni 1991）。

　その後，フロリダ（Florida, R.）による学習地域論は，地域を知識創造の場と考え，既存の大量生産地域との違いを比較し，学習地域における知識，企業間ネットワークなどをキー概念とした（Florida 1995）。またフロリダは，芸術家，作家，エンターテイナー，音楽家，デザイナーなどのクリエイティブ・クラスと呼ばれる創造的・知的職業を担う人たちが魅力あるまちに集まり，そこで創造活動を行うことで，その地域が活性化すると指摘した（Florida 2007）。このように，創造性に富んだ地域の風土が知識産業集積には重要だという主張である。こうした集積に関する研究の流れについて友澤は，偶然的に企業が集積する段階から，産業地区を経て，不確実性低下機能と集団的学習過程を備えたイノベーション・ミリュウへと深化することを「クラスター戦略」として捉えた（友澤 2002）。

　以上のように，集積に関する研究は，企業等が集まることで得られる費用削減効果から，情報交換や学習をキーワードにして，イノベーションへの効果などに着目する流れへと展開してきたといえる。

(3)　日本における産業集積の実態

　ここまで集積の理論の系譜についてみてきたが，ここでは，日本における産業集積の実態についてみていくことにする。

　産業集積とは，地理的に接近した特定の地域内に多数の企業が立地するとともに，各企業が受発注取引や情報交流，連携等の企業間関係を生じている状態のことを指す（2006年版 中小企業白書）。

図表4-4　産業集積の類型

類型	特徴	代表的な地域の例
企業城下町型集積	特定大企業の量産工場を中心に，下請企業群が多数立地して集積を形成。	広島地域（マツダ）豊田市周辺地域（トヨタ自動車）北九州地域（八幡製鉄所：現在の新日本製鐵）など
産地型集積	消費財などの特定業種に属する企業が特定地域に集中立地して集積を形成。地域内の原材料や蓄積された技術を相互に活用することで成長。	燕・三条地域（金属洋食器，刃物）鯖江地域（めがね）旭川市周辺地域（家具）など
都市型複合集積	戦前からの産地基盤や軍需関連企業，戦中の疎開工場などを中心に，関連企業が都市圏に集中立地して集積を形成。機械金属関連の集積が多く，企業間分業や系列を超えた取引関係構築の例も多い。	城南地域太田地域諏訪地域浜松地域東大阪地域など
誘致型複合集積	自治体の企業誘致活動や工業再配置計画の推進によって形成された集積。集積内部での連携が進んでいないケースあり。	北上川流域地域甲府地域熊本地域など

出所：中小企業庁（2006）より筆者作成

　産業集積はその形成の歴史的背景や特徴によっていくつかのタイプに類型化することができる。中小企業白書（2006年版）では，①企業城下町型集積，②産地型集積，③都市型複合集積，④誘致型複合集積の4類型に分類している（図表4-4）。

　これらの集積は，それぞれの地域の特性を持って形成され，発展してきた。しかしながら東アジア等の海外への量産シフトや，国内需要の低迷，グローバル競争下での業績悪化などを理由に国内の集積は従来のような強みの維持が困難になってきている。個々の企業の業績の悪化や企業数の減少などが起きると，以前のように地域内で取引が完結しなくなるケースも出てきており，集積の崩壊も指摘されている。

　一方で，そうした産業集積の構造変化を簡単に「産業空洞化」と呼ぶのではなく，「日本国内を範囲とした地域分業生産体制」のもと，国内完結型の産業構造の枠組みが崩れ，「東アジア大の地域分業生産体制」へと展開しているに

図表4-5　産業集積のライフサイクルとその関連要素モデル

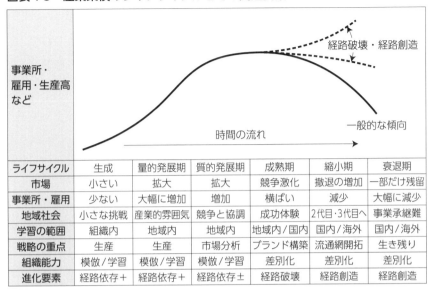

ライフサイクル	生成	量的発展期	質的発展期	成熟期	縮小期	衰退期
市場	小さい	拡大	拡大	競争激化	撤退の増加	一部だけ残留
事業所・雇用	少ない	大幅に増加	増加	横ばい	減少	大幅に減少
地域社会	小さな挑戦	産業的雰囲気	競争と協調	成功体験	2代目・3代目へ	事業承継難
学習の範囲	組織内	地域内	地域内	地域内/国内	国内/海外	国内/海外
戦略の重点	生産	生産	市場分析	ブランド構築	流通網開拓	生き残り
組織能力	模倣/学習	模倣/学習	模倣/学習	差別化	差別化	差別化
進化要素	経路依存＋	経路依存＋	経路依存±	経路破壊	経路創造	経路創造

(注) 同一製品の産業集積地域を想定しており，製品転換によるケースを除いている。
　　　なお，経路依存＋は，経路依存性の正の効果を意味し，成熟期以降も部分的には存
　　　在し続けると仮定している。
出所：遠山（2009）

過ぎないという指摘もある（渡辺2011）。

　こうした集積の生成から発展，そして縮小へという流れは，集積のライフサイクルという視点で見ることができる。図表4-5は，これを図にしたものである。

　これを見ると，集積にも生成，量的発展期，質的発展期，成熟期，縮小期，衰退期があり，それぞれの段階で市場，事業所・雇用，地域社会，学習の範囲，戦略の重点，組織能力，進化要素のポイントが異なることが分かる。こうして対象地域の集積がどの時期にあるのかによって，問題点や課題が見えてくるであろうし，複数の地域の比較も分析しやすくなる。なお，経路依存というのは，人や組織が，過去の決断に制約を受けるという考え方で，そうして経験してきたことが，組織ルーティーン化し，それがポジティブに働く時期と，ネ

ガティブな効果をもたらすことがある。特にイノベーションが必要な時期には，経路破壊をおこし，経路創造へと進化していくことが重要になる。

　産業集積がグローバル競争に置かれる中，集積の存在意義が大きく影響を受けるのは当然である。よって，その発展段階と構成要素，その相互作用などを分析し，次なるプロセスへの予測に役立てることができる（遠山 2020）。

4. クラスターと地域コミュニティ

(1) ポーターのクラスター理論

　ここでは，ポーターのクラスター理論を紹介する。ポーターは，クラスターを「ある特定の分野に属し，相互に関連した，企業と機関からなる地理的に近接した集団である。これらの企業と機関は，共通性や補完性によって結ばれている」と定義している（Porter 1998）。また，「特定分野における関連企業，専門性の高い供給業者，サービス提供者，関連業界に属する企業，関連機関（大学，規格団体，業界団体など）が地理的に集中し，競争しつつ協力している状態」とも述べている。

　グローバル化の進展により，集積の利益が低下する中，企業にとってはむしろフェイス・トゥ・フェイス・コミュニケーションによる知識・情報交換が重要となる。また，クラスターにおけるイノベーションへの刺激や新規開業への好影響などにも触れている点が，ポーターのクラスター概念の特徴である。

　ところで，3.節でもみてきたように，集積に関しての研究は古くからなされてきている。それではなぜ，1990年代後半になり，クラスターが注目を集めることになったのであろうか。

　ある地域における企業が競争優位を確立し，他の地域における企業が競争優位を確立していないのはなぜか。企業を取り囲む高次の環境であるクラスターが，企業の競争優位に対してどのような影響を及ぼしているのであろうか。ポーターは，このような問題を提起し，クラスターの役割を示したことで，企業の地理的な集積であるクラスターへの関心が急速に高まった。

図表4-6 産業クラスターのダイヤモンド・モデル（立地の競争優位の源泉）

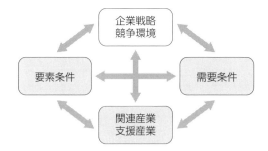

出所：Porter（1998），p.83

　このような視点からすると，従来の産業ごとの分類とは異なり，クラスターを構成する企業や機関の関係性，連携の在り方などに注目することが可能になる。ポーターは，立地の競争優位の源泉をダイヤモンド・システムとして捉え，クラスターの構成要素として，要素条件，需要条件，関連産業・支援産業，企業戦略・競争環境の4つが，いかに組み合わさりダイナミックな企業環境を提供していくのかに注目した。4つの構成要素を示したダイヤモンド・モデルが図表4-6である。

　需要条件は，高度で要求水準の厳しい地元顧客の存在に左右される。こうした顧客がいると，別の場所でのニーズを先取りする必要性がでてくる。需要条件は，企業が模倣性の強い艇品質な製品やサービスから，差別化に基づいた競争に移行できるかどうかを左右するものである。

　要素条件（投入資源）は，天然資源，人的資源，資本，物理的インフラ，行政インフラ，情報インフラ，科学技術インフラなどの「生産要素の量とコスト」のことである。生産要素の品質や専門家が，その地域の企業等の生産性を向上させる要素になる。

　企業戦略・競争環境は，適切な形態での投資と持続的な進化を促すような地元の状況のことである。ポーターは，先進的な経済へと移行するためには，地元に激しい競合関係が無くてはならないと指摘している。競争は模倣からイノベーションへ，小規模な投資から大規模な投資へと移行する必要があるという。

図表4-7　クラスター効果相関図

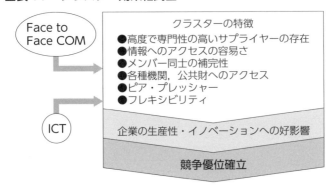

出所：許（2018），p.18

　関連産業・支援産業は，有能な地元の供給業者の存在や，競争力のある関連産業の存在のことである。

　このダイヤモンド・モデルは，これらの4つが立地の競争優位の源泉となり，企業やその地域のイノベーションを促進すると主張する。

　図表4-7は，この4つの要素が企業にどのような影響を与えるかを示している。図の「クラスターの特徴」の部分（ダイヤモンド）の要素がクラスター内に立地する企業の生産性の向上やイノベーションへ影響を与え，企業の競争優位確立へと繋がる。ダイヤモンドは近接性のメリットであるフェイス・トゥ・フェイスのコミュニケーションによって支えられている。またポーターは，どの業界に属していても最新技術の活用により知識集約的たりうるという指摘から，ICT（Information and Communication Technology）の重要性を指摘した。

　ポーターのクラスター概念の特徴は，生産性向上やイノベーションの可能性といった観点から集積を説明しようとした点に特徴があるといえる。

　ここでのイノベーション概念の特徴は，新しい顧客ニーズや製品情報の入手によりイノベーションの必要性やチャンスを見抜くことを可能にすること，かつ「そうした洞察に基づいて迅速に行動するためのフレキシビリティと能力が得られる（Porter 1998）」という点にある。このようにイノベーションの概念

154

が新製品開発のみではなく，漸進的イノベーションの意義も高く評価している点は注目に値する。よって，日本がモノづくりで得意としてきたカイゼンなどの日々の努力にも適用できる概念であるといえる。

(2) 地域コミュニティとソーシャル・キャピタル

　本章の冒頭で，中小企業は地域とのつながりが深いということを指摘した。ここでは，その点について，ソーシャル・キャピタルという概念を用いて説明する。(1) のクラスター理論の紹介でも見てきたように，中小企業は立地する地域の様々な企業や機関などと関係を構築し，ネットワークに参加して効果を享受していることがわかった。こうした点について，より具体的に地域の実態を見ていく中で，地域の人々の活発な相互交流が行われている点が指摘できる。これをコミュニティの理論からみると，「実践コミュニティ」が形成されているということができる。実践コミュニティとは，「あるテーマに関する関心や問題，熱意などを共有し，その分野の知識や技能を，持続的な相互交流を通じて深め合っていく人々の集団（Wenger, et. al 2002, p.33）」と定義される。そして「彼らは必ずしも毎日一緒に仕事をしているわけではないが，相互交流に価値を認めるからこそ集まるのである。彼らは一緒に時間を過ごしながら，情報や洞察を分かち合い，助言を与え合い，協力して問題を解決する。‥‥彼らはどのような形で知識を蓄積するのであれ，共に学習することに価値を認めていけるからこそ，非公式なつながりを持つのである（同上，p.34）」と指摘している。つまり，実践コミュニティは，会社などのような明確な組織ではなく，自分が所属する企業という境界を越えて築くケースも多い。こうした仲間が地域にいることで，ポーターの指摘するフェイス・トゥ・フェイス・コミュニケーションが実行され，インフォーマルな関係の中から，イノベーションへの刺激を受け，企業の生産性向上やイノベーションの実践へと結びつく機会が出てくると考えられる。

　このように，自分の所属する組織以外の場所で居場所をつくり，相互交流をする中で，「ソーシャル・キャピタル」が形成されてくる。ソーシャル・キャ

ピタルとは，パットナム（Putnam, R.）によれば「人々の協調行動を活発にすることによって社会の効率性を高めることができる，「信頼」「規範」「ネットワーク」といった社会組織の特徴」（Putnam 1993）である。社会関係資本とも訳され，産業集積や地域経済，クラスターの発展にとって，重要な要素だと考えられている。具体的には，「信頼」があると取引先を疑って色々と調べたりするコストが削減できる（取引コストの削減）。また，信頼は「知っている人に対する厚い信頼」と「知らない人に対する薄い信頼」に区別ができ，後者の方が自発的な協力や協調が促進されるという点も興味深い。

2（3）のコラムで紹介した「スミファ」の事例においても，オープンファクトリーの参加企業がネットワークを築いて交流する中で，スタンプラリーやコラボレーション企画を実現している。そうして仲間になったメンバー同士は「信頼」が生まれ，実際に取引が始まったケースも出てきている。

また，パットナムが重視した「規範」は，相互依存的な利益交換といった互酬性などのことである。それも同等の価値の交換（均衡のとれた互酬性）と均衡の取れていない価値の交換（一般的な互酬性）に区別され，後者の方が，短期的には自分の利益にはならない（利他心）が，長期的に見たらお互いの利益を高めるだろうという利己心にもとづいている。

最後に「ネットワーク」では，垂直的ネットワークと水平的ネットワークが区別され，後者が密になるほど，相互利益に向けて幅広く協力する。これについてグラノベッター（Granovetter, M.）は，家族や親友のような「強い紐帯（ちゅうたい）」よりも，頻繁に会うことのない知人などの「弱い紐帯」の方が，新たな発見や有益性の高い情報交換が可能になると述べている（Granovetter 1973）。

このように，中小企業は，参加しうる様々なネットワークの中で，通常の仕事だけでは知り合えないような仲間と出会い，新たな刺激を受けて，学習やイノベーションへとつなぐ機会を得ることができるといえる。それは，取引が始まったという直接的な効果のケースもあるであろうし，地域に仲間ができたことで，そこから人脈が広がったり，取引や商品開発，採用など多方面の可能性

が広がることも期待できる。すなわち，ネットワークや集積，クラスターの経済的価値のみならず非経済的な価値をも理解する上で重要なテーマであるといえる。

5. まとめ

＊中小企業は，単独では経営資源に制約があるため，他の企業や機関とつながることで経営資源を補完することも選択肢の一つである。

＊中小企業のネットワーク組織は「垂直連携ネットワーク」と「水平連携ネットワーク」に分類される。後者は多様なタイプが存在し，同時に様々なネットワークに参加していることも多い。

＊中小企業の連携の実態調査によると，製造業と非製造業では目的や労働生産性の向上に違いがみられる。

＊日本の産業集積には様々なタイプがあり，時代とともに集積の機能も変化してきた。集積のライフサイクルという考え方もある。

＊集積に関する理論は，コストや資金調達のメリットという視点から，イノベーションや新規事業形成へのメリットへと移ってきた。ポーターのクラスター理論も後者の1つである。近年では，地域コミュニティやソーシャル・キャピタルなどの視点も重要になっている。

さらなる学習のために

① 情報通信技術（ICT）の発展により，中小企業のネットワークはどのように変化している，そして今後どのように変化するだろうか。考えてみよう。

② あなたの身近な地域や，あなたの知っている企業で，ネットワークでつながっている事例はあるか調べてみよう。そしてそこにはどのような課題やメリットがあるか，考えてみよう。

(注記)
(1) 渡辺（1983）は，下請関係を理論的に要約して表現するならば，資本主義の独占段階での「対等ならざる外注関係（北原 1955）」であると述べている（p.52）。
(2) 宮沢（1998）では，規模の経済性，範囲の経済性，連結の経済性のように，「経済性」という用語を用いている。ここでは，一般的に用いられる「経済」という用語で統一することにする。
(3) ここでは連結の経済はネットワークの経済と同意と考えてもよいだろう。
(4) 相乗効果。それぞれの各部分を結合したときに，その総和よりも大きな協働的成果が生まれること。
(5) ネットワーク外部性についてはKatz and Shapiro（1985; 1994）に詳しい。
(6) 2020年度は，コロナウィルス拡大の影響でオンライン開催となった。
(7) ここでの議論は，許（2018）に詳しい。
(8) 偶然集積の例は，希少資源の原料地に立地する工場群が，お互いに無関係に集積している場合であり，純粋集積の例は，コンビナートのように技術的・経済的利益を目的として企業が集中し，成立したものである（柳井 2002）。

【参考文献】
石倉洋子（1999）「イノベーションの視点から見たポーター理論の動向」『ダイヤモンド・ハーバード・ビジネス』February-March, pp.46-53.
許伸江（2020）「中小企業とオープンファクトリー――墨田区の「スミファ」の事例からみる越境学習と地域交流」『商工金融<2020年2月号>』一般財団法人商工総合研究所.
許伸江（2018）『クラスターの進化とネットワーク：ファッションクラスター「東大門市場」と「原宿」の比較制度分析』税務経理協会.
財団法人中小企業総合研究機構（2003）『産業集積の新たな胎動<中総研叢書3>』同友館.
中小企業庁編（2000）『中小企業白書 2000年版』大蔵省印刷局.
中小企業庁編（2003）『中小企業白書 2003年版』ぎょうせい.
中小企業庁編（2006）『中小企業白書 2006年版』ぎょうせい.
中小企業庁編（2020）『中小企業白書 2020年版』日経印刷.
中小企業庁（2012）『下請中小企業振興制度について』.
    https://www.chusho.meti.go.jp/koukai/shingikai/miraibukai/2012/

download/1010Haifu-3.pdf（2012年6月5日最終閲覧）

遠山恭司（2009）「日本とイタリアにおける産業集積比較研究―持続的発展のための経路破壊・経路創造」『三田学会雑誌（慶應義塾大学）』101（4），pp.715-739.

遠山恭司（2020）「福井県鯖江市の眼鏡産業集積」長山宗広編『先進事例で学ぶ地域経済論×中小企業論』ミネルヴァ書房.

友澤和夫（2002）「学習・地域とクラスター」山崎朗編『クラスター戦略』有斐閣，pp.32-52.

中山健（2017）「企業のネットワーク組織とその特質」関智宏・中山健編『21世紀中小企業のネットワーク組織』同友館.

西口敏宏（2003）『中小企業ネットワーク：レント分析と国際比較』有斐閣.

宮沢健一（1988）『業際化と情報化　産業社会へのインパクト』有斐閣

柳井雅人（2002）「ウェーバーの工業立地論」松原宏編『立地論入門』古今書院.

山崎朗編（2002）『クラスター戦略』有斐閣.

渡辺幸男（2011）『現代日本の産業集積研究―実態調査研究と論理的含意』慶應義塾大学出版会.

Barnard, C.I. (1938) *The functions of the Exeutive.* Cambridge, MA and London: Harvard University Press.（山本安二郎・田杉競・飯野春樹訳『新薬・経営者の時代』ダイヤモンド社，1968年）

Camagni, R. (1991) 'Local 'Milieu', uncertainty and innovation networks: towards a new dynamic theory of economic space, Camagni (ed.) I*nnovation networks: spatial perspectives*, Belhaven Pressm pp.121-144.

Florida, R. (1995) "Economic Action and Social Structure: The Problem of Embeddedness *American Journal of Sociology* 91(3), pp.481-510.

Florida, R. (2007) *The flight of the creative class: The New Global Competition for Talent*, Harper Business.（井口典夫訳『クリエイティブ・クラスの世紀』ダイヤモンド社，2007年）

Granovetter, M. (1973) *The Strength of Weak Ties*, American Journal of Sociology 78, pp.1360-1380.

Katz, M.L. and Shapiro, C. (1985) "Network externalities, competition, and compatibility", *The American Economic Review* 75(3), pp.424-440.

Katz, M.L. and Shapiro, C. (1994) "Systems competition and network effects", *Journal of Economic Perspectives* 8(2), pp.93-115.

Krugman, P. (1991) *Geography and Trade*, Cambridge, MA: MIT Press.（北村行伸・

高橋亘・妹尾美起訳『脱「国境」の経済学』東洋経済新報社，1994年）

Marshall, A. (1890) *Principles of Economics*, London: The Macmillan Press. （馬場啓之助訳『経済学原理』東洋経済新報社，1965年）

Marshall, A. (1920) *Industry and trade*, London: Macmillan and Co. （永澤越郎訳『産業と商業』全三巻，岩波ブックセンター，1986年）

Putnam, R. (1993) *Making Democracy Work: Civic Traditions in Modern Italy*, Princeton University Press. （河田潤一訳『哲学する民主主義—伝統と改革の市民的構造』NTT出版，2001年）

Porter, M.E. (1998) "*On Competition*," Cambridge, MA: Harvard Business School Press. （竹内弘高訳『競争戦略論Ⅱ』ダイヤモンド社，1999年）

Scott, A. (1998) *Regions and the World Economy*: The Coming Shape of Global Producion, Competition, and Political Order, Oxford: Oxford University Press.

Scott, A. (1988) *Metropolis*: From the Division of Labor to Urban Form. Berkley: University of California Press. （水岡不二雄監訳『メトロポリス：分業から都市形態へ』古今書院，1996年）

Storper, M. (1997) *The Regional World*: erritorial development in a global economy, New York: The Guilford Press.

Weber, A. (1922) *Sandort Der Industrien*, Verlag von JCB Mohr. （篠原泰三訳『工業立地論』大明堂，1986年）

Wenger, E., McDermott, R. and Snyder, W. (2002) *Cultivating Communities of Practice*, Harvard Business school Press. （野村恭彦監修『コミュニティ・オブ・プラクティス』翔泳社，2002年）

許　伸江

第 **5** 章

中小企業の経営者引退と事業承継・廃業

学習のポイント

① 経営者も年をとる，では，経営者の高齢化が進む中小企業は次世代の担い
手を確保できているのかについて探る。
② 事業承継が円滑に進行していくには何が重要なのかを探る。
③ 日本の中小企業の事業承継が上手くいかない場合，日本経済全体にどのよ
うな事態が想定されるのか考える。
④ 廃業という悲しいものとして捉えられることが多い現象の実態を探る。
⑤ 企業倒産とは何か，倒産の実態とそれを回避するために企業が留意するべ
きことは何かを探る。

1. はじめに

第2章，第3章では企業，そして経営者の誕生とその後の成長の過程の課題
についてみてきた。本章及び次章では企業において経営者がその地位を退くと
きの課題についてみていくこととする。

当然ながら経営者も永遠の存在ではない。いつの日か，経営を退くときが来
る。経営者が経営から引退するとき，事業承継や廃業，企業の売却という大き
な選択に迫られる。

日本の高齢化とともに中小企業の経営者も高齢化しており，経営者の引退と
それに伴う事業承継等は中小企業にとって大きな課題となる。

第5章では，経営者の高齢化を背景とした事業承継と廃業の状況について考
察するとともに，中小企業においては，廃業のひとつの姿形として実質的にと

らえることができる「倒産」について考察することとする。

2. 中小企業経営者の引退と企業の選択肢

　着実に進みつつある日本の人口構成の高齢化とともに日本の就業者の年齢構成も高齢化してきている。その中で中小企業の経営者の高齢化も進んでいる。そして，そのペースは就業者全体よりも，また大きな企業の経営者よりも速い（図表5-1）[(1)]。

　経営者は年をとる，そして，一般的に年齢とともに人は体力と気力が落ちるものであるし，長く仕事をしていれば飽きも来るというのも否定できない。従ってあるとき，経営者の脳裏に「引退」という言葉がちらつくことがあるのも首肯できる。

　ただ，給与所得者と異なり経営者の場合，自身が引退するとき，自分の都合だけで処分できないものが残る。それは自らが運営してきた事業である。これを放置するということは，今まで蓄積してきた従業者等の人的資源，機械設備等の物的資源，そのほか目に見えない経営ノウハウ，取引先との信頼関係等の経営資源すべてを放棄するということになる。それを避けるためならば，引退時に経営資源の総体としての企業を承継する者を引退前の経営者は決めるであろう。事業承継である。

　しかしながら，注意しておかなければならないことは，経営者のすべてがそうする（できる）わけではないことである。もし，携わってきた事業が先行きのないものであれば，事業承継はできない。また，事業者自身の才能等に基づく事業（英語の家庭教師，ピアノ教室）などでは事業の承継自体考えられない。

　ということで，経営者の引退のあと，十分にありうる道として事業を止めること，つまり「廃業」ということも有力な選択肢なのである。

　以下では，それらの経営者の選択肢に係る様々な論点について考察することとする。

図表5-1　年代別に見た経営者の分布の推移

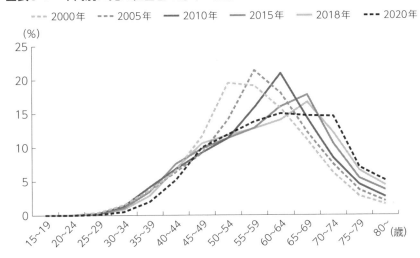

資料：㈱帝国データバンク「COSMOS2（企業概要ファイル）」再編加工
出所：中小企業庁（2021），p.306

　なお，経営者の引退後については事業を売却するという選択肢があるが，これについては第6章で論じることとする。

3. 経営者引退に伴う事業の承継

(1) 中小企業の喫緊の課題とされる事業承継

　中小企業に係る分析において事業承継が注目されるようになったのは，日本では1990年代からである[2]。2000年以降になると少子高齢化の進展により政策当局も本問題について中小企業についての中心的課題の一つとして取り上げるようになり，現在では中小企業施策の中心の一つとなっている。

　こうした中小企業の事業承継について，ここでは以下3つのテーマをあげる。

　第1は現役経営者の引退後における事業継続に対する考え方と事業承継の実態である。すなわち，現役経営者は自身の事業を承継してもらいたいのか否

か，それとも一代限りにしたいのか，事業を承継させたい場合，相手は決まっているのか，そして現実はどうなのか等である。

　なお，承継が決まっている場合，相手との間柄も注意しなければならない。企業の承継者としてまず考えられるのは，現在の経営者の子息や配偶者あるいは兄弟といった親族である（「親族承継」という）。しかしながら，親族承継だけが事業承継のパターンというわけではない。有能な従業員に事業を承継させる，あるいは企業外から経営者をスカウトすること（こうした親族外からの承継を「親族外承継」という）も考えられる。

　第2は事業承継の承継後のパフォーマンスについての分析である。確かな事業承継のために何が大切なのかがテーマである。

　第3は，事業承継が日本経済にとってどのような意味を持つかである。現在の中小企業政策においては，事業承継の円滑化は，最重要イッシューの一つである。では，その分野に政策の力点を置くのは何故かということである。

(2) 現役経営者の後継者確保

　後継者の確保の状況について日本政策金融公庫の調査結果をみると（図表5-2），50歳代の経営者のうち，後継者が決まっている（後継者本人も承諾している）「決定企業」は8.9%，70歳以上でも「決定企業」は18.6%に過ぎない。これに対して「未定企業」は各年代で2割程度存在する。後継経営者を見つけることは経営者にとって容易なことではない。

　というのは，後継者確保は現経営者と後継者の合意により初めて成り立つものであるからである。経営者が「息子に継いでほしい」と思っても，息子は都心の高層ビル勤めの方がよいとして，継ぐ気はない場合もある。そこで，従業員の中でこれはと思う者を後継者にしようとしても，「社長なんて荷が重すぎて，私にはとても‥‥担えません」と断られるかもしれない。

　また，図表5-2では50歳以上の層の経営者で，廃業予定の者が半分ないしそれ以上存在することも注意するべきである。彼らは事業を残すことをあきらめたのであろうか，この点については廃業企業の状況を見ることによってより

図表5-2　経営者年齢別事業承継の現状

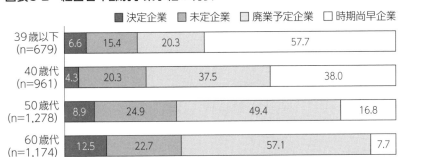

(注) 決定企業とは，後継者は決まっている企業。未定企業とは，①後継者にしたい人はい
　　 るが本人が承諾していない企業，②後継者にしたい人はいるが本人がまだ若い，③後
　　 継者の候補が複数おりだれを選ぶかまだ決めかねている，④現在後継者を探している，
　　 ⑤その他に該当する企業である。
出所：日本政策金融公庫総合研究所編（2020）

深い推測が可能であるが，それについては4.節で述べることとする。

(3) 事業承継の担い手は誰か

　次に，事業承継した経営者の関係をみると（図表5-3），親族内承継が
55.4％，親族以外の役員・従業員承継が19.1％，社外の第三者への承継が
16.5％であり，親族内承継が主流である。しかしながら，国税庁「税務統計か
ら見た法人企業の実態」によると，資本金5億円未満の企業のうち97％は同
族会社[3]（2007年度），つまり中小企業のほとんど全ては同族企業ということ
を踏まえると，事業承継された企業のうち5割超が親族内承継という図表5-3
の数字は，同族企業が事業承継を機に非同族企業へと態様を変化させているも
のとして捉えることができる。

　なお，中小企業庁（1999）によると親族承継は63.5％であった。2つの統計
は調査方法が異なり単純に数字を比較することは出来ないが，事業承継を通し

図表5-3　事業承継した経営者と後継者の関係

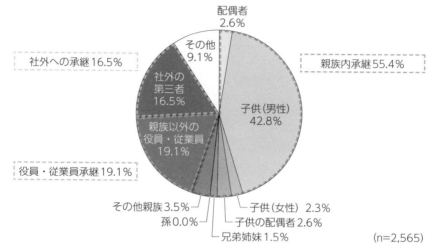

（注）引退後の事業継続について「事業の全部が継続している」，「事業の一部が継続している」と回答した者について集計している。
資料：みずほ情報総研㈱「中小企業・小規模事業者の次世代への承継及び経営者の引退に関する調査」（2018年12月）
出所：中小企業庁（2019），p.80

た同族会社の非同族化が少しずつ進展しているものと考えられる。

（4）事業承継の円滑な遂行のために何が必要か

① 事業承継のパフォーマンス分析

　親族承継の場合であっても，親族外承継の場合であっても少子化や「社長になりたくない」といった社会的な風潮の中で，承継者を決定するまでに経営者は様々な苦労をする。しかし，後継者を確保した経営者としては，やはり承継してくれた者に企業を上手く切り回してもらいたい。そのために注意するべきことは何かを次に見ておこう。

　事業承継のパフォーマンス分析においてまず注意するべきことは，事業承継の成果が出現するのは承継後すぐにではないということである。

　事業承継とは，承継によって生まれた新しい経営者が，既に存在し一定の経

営戦略に沿って動いている企業に組み込まれるということである。経営者の名前の書き換えという一瞬で終わることではなく，経営者が会社の一員として受け入れられ，初めて完了する時間のかかるものである。

　たとえば，中小企業白書（2019）では，事業承継発生企業の売上高，総資産や従業員数の成長率（事業承継がなかった企業との差）で見たパフォーマンスが，事業承継直後から年が経つにつれて高くなっていくことが確認されている[4]。

　このことを踏まえ，承継時の状況と事業承継のパフォーマンスの関係を見ていこう。

　まず，被承継企業の承継前の収支，財務状況と承継後のパフォーマンスの関係について見ていく。過去の分析では安田（2008），大体予測できるように収益赤字でなく，資産超過の企業は，承継後もその良好な状況を維持するようである。代替わりすると業績が突然良くなったり，悪くなることは例外的と言える。

　事業承継が計画性のあるものなのか，そうではない（たとえば突発的な）ものであるのかという点も事業承継のパフォーマンスに影響するだろう。この点については，事例分析や統計データにより早期の取組み準備が円滑な事業承継とその成功に非常に重要な要素であるとする報告（中小企業センター編2002，Christensen 1953，安田2006）がある。

　安田（2006）では，先代の他界による承継は有意に負の影響を与えることも報告している。こうした先代他界では多くの場合，承継の事前準備ができないということであろう。

　誰が承継したのか（親族内承継，親族外承継）ということは承継のパフォーマンスに関係があるのだろうか。事業承継は様々な企業の事情によるものであり，誰が継ぐか，つまり承継の形態は自由に決められるものではないが，実証研究においては，①子息等承継とその他の承継では企業のパフォーマンスの決定要因が異なること（安田2006）や，②第二世代の相続人後継者においては教育や経験の効果を補う何かがある，「門前の小僧，習わぬ経を読み」といった経営の方法の自然学習がある等の報告（Lentz=Laband 1992）がなされてい

る。

② 事業承継と「第二創業」

　事業承継は承継者という新しい経営者を産み，企業は新経営者のもとで事業を展開していく。この過程は企業にとって新しい事業展開の契機ともなる。このような点に着目して，事業承継を「第二創業」と呼ぶときがある。

　経営者という存在が代わるのだから，そして承継により誕生した経営者は先代経営者デッドコピーではないのであるから，承継によって何かが変わることはありうることである。

　しかし他方で，①で見たように事業承継は既にある企業と組織に経営者があてはまるものであり創業とは違う。就任した新経営者がその思いのままに新規の事業を始めることには，企業内部の軋轢もあるだろう。特に先代の子息，配偶者，兄弟などではない非親族が承継者となる場合，承継する企業の所有権（会社であれば株式）は，後継経営者のものではないという状態が生じ，経営者が経営の方向を自由に転換できない状態が生じる可能性がある。

　事業承継は第二創業に繋がるものであるのかどうか。この点について，中小企業庁（2004）は，事業承継のあった企業はそうでない企業と比べ「新商品・新サービスの開拓」や「販路の拡大」等に取り組む割合が高いことを紹介している。また中小企業金融公庫（2008）も「新たな経営体制を構築した」後継者は，高い割合で経営革新を行う旨を報告している。こうしたことから，事業承継を第二の創業と結びつけることは妥当であろう[5]。

　では，事業承継後の新しい取組みの内容についてみると（中小企業庁2014），「新しい販路開拓・取引先拡大」が第一にあげられている（図表5-4）。

　新しい経営者が先代経営者とは異なる人脈を持つことはしばしばあることであり，これを使い新しい販路を開拓することは，新経営者ができる企業への初めての貢献であろう（さらに言えば，こうした貢献は新経営者が企業に経営者として，企業の一員として迎え入れられる「通過儀礼」ともなるだろう）。

図表5-4　事業承継後の新しい取組み

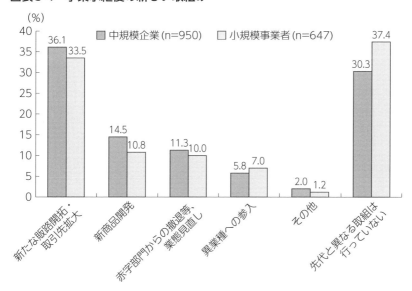

資料：中小企業庁委託「中小企業者・小規模企業者の経営実態及び事業承継に関するアンケート調査」（2013年12月）㈱帝国データバンク
出所：中小企業庁（2014），p.261

(5) 中小企業の事業承継と日本経済[6]

　中小企業の事業承継については，近年様々な施策が講じられている。

　政策的に事業承継の円滑化を図る論拠として，第1にあげられるのは廃業による雇用喪失の回避である。

　中小企業庁（2019）の分析によると，中小企業の廃業により2012〜16年で442万人の雇用が失われた。もちろんその間に誕生，成長した企業等による新規雇用もあるが，このように大きな雇用への影響があるとすると，それは重く受け止める必要がある。

　第2にあげられるのは，承継未達による企業消滅が地域のインフラの崩壊，ひいては地域経済の崩壊を招きかねないということである。山間集落や離島といった地域の生活基盤（食料品，日常生活品，医療，ガソリン等の供給）とな

るのは，大型スーパーではなく地域の小さな商店等である場合が多い。こうした地域が経営体の廃業により危機を招くことは日本全体として避けたい事態である。

　さらに，事業承継がなされないと企業がそれまでに蓄積した貴重な技術の蓄積，取引先との信頼関係等のネットワークが失われることとなるという指摘も存在する。

4. 経営者引退に伴う企業の廃業

（1）「廃業」の反対語？

　「廃業」という言葉には，ネガティブな印象がつきまとう。経営に行き詰まり，撤退するというのがイメージとしてまず思い浮ぶ。しかしながら，「廃業」という言葉を素直に読んでみると，「事業をやめること」それだけであり，その理由は特定されていない。中には1.節で述べたように事業に成功してそれを閉め優雅に余生を過ごすようなものもある。廃業とひとくくりで言ってもその中身は様々である。

　廃業というものは一括りに扱えるものではないということは，廃業の反対語というところから考えると理解しやすい。廃業の反対語というと開業があげられることが多い。

　しかし，もし廃業と開業が経済事象として鏡に映る像のように対象的なものならば，経済統計からもそのことが観察できるはずである。しかしながら，廃業率と開業率の関係を法務省「民事・訴務・人権統計年報」，国税庁「国税庁統計年報書」から見ると両者に負の相関はなく，むしろ，経済成長率が高く開業活動が活発な時に廃業もまた多く（多産多死），経済活動が停滞しているときには開業も廃業も少なくなっている（少産少死）（図表5-5）。

　このように経済の実態から見ると，廃業と開業は「対概念」とはいえない。

　このことは，開業と廃業について，それにより起きる個人の境遇の変化に目を向けると理解しやすいだろう。多くの場合，開業は，それまで経営者ではな

図表5-5　会社登記ベースで見た開業率と廃業率の関係（1960～2016年）

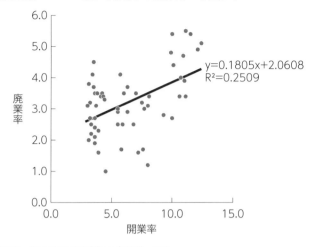

（注）1. 会社開業率＝設立登記数/前年の会社数×100
　　　2. 会社廃業率＝会社開業率－増加率
　　　　（＝(前年の会社数＋設立登記数－当該年の会社数)/前年の会社数×100）
資料：法務省「民事・訟務・人権統計年報」，国税庁「国税庁統計年報書」
出所：中小企業庁『中小企業白書（各年版）』より筆者作成

かった者を新たに経営者にする。

　他方，廃業する経営者は，後述するように中高齢者であり，その多くは廃業
後に引退する。

　つまり開業は従業者が経営者になる現象であるのに対して，廃業は経営者が
引退する現象として捉えることができよう。そうであれば開業と廃業を反対の
概念として扱うことは必ずしも適当とは言えない。強いて廃業の反対語を探す
とすれば「経営維持」であり，開業の反対語として相応しいのは廃業ではなく
「開業しない」という言葉であろう。

（2）廃業という現象の実態

　本書で見てきた開業，発展，成長，事業承継という分野については近年，日
本でも分析研究が蓄積されている。しかし廃業は開業や事業承継に比べて相当

程度，未開拓の分野である。

　これは廃業という分野ではその他の分野で行われるような統計，アンケート等によるアプローチに限界があるによる。廃業という分野の探索は，廃業企業の遺跡を掘り探し，残された記録からその概要をつかんでいくことであり，現存企業やその経営者の分析とは異なるのである。

　しかしながら，廃業者を対象とした調査がないというわけではない。以下ではいくつかの調査を見ていくこととしよう。

① 廃業企業の企業と経営者の属性

　廃業する企業とはどのような企業であろうか。廃業の企業規模，廃業時の経営者の年齢等についてみていく。

　まず，廃業企業の規模を見ると，廃業企業は存続企業に比べ小規模である。中小企業庁『2019年版 中小企業白書』によると，2012年〜16年間の中小廃業企業（83.2万企業）のうち，小規模企業が占める割合は91.1％（75.8万企業）であり，全中小企業に占める小規模企業の割合（84.9％）よりも高い。規模の小さい企業ほど廃業している。

　但し，これを小規模企業の脆弱性として片づけてしまうことには注意しなければならない。

　小さい企業では，①撤退時に回収できないサンクコスト（p.80）が規模の小さな企業では低いこと，組織が小さいゆえに，代表の一存で速やかに廃業撤退が可能であること等も考えられる。撤退できるということは「小さいことの強み」とも言える。

　また，これを市場という「高所」から見た場合，市場の「自然淘汰機能」は正常に作用しており結果として効率的な企業のみが残っているという見方もできる（Sakai=Uesugi=Watanabe 2005）。

　次に廃業率決定要因を見ていくと，製造業についてのこれまでの報告からは，1）最小効率規模（p.14）が大きい業種ほど，2）成長率が高い業種ほど，廃業率が有意に低くなることが分かっている。新規参入障壁に守られた非成長

図表5-6　休廃業・解散企業の業歴構成

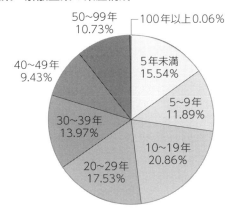

出所：東京商工リサーチ（2019）「開廃業・解散企業動向調査」

産業ではやはり，廃業は少ないようである。さらに，3）研究開発集約度が高い業種ほど廃業率が有意に高くなる（理由も2）と同様であろう）（森川・橘木 1997，本庄・安田 2005 等）。

　企業年齢（業歴）別にみると10年未満の企業が27.4％を占めており（東京商工リサーチ「「2019年　休廃業・解散」動向調査（以下「東京商工リサーチ調査」という）），比較的若い企業が廃業しやすいという結果になっている（図表5-6）。若い企業ほど撤退しやすいという結果は海外の多くの研究でも報告されており[7]，Jovanovich（1982）等の受動的学習仮説（p.75参照）とも整合的である。

　さらに廃業した企業経営者の廃業時の年齢をみると，2019年の休廃業企業では経営者の年齢80歳代以上が16.9％，70歳代が39.1％，60歳代以下，44.0％となっており（中小企業庁 2019），廃業企業の経営者の大半は高齢者であることがわかる。

② 廃業企業の直前の収益動向，資産状況

廃業企業の廃業時の収益動向についてはいくつかの報告がなされているが，

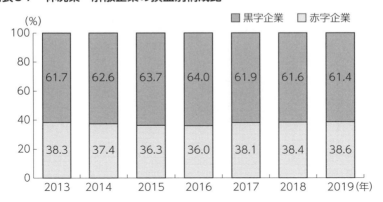

図表5-7　休廃業・解散企業の損益別構成比

（注）損益は休廃業・解散する直前期の決算の当期純利益に基づいている。なお，ここでいう直前期の決算は休廃業・解散から最大2年の業績データを遡り，最新のものを採用している。
出所：東京商工リサーチ（2019）「休廃業・解散企業動向調査」

　それらを見て意外なことは廃業企業の中にも収益が良好なものがかなりあるということである。廃業というと「業績が芳しくない。」といったことが通常，想起されるがそうした先入観は妥当とは言えない。

　たとえば中小企業庁（2020）によると2019年，廃業企業の61.4％と廃業直前期，黒字であった。この約6割という黒字企業割合は2013年においてもほぼ同じであることから（図表5-7），廃業企業の大多数は黒字で廃業していると言ってよい。

　さらに中小企業庁（2017）によると，休廃業・解散企業の32.6％の売上高経常利益率が生存企業の中央値を超える水準にあった（図表5-8）。

　また，これに関連して廃業時の事業資産の状況を見ると（中小企業庁2019），資産超過が，32.7％，負債超過が28.2％，資産債務同等が38.1％であり，廃業企業の債務状況が特に悪いというわけでもない[8]。

　こうしたことからみて，廃業について「尾羽枯散らす」と一律に考えることは的確ではない。このことは奇異に感じるかもしれないが，冷静に考えればもっともなことである。というのは，「どこで事業をやめるか」と考えた場合，

図表5-8　休廃業・解散企業の売上高経常利益率

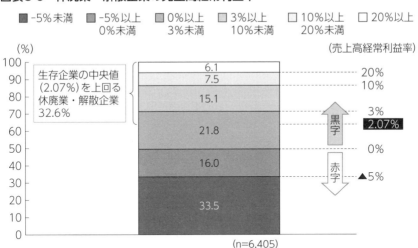

資料：㈱東京商工リサーチ（2016）「休廃業・解散企業動向調査」再編加工
出所：中小企業庁（2017），p.34

赤字，さらには債務超過になるまで躊躇して廃業の決断をしない経営者は少な
いだろうからである。

　では，廃業の背景に何が存在するのであろうか。これを見るために廃業する
経営者はどのような考えで廃業するのだろうか。見ていくこととしよう。

③　廃業した（する）理由

　廃業した経営者に事業を継続しなかった理由を聞いたアンケートでは，最も
多かったのは「もともと自分の代で畳むつもりだった（58.5％）」である（図
表5-9）（中小企業庁 2019）。同様の結果は日本政策金融公庫（2016）[9] でも
見て取られ，「廃業予定企業の廃業理由としては，「当初から自分の代かぎりで
やめようと考えていた」が38.2％と最大であることが報告されている。それ
に対して「事業に将来性がない（27.9％）」，「子どもに継ぐ意思がない」，「子
どもがいない」，「適当な後継者が見つからない」は合わせて28.5％であり，

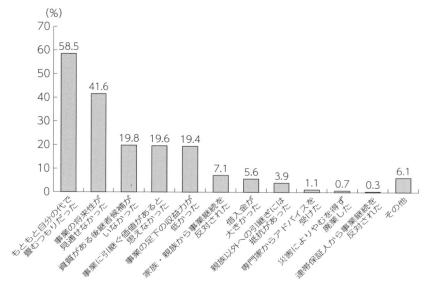

図表5-9　事業を継続しなかった理由

(%)

理由	%
もともと自分の代で畳むつもりだった	58.5
事業の将来性が見通せなかった	41.6
資質がある後継者候補がいなかった	19.8
事業に引継ぐ価値があると思えなかった	19.6
事業の足下の収益力が低かった	19.4
家族・親族から事業継続を反対された	7.1
借入金が大きかった	5.6
親族以外への引継ぎには抵抗があった	3.9
専門家からアドバイスを受けた	1.1
災害によりやむを得ず廃業した	0.7
連帯保証人から事業継続を反対された	0.3
その他	6.1

(注) 1. 引退後の事業継続について「継続していない」と回答した者について集計している。
　　　2. 複数回答のため，合計は必ずしも100％にはならない。
資料：みずほ情報総研㈱「中小企業・小規模事業者の次世代への承継及び経営者の引退に関する調査」（2018年12月）
出所：中小企業庁（2019），p.113

アンケート調査で見る限り廃業者，廃業予定者の中の多くの者にとって廃業は予め想定されたものであったと言える。

　なお，過去の分析でも同様の結果が出ている。すなわち，小規模企業共済制度(10)のデータを用いた原田（2005）によると，小規模企業経営者の退出を経済的退出と非経済的退出に分けた場合，退出時点で65歳未満の場合は48.8％が非経済的退出，65歳以上では74.8％が非経済的退出であると報告されている。

④ 高収益廃業企業の特性
　③で述べた廃業企業の収支等の状況と④の廃業理由を合わせて考えるため，

廃業企業のうち特に売上高経常利益率が生存企業の中央値を超える「高収益企業」（廃業企業の3割を占める）の業種を見ると図表5-10のとおりである。また，その企業規模は小規模（0〜5人が80.4％），業態も個人企業の割合が高い（24.5％）ことが報告されている（中小企業庁 2017; 2020）。

　まず，ここに示された業種を見ると資格等が必要なもの[11]も多く，子息等がそうした資格を保有していない場合，事業承継という選択肢が経営者から遠ざかる。また経営者本人が成功していたとしても，彼から見た子息が「頼りない」のであれば，その場合も一代限りと考えるであろう[12]。

図表5-10　高収益廃業企業の業種内訳（業種小分類上位5業種）

(者)

サービス業他（n=152）		その他の業種（n=207）	
土木建築サービス業	27	金融商品取引業	38
他に分類されない事業サービス業	21	建物売買業，土地売買業	37
経営コンサルタント業，純粋持株会社	15	不動産賃貸業	20
一般診療所	11	ソフトウェア業	16
その他の専門サービス業	10	不動産管理業	13

資料：㈱東京商工リサーチ「休廃業・解散企業動向調査」再編加工
出所：中小企業庁（2017）

　そうしてみると個人企業や小規模企業においては一代限りで事業を畳むこと，つまり廃業がむしろ自然な業種は少なくないと言える。

⑤　廃業に予兆はあるか

　廃業に至る企業には，その過程で存続する企業と違う点，いわば，廃業の予兆「死の影（Shadow of Death）」は現れるのだろうか。この点についてはある期間内に廃業した企業の生産性とその期間生き残った企業（生残企業）の生産性の違い等に着目したTroske（1996），Kiyota=Takizawa（2006），中小企業庁（2002; 2020）等の報告がある。それらから共通して言えることは，廃業した企業のパフォーマンスは存続企業に比して廃業数年前（1〜3年）から悪化するというものであった。廃業前には「死相」が現れるのである。その意味

で廃業は「突然死」ではない。

　なお，このことからは経営者が廃業を突然決める，あるいは，突然廃業に追い込まれるのではないという解釈ができ，③で紹介した，廃業の多くは予め想定されたものであるという見方とも整合的である。

(3) 廃業の「多義性」

　ここまで見てきたように，事業をやめる背景には，様々なものがある。ある者にとってそれは事業の行き詰まりかもしれないが，他の者には経営者の高齢化による幸せな引退（Happy Retire）もある。後継者がおらず事業を承継できないで廃業というのではなく，事業承継に馴染みにくい事業もあるのである。

　廃業について考察するに当たってはこうした廃業の「多義性」を念頭に置くことが必要である。

5. 企業の倒産

(1) 倒産という概念

　倒産という言葉は，経済について語るときには何ら注釈をつけず，ごく普通に用いられる言葉である。改めてこの言葉を辞書で引くと，「経営に行きづまって支払いができなくなり，自力で回復する見こみが立たなくなること。」（『三省堂国語辞典　第7版』三省堂 2014），「事業に失敗したりして，財産を使い尽くすこと。財産を使い尽くして企業がつぶれること。」（『日本国語大辞典　第2版　第9巻』小学館 2001），また，『新明解国語辞典　第6版』三省堂（2005）では「経営が行き詰まり，会社がつぶれること」と解説がされている。

　経済全体で災害，円高，エネルギー供給不安定化そして感染症のまん延等の大きな災禍が発生したとき，倒産という事象にしばしば注目が集まる。

　このように倒産という言葉が広く関心を持たれるようになったのは，1952年，株式会社東京商工リサーチが企業倒産の件数を毎月，発表したことがきっかけである（なお，倒産のデータが公表されて以降の日本の企業倒産件数（負

図表5-11　倒産件数の推移

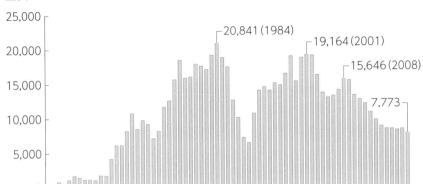

出所：㈱東京商工リサーチHPより筆者作成

債額1000万円以上）は図表5-11のとおりである）。

　倒産という概念について東京商工リサーチのホームページによりみると，「債務者の決定的な経済的破綻」，「弁済期にある債務を弁済できなくなったり，経済活動を継続することが困難になった状態を示す」とされている。

　現在，倒産については東京商工リサーチとともに，株式会社帝国データバンクが件数等について，各月，発表しているが，そちらでは倒産とは「企業経営が行き詰り，弁済しなければならない債務が弁済できなくなった状態」とされている。

　行政においては倒産を規定した法律としては，中小企業倒産防止共済法[13]（1977年）のみであり，ここでの定義も民間調査機関のそれとほぼ同様である。つまり，「倒産」とは，独自の行政用語ではなく，民間調査機関が概念付けし，それが普及したものである。

(2) どの企業を「倒産企業」とするか

　それでは調査機関は，具体的に何を基準にして，つまりどのような企業を「倒産」企業とし，どの企業を倒産していない企業とするのであろうか。

この明確な基準は，倒産情報を発表する民間調査機関にとって重要なのはもちろんのこと，倒産企業の「烙印を押される」企業にとっても，死活問題である。また，民間調査機関の倒産情報を使用する行政にとっても倒産に係る施策を打つ上で重要な問題である。

　この基準について見てみよう。

　たとえば，東京商工リサーチの基準では，企業が以下の要件に該当した場合，倒産企業としてカウントしている。

1. 裁判所に会社更生法又は民事再生法[14] の適用を申請した場合
2. 裁判所に破産法（2005年）による破産[15] を申請した場合
3. 裁判所に会社法（2005年）第511条による特別清算[16] の申請がなされた場合
4. 内整理（経営者が事業の存続を断念したことを認めた時）の場合
5. 都道府県の手形交換所の管内で不渡手形（手形に指定された振込日までに決済できない手形）を6か月以内に2回出し，当該手形交換所から取引停止処分を受けた場合（なお，この処分を受けた場合，手形交換所の加盟金融機関と2年間，当座預金取引，貸出取引を出来なくなる）

　このように倒産企業と非倒産企業との間に明確な基準が定められている。こうした基準に基づき民間調査機関は毎月の倒産件数等の倒産情報を公表している。

(3) 倒産の類型―「再建か，清算か」他

　企業の倒産により企業は多くの場合，消滅する。但し，全ての企業が倒産により無くなるというわけではない。

　東京商工リサーチについて紹介した5つの基準のうち，1.，つまり会社更生法，民事再生法の手続きの適用を裁判所に申請するということは，経営に行き詰った企業がもう一度再建し出直したいということである。申請した企業は消

え去るのではなく，関係者（stake holder）との間でまとめられる再建計画のもとで，事業活動を行う[17]。

他方で基準の2.〜4.による倒産は，企業の存続を目指したものではない。こちらの場合，企業は消滅する。つまり廃業する。

このように倒産には，経営の存続が困難となった企業が再建をめざすものと企業を解散するものがあり，前者は「再建型」倒産，後者は「清算型」倒産と呼ばれる[18]。

また1.〜5.のうち1.〜3.は特別の法律の適用を前提に裁判所の監置のもと手続きが行われるのに対して4.はそうではない。この点に着目して，前者を「法的倒産」，後者を「私的倒産」と呼ぶときもある。

とはいうものの，倒産の内訳をみると（2019年），法的倒産が93.7%，そのうち，92.4%が2.の破産であり，倒産企業のほとんどのものは消滅するといえる。

(4) データから見た倒産の実態

次に，こうした基準から見た倒産の実態について見ていく。

まず，ここでは（a）図表5-11で見た倒産件数の推移について精査し，次に（b）業種，倒産形態別にみた倒産を追うこととする。

(a) 企業規模別の倒産件数

図表5-11で紹介した倒産の年別の状況には，中小企業も大企業（中小企業以外の企業）も含まれる。但し，実態としては中小企業の倒産の全倒産に占める割合は2019年で99.9%である。つまり，倒産件数が発表されるもののほぼすべてが中小企業とみてよい。そこで，本節の以降のデータの紹介では，全倒産企業のものを用いる。

(b) 業種別，形態別の倒産状況

次に業種別の倒産状況を見ると，図表5-12のとおりであり，2019年には倒

181

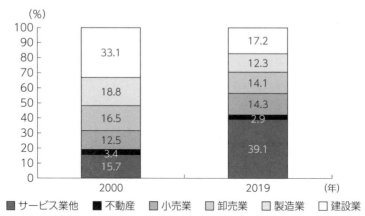

図表5-12　業種別倒産割合（2000年，2019年）

資料：㈱東京商工リサーチ（2019）「倒産年報」
出所：中小企業庁『中小企業白書（各年版）』を基に筆者作成

産の多い業種としては第一に建設業，次いでサービス業となっている。

　続いて（2）で述べた1.〜5.の倒産形態別の倒産状況を見ると，2019年で93.7％が法的倒産でありそのほとんどが破産である。

（5）倒産の経済分析

　ここでの分析のテーマは2つである。

　1つはマクロ経済で見た倒産件数の動向は，何によって影響されるのかであり，もう1つは倒産企業とそれを免れた企業（生存企業）との違いは何なのかである。倒産という「事件」が社会的に注目を浴びる今日にあってはどちらの分析も重要である。

　まず，マクロ経済的に見た倒産の動向について，日本における幾つかの分析（中小企業庁 2001; 2002，筒井 2013）を見ると計測期間，分析方法等の違いはあるものの，以下の点については共通である。

　(ｱ) 倒産件数と実質経済成長率の相関は存在するが弱い

(ｲ)　倒産件数と地価の水準の間には負の相関関係が観察される

(ｳ)　財務指標の動向と倒産件数の関係をみると，①売上高営業利益率，売上高経常利益率（共に収益性を示す指標），②自己資本比率（＝自己資本÷総資本（＝自己資本＋他人資本），事業のために必要な資金のどれだけを借入れではない形で賄っているかを表す指標），③流動比率（＝流動資産÷流動負債，これが1.0以上であれば，1年以内に返済するべき負債が1年以内に換金できる資産で賄われているということ）のそれぞれが高いときほど倒産件数が減少することがわかる

　不景気と中小企業の倒産とは，一連の現象として見て社会的注目を浴びやすいテーマである。しかしながら，(ｱ)によるとデータからはそうした関係は強いものではなく，景気が良いからといって，倒産が顕著に減少する，あるいは不況時だから倒産が増えるというわけではないことがわかる。実際に見ても1951年以降，今日までで最も倒産の多かった1984年（20,841件），3番目に多かった1983年（19,155件）（図表5-9を参照）は，景気循環における上昇局面の真っただ中であった（内閣府によると，1983年2月が景気の谷，1985年が景気の山である）。

　景気の上昇局面はしばしば，産業構造の転換を伴う。そして産業構造の転換期とは新興の成長分野と従来然とした停滞分野の差が明確になる時期でもある。このうち，倒産件数の変動を通して伺い知ることができるのは，停滞分野の状況であり，成長分野の好況ではない（成長分野で倒産件数は減少するが，0件以下にはならない）。そうであるとすれば，経済成長率の間で弱い相関しか確認できないことは納得のいくことであろう。

　次に個別企業のデータをもとに，倒産企業と生存企業の違いについての分析を見ていこう。

　先述のようにこの分析は金融機関等のニーズがある分野である。このことから米国ではかっては「倒産関数」といったものが開発されてきた（Altman 1968）。

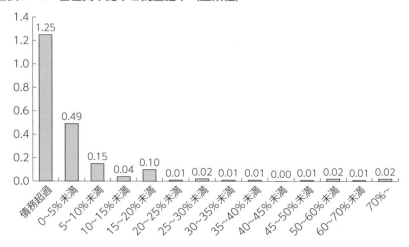

図表5-13　自己資本比率と倒産確率（全業種）

出所：リスクモンスター株式会社のHPより筆者作成

　現在は1960年代と違いビッグデータが容易に入手でき，それを使った統計
分析も誰にでも瞬時でできるようになっている。そのため，多くの金融機関や
調査機関等が利用可能なデータをもとに企業の安全度について審査している。

　こうした状況を踏まえた上でここでは，倒産する企業とそうではない企業の
差について見ていくこととする。

　図表5-13は，リスクモンスター株式会社のデータをもとに，2019年9月〜
2020年10月の倒産確率を自己資本比率の水準と2001年までの倒産確率の関
係を見たものだが，ここからわかるのは，自己資本水準が高い企業ほど倒産が
発生する確率が低いということである。

　このように企業活動のどれくらいの部分を，返済を要する金融機関等からの
借入に頼るのではなく，自己資金で賄っているかを示す自己資本比率の水準
は，倒産の可能性と関係が深いことが認められる[19]。

　他方，倒産企業と生存企業の収益性（赤字（当期純損失を計上）か，黒字
（それ以外）か）について東京商工リサーチ（2020）により見ていくと，倒産
企業の47.2%は黒字であるにもかかわらず倒産していた。

　このように十分な自己資本が倒産の回避にとって重要な要素であること，黒字倒産がかなり存在することは，実は奇妙なことではない。1.節で述べたように倒産とは，「弁済期にある債務を弁済することが困難になったり，経済活動を継続することが困難になった状態」を示すものである。つまり，基本的に倒産とは「借金で首が回らない状況」（いわば血流不可の状況）を指すものであり，こうした状況を引き起こすのは，企業の年々の収支状況というよりは，より短期的，たとえば月次で見た「お金のやり繰り」である。

　たとえば，毎期，黒字かつ年々規模を拡張している企業（外見的にはこうした企業は魅力的な存在と見えるであろう）を想定してみても，もしその利益のほとんどが設備投資や不動産投資に向けられていれば，売掛金の回収の遅れ等わずかなことで当座の運転資金がショートして，返済の遅れ等を引き起こしてしまう。逆に，何かの事情で事業を一時的でも全面休業しなくてはならない企業であっても，人件費を含め費用のすべてが可変費用であり，企業の今までの貯えを有していれば，資金繰りで詰まることはなく，自ら裁判所に赴くのでなければ倒産は想定しがたい[20]。

　この意味で倒産に陥らないためには，資金の流入と流出（キャッシュフロー）のバランスが取れていることが肝心なのである。このために重要な指標は，企業の収益性というより，不測の事態に対応できる①借入金に依存しない企業運営（自己資本比率の水準で測られる）と②柔軟に資金融通に利用できる流動資産の割合（流動比率の水準で測られる）である。

　別の言い方をすると企業の倒産回避という視点で財務諸表を見る場合，まず，重要となるのは決算時点での数字（X年度Y月末時点の数字，ストックの数字）を記載した貸借対照表の数字，就中，自己資本比率と流動比率であり，決算の対象となる期間の数字（X年度間の数字，フローの数字）ではないといえる。

　なお，さらに倒産の危機に直面した企業のとる行動について注目した研究としては橘木・斎藤（2004）があるが，そこでは，倒産危機に直面したときに経営改善の努力を行う企業ほど倒産しにくいこと，また一時的な資金繰りの対

策をした企業ほど倒産しやすくなることが確認されている。

(6) 倒産後の企業経営者はどうなるのか

　大きな書店でこの問題について関連書籍を見ると，ビジネス欄に数種類の本が常に並んでいる。しかしながら，それらの多くは個人的体験を紹介したものであり，このテーマについて大規模な調査を行った報告は多くはない。

　その中の一つとして中小企業庁（2003）を見ると，倒産した経営者の43％が破産手続きに入り，75％が自宅を売却，65％が自家用車を売却していた。数字はやや古いものであるが，倒産企業のほとんどが中小企業であり，現在でも破産という形態をとっていることを考えると，頷けるものがある。というのは中小企業の多くにおいて金融機関からの借入金の契約では通常，個人保証がかかっているからである。

　個人保証とは，企業の資金借入れについて経営者等が保証人となること（企業が借入を返済できない場合，保証人が代理弁済を行う契約となること）である。中小の経営者の多くは企業の債務に対して個人保証契約を金融機関との間で結んでいることから，その企業が倒産した場合，企業に代わり負債を返済する義務を追うこととなる。企業の負債と経営者の責任はしっかり結びついている。

　図表5-14 は，中小企業金融における個人保証契約の適用状況を示したものである。本図からわかるように，経営者の8割が個人保証ないしは親族保証（企業が借入を返済できない場合の保証人に配偶者，親，子息等の親族がなる契約となること）を行っている。

　事業を失敗した経営者が個人保証によって自宅も失うのは悲惨なことである。しかしながら，貸し手である金融機関にとっては，個人保証は中小企業融資において必要なものである。というのは，会社とそれを運営する経営者個人は，法律上，別の独立した人格であることから，会社名義の借入と経営者の借入が法律的に別のものである場合，事業に失敗した経営者が負債を別人格である企業に押し付け，経営者本人は無傷であるということができるからである。

図表5-14 個人保証の状況

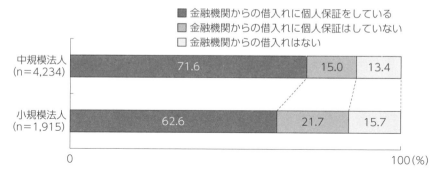

凡例：
- ■ 金融機関からの借入れに個人保証をしている
- ■ 金融機関からの借入れに個人保証はしていない
- □ 金融機関からの借入れはない

中規模法人
(n＝4,234)： 71.6 ／ 15.0 ／ 13.4

小規模法人
(n＝1,915)： 62.6 ／ 21.7 ／ 15.7

0 ─ 100(%)

(注)「中規模法人」は中規模法人向け調査を集計,「小規模法人」は小規模事業者向け調査
　　を集計している。
資料：中小企業庁委託（2016年11月）「企業経営の継続に関するアンケート調査」㈱東京商
　　工リサーチ
出所：中小企業庁（2017），p.247

　さらにもっと悪質なこととして，経営者が会社を「私物化」し，これを利用し
て私腹を肥やすことも可能になる。

　ちなみに，こうした可能性はいわゆる大企業の場合，大企業に対する融資で
は，発生しにくい。というのは，多くの大企業は株式会社であり，かつ，その
株式は一般に多くの株主に所有され，経営者は株式総会の議を経て付託された
企業経営をするだけであるからである[21]。しかし，自身が株主であり，かつ
経営者である場合，社宅と称して豪邸を建てそこに住むこともできる。しかし
これでは，金融機関は中小企業に安心して事業資金を融資できない。

　このようなことを避け中小企業金融を円滑に進めるためには，個人保証は存
在意義があるものといえるが，他方，以下の点から，長期的な中小企業の発展
にとって以下の諸点からマイナスの影響を持つものである。

　第1に失敗した経営者にその教訓を活かし再チャレンジする機会をほとんど
絶望的に失わせてしまう。しかし，もしも経営者の失敗の経験が次なる事業運
営にとって貴重な経験となるのであれば，それを活かす機会を失わせること
は，経済全体にとって損失であろう。さらに，中小企業経営者も倒産が個人保

証をつうじて「人生の破滅」につながりかねないならば，自身の着手した事業分野に成長余地があっても借り入れをせず，事業を自己資本の範囲にとどめるかもしれない。そうであれば，企業成長は難しく，ひいては一国の経済全体にとっても貴重な成長エンジンを失うこととなる可能性がある。

　第2に，事業承継に対するマイナスの効果があげられる。

　事業承継では健全な経営の企業についても，通常，承継者は被承継者が締結した個人保証の契約をすべて引き継ぐ。これは金融機関にとっては，経営者が代わり，どんな人が事業を承継するかわからないのであるから当然のことである。しかしながら，その契約を引き継ぐ承継者はどう感じるであろうか？　下手をすれば人生を一変させる保証額の大きさを前にして，事業を引き継ぐことに二の足を踏むことは十分ありうるのである。

(7) 倒産からの再起可能な社会と制度

　(6) で指摘したことから倒産した経営者が再起できる環境を整えることは，日本経済全体にとっても重要な課題であるとされ続けてきたが，近年になり大きく解決の方向が示された。

　この点で，まずあげられるべきは，民法の2019年改正である。これは民法債権部分についての1896年（明治29年）以来の大改正であり，これにより，個人が保証人になる場合の保証人の保護を進めるべく，（1）保証金額や保証期限の定めのない個人の根保証契約を無効とすること，（2）個人が事業用融資の保証人になろうとする場合について，公証人による保証意思確認の手続を新設，この手続を経ない保証契約は無効とすること等が定められた（2020年4月から施行されている）。

　なお，それ以前にも，2004年の民法改正では，特に問題の大きかった包括根保証契約の「極度額（保証人が保証する上限額）」を当事者に定めさせたほか，保証期限についても合意により定める場合は最長5年，合意で定めない場合は3年で保証元本が確定する等の個人保証契約についての見直しが行われている。

　また，大正11年（1936年）に制定されて以来，小幅な改正しかなかった破産法を大幅に見直した新破産法（2004年）は，破産手続の迅速化・合理化等に加え，特に個人破産について，「債務者について経済生活の再生の機会の確保を図る」という破産法の目的を実現するため，自由財産（差押さえ禁止財産）の範囲を拡張し（66万円→99万円等），免責制度を抜本的に変更することで個人破産者の経済生活の更生に配慮した内容となった。

　このように倒産経営者の再起のための制度改正は，最近，大きく進みつつある。さらに制度面での環境整備とともに，金融環境についてもクラウドファンディング等従来中小企業が近寄りがたかった手段が広まりつつある（それらについては第6章参照）。

　その意味で起業活動が経済全体の活性化にとって重要な要素であることが，政府によってはじめて認知された2000年当時に比べると，今日の状況は改善している。今後，こうした環境整備が実を結ぶことを期待したい。

6. まとめ

＊高齢化の進展とともに中小企業経営者の年齢も高くなっているが，その多くは，現在，「廃業予備群」であるか，誰かに継いでもらいたいが継ぎ手がない状況である。

＊事業承継には事前の準備が必要であり，先代の死亡による承継は承継された企業の順調な経営にとってマイナスである。

＊廃業企業の過半数は廃業直前期の決算が黒字である。こうした企業の中にはもともと，一代限りという企業も多い。

＊企業倒産に至る企業の中にも黒字のものは多く存在する。倒産防止のために企業にとって重要なのは，収支といったPLに現れるフローの数字ではなく，自己資本比率といったBSに現れるストックの数字である。

＊企業の倒産が個人保証契約により経営者の生活を破綻させることが無いように今世紀になり法制度面の改革が進められてきた。

① 読者の方，自身がもし「企業の事業を君が継いでほしい」といわれたら，どういう判断をするのか，そして，他の人が同じ判断をした場合，どうなるか考えてみよう。

② 「とんかつ屋の悲劇～行列ができる人気店がなぜ廃業するのか」（https://news.yahoo.co.jp/byline/nakamuratomohiko/20180827-00094583/）を読み，こうした店は退出するべきなのか，そうではないのかについて議論してみよう。

（注記）

（1）このことは，経営者という職業には，被雇用者（多くの常用被雇用者）と異なり，定年がないことによるところが大きいと考えられる。

（2）当時，将来の経営者の人口構成を見越して，事業承継について論じた報告としては国民金融公庫（1997）がある。中小企業政策の一課題として事業承継問題を取り上げた政府の文献としては，中小企業庁（2001）がある。

（3）ここで，同族会社とは「株主等の3人以下とこれらの株主等と特殊な関係にある個人及び法人上位がその会社の株式の総数又は総額の50％超を保有している会社を指す。

（4）事業承継企業の従業員数成長率が承継直後に比べ時間が経つにつれて上昇することについては別のデータを用いた中小企業庁（2004）でも確認されている。

（5）事業承継を第二創業とできるか否かについては，承継形態も関係する。久保田（2009）は，所有と経営が分離した非親族承継の場合に経営革新を遂行できる要件として，創業者一族との間に信頼関係が構築されていること，事業承継までに十分な準備期間が確保されていることを指摘している。

（6）この部分について詳しく論じた研究として日本政策金融公庫（2020）がある。

（7）ある年に退出する確率の分析（危険率（Hazard Rate）分析）（Honjo 2000）からも報告されている。

（8）さらに中小企業庁（2014）でも廃業企業について，直前の資産状況，収支状況を報告しているが，これもここで紹介した報告を支持するものである。

（9）調査の詳細については，https://www.jfc.go.jp/n/findings/pdf/sme_findings160201.pdfを参照されたい。

（10）小規模企業の経営者や役員が，廃業や退職時の生活資金などのために積み立てる制度。中小企業基盤整備機構が制度運用。

（11）たとえば「土木建築サービス業」であれば建築士，技術士，「一般診療所」であれば医師資格，「金融商品取引業」であればFP技能士の資格，「建物売買業，土地売買業」，「不動産賃貸業」，「不動産管理業」であれば，宅地建物取引士である。

（12）他にも飲食業を営む者が，子息に料理や接客の才能が欠けている場合などは継がせることを考えない。このようにみていくと一代限りの事業は広範にわたる。

（13）中小企業倒産防止共済法は，中小企業が取引先の倒産等不測の事態によって，資金繰りが悪化する場合，資金融資を行う共済制度について定めた法律。同法においては「倒産」を次の各号のいずれかに該当する事態と規定されている（同法第2条第2項第1号〜第3号）。

「一　破産手続開始，再生手続開始，更生手続開始又は特別清算開始の申立てがされること。

二　手形交換所において，その手形交換所で手形交換を行つている金融機関が金融取引を停止する原因となる事実についての公表がこれらの金融機関に対してされること。

三　前二号に掲げるもののほか，過大な債務を負つていることにより事業の継続が困難となつているため債務の減免又は期限の猶予を受けることを目的とするものと認められる手続であつて，その開始日を特定することができるものとして経済産業省令で定めるもの がされること。」

（14）会社更生法（1927年，法律第172号）と民事再生法（2011年，法律第225号）は，共に経営に行き詰った企業の再生手続きを定めることを目的とする法律である。2法の目的を見ると，前者は「窮境にある株式会社について，更生計画の策定及びその遂行に関する手続を定めること等により，債権者，株主その他の利害関係人の利害を適切に調整し，もって当該株式会社の事業の維持更生を図ることを目的とする（同法第1条）」ものであるのに対して，後者は「経済的に窮境にある債務者について，その債権者の多数の同意を得，かつ，裁判所の認可を受けた再生計画を定めること等により，当該債務者とその債権者との間の民事上の権利関係を適切に調整し，もって当該債務者の事業又は経済生活の再生を図ることを目的とする（同法第1条）」。」となっている。

（15）破産とは，債務者が経済的に破綻することで，既に弁済期にある全ての債務が

債権者に対して一般的・継続的に弁済することができない状態にあることをいう。破産者は破産法の定める手続き（債務者の財産を包括的に管理・換価すること，総債権者に公平に分配すること等）を経ることで，経済的破綻状況から離脱することになる。

(16) 企業の清算について株式会社に限っては会社法第9条に基づく特別清算という手続きが認められている。特別清算においては裁判所の監督のもと，債権者の合意を得つつ清算手続きが進められる。破産の比べ，柔軟かつ迅速に手続きが進められるということが特徴とされる。

(17) こうした倒産に係る手続きを通じて再建し，現在に至っている企業は少なくない。名前が広く知られた企業としては，学生のアルバイトの場となってきた㈱吉野家は，1980年に会社更生法に基づき倒産し，また，外国人に話しをかけられる人材をつくっている㈱NOVAも2007年，同じく会社更生法による倒産をしている。他にも一度倒産しながら，再建を果たし現在に至る例は多い。

(18) 5.の「取引停止処分による倒産」は，企業が「倒産した」と認定される状況を作るのが経営者ではなく証券取引所という点で，1.～4.と性格が異なることから，再建型，清算型の2つの範疇にも含まれない扱いとなっている。

(19) こうした関係は，2001年の倒産企業と生存企業の財務を比較したCRD（全国約2.6百万件の企業の財務・非財務およびデフォルト情報を有するデータ・ベース（https://www.crd-office.net/CRD/about/index.html））からも観察され，そこでは倒産企業の平均自己資本比率は15.27％であったところ，生存企業では37.62％であった。

(20) また，金融機関が運転資金を潤沢に供給している場合も倒産は起こりにくい。2020年以降のコロナ禍の中，倒産件数が低水準で推移しているのは，このことによる（中小企業庁編 2021）。

(21) もし，このような企業の経営者が会社の資産を株主総会で付託された範囲を超え私用等別の目的に充てるのであれば，特別背任罪を問われることとなる。

【参考文献】

久保田典男（2009）「非親族承継における所有と経営の分離：中小企業の事業承継におけるケーススタディ」日本経営診断学会編『日本経営診断学会論集』Vol.9, pp.141-151.

橘木俊詔・齋藤隆（2004）「中小企業の存続と倒産に関する実証分析」RIETI Discussion Paper Series 04-J-004.

中小企業研究センター編（2002）『中小企業における世代交代と次世代経営者の育成』.

中小企業金融公庫総合研究所（2008）「事業承継を契機とした経営革新」『中小公庫レポート』No.2008-1.

中小企業庁編（2001）『2001年版　中小企業白書』ぎょうせい.

中小企業庁編（2004）『2004年版　中小企業白書』ぎょうせい.

中小企業庁編（2014）『2014年版　中小企業白書』日経印刷.

中小企業庁編（2019）『2019年版　中小企業白書』日経印刷.

中小企業庁編（2020）『2020年版　中小企業白書』日経印刷.

中小企業庁編（2021）『2021年版　中小企業白書』日経印刷.

国民金融公庫総合研究所編（1997）「中小企業の後継者問題―世代交代期は経営革新のチャンス」中小企業リサーチセンター.

中小企業庁事業承継・第二創業研究会（2001）『事業体の継続・発展のために（中間報告）』.

筒井 徹（2013）「倒産動向と中小企業の財務」『商工金融』，63(737).

東京商工リサーチ（2020）『2019年「倒産企業の財務データ分析」』
https://www.tsr-net.co.jp/news/analysis/20200416_01.html.

日本政策金融公庫総合研究所編（2020）『経営者の引退，廃業，事業承継の研究』同友館.

原田信行（2005）『小規模企業の退出』RIETI Discussion Paper Series 05-J-006.

森川正之・橘木俊詔（1997）「参入・退出と雇用変動：製造業のマイクロデータに基づく分析を中心に」RIETI Discussion Paper Series 97-DOJ-85.

本庄裕司・安田武彦（2005）「事業の撤退か継続か―大田区・東大阪市を対象とした実証分析」RIETI Discussion Paper Series 03 05-J-007 22.

安田武彦（2008）「事業承継とその後のパフォーマンス」『企業の一生の経済学』㈱ナカニシヤ出版，pp.165-88.

安田武彦（2008）「小規模企業の事業承継とその後のパフォーマンス」『小企業の事業承継問題』中小企業リサーチセンター，pp.105-144.

Altman, E.I. (1971) *Corporate Bankruptcy in America*, Hesth Lexington Books.

Christensen, C.R. (1953) *Management Succession in Small and Growing Enterprises*, Harverd University, Boston.

Honjo Yuji (2000) "Business failure of the new firms: an empirical analysis. using a multiplicative hazards models", *International Journal of Industrial Organization* 18, pp.557-574.

Jovanovic, B. (1982) "Selection and Evolution of Industry", *Econometrica*, 50, pp.649-670.

Kiyota, K. and M. Takizawa (2006) "The Shadow of Death： Pre-exit Performance of Firms in Japan," RIETI Discussion Paper Series 06-E-033.

Koji Sakai, Iichiro Uesugi and Tsutomu Watanabe (2010) "Firm Age and the Evolution of Borrowing Costs: Evidence from Japanese Small Firms", *Journal of Banking and Finance*, Vol.34, No.8, August 2010, pp.1970-1981.

Lentz, B. and Laband, D. (1990) "Entreneurial Success and Occupational Inheritance among Proprietors" *Canadian Journal of Economics*, 23(3), pp.563-578.

Storey, D.J. (1994) *Undersanding Small Business Sector*, Routrage. London.（忽那憲治・高橋徳行・安田武彦訳『アントレプレナーシップ入門』有斐閣，2004年）

Troske K.R. (1996) "The Dynamic Adjustment Process of Firm Entry and Exit in Manufacturing and Finance, Insurance, and Real Estate" *Journal of Law and Economics* Vol.39 (October), pp.705-35.

安田武彦

第**6**章

中小企業のオーナー経営者の引退とM&A

学習のポイント

① 引退を決断した経営者の選択肢について理解する。

② M&Aのメリットについて買手と売手の立場から考える。

③ M&A取引のサポートを行うアドバイザーの存在について理解する。

④ 東京都事業承継・引継ぎ支援センターにおける成約事例を見て，小規模企業でもM&Aの対象になることを理解する。

1. はじめに

　中小企業のオーナー経営者が引退を決断する場合において，親族内承継や廃業のほかに，事業売却という選択肢が存在する。報道などでは，日本の大企業によるM&A（mergers and acquisitions）が注目されているが，件数ベースでは，オーナー経営者が保有株式を売却する中小企業の事業承継型M&Aの割合が高いという状況にある。そして，中小企業のオーナー経営者への助言やM&A取引のサポートを行う金融機関やM&A専門会社などのアドバイザーの重要性が増している。

　本章では，中小企業のM&Aの特徴について明らかにする。まず，事業承継型M&Aの増加の背景について触れたうえで，買手と売手の双方の視点から中小企業のM&Aの特徴について述べる。次に，中小企業のM&Aアドバイザーの役割と類型について明らかにする。そして，中小企業のM&Aの事例として，東京都事業承継・引継ぎ支援センターの成約事例について概説する。

2. 事業承継型M&Aの増加の背景

　日本における事業承継型M&Aの増加の最も大きな要因としては，後継者問題を抱える経営者の引退ニーズがあげられる。

　図表6-1は，社長年齢別に見た後継者の決定状況を示している。60代では49.5％，70代では39.9％，80代以上では31.8％で後継者が不在となっている。引退を検討する年齢に差しかかっている企業においても，後継者不在の比率が高く，事業承継型M&Aを検討する意義は大きいと考えられる。

図表6-1　社長年齢別に見た後継者の決定状況

	30代未満	30代	40代	50代	60代	70代	80代以上
後継者あり	8.1%	8.8%	14.2%	28.4%	50.5%	60.1%	68.2%
後継者不在	91.9%	91.2%	85.8%	71.6%	49.5%	39.9%	31.8%

原資料：帝国データバンク「全国・後継者不在企業動向調査（2019年）」
出所：中小企業庁編（2020）p.I-133の第1-3-24図に基づき作成

　図表6-2は，引退を決断した経営者の選択肢を示している。自身の高齢化に伴い引退を決断した経営者の選択肢として，まずは，子息などの親族に承継する親族内承継が検討されるが，継ぐ意欲がない，もしくは継がせたくないなどの理由により，難しい場合もある。その場合，従業員や外部招聘経営者などに承継する親族外承継や事業売却が検討されることになる。

　そして，日本において中小企業の経営者の高齢化が進展していく中で，事業承継型M&Aが注目されている。事業承継型M&Aは，オーナー経営者の引退ニーズに伴い株式が売却されるタイプである。典型的なパターンは，後継者問題を抱えるオーナー経営者が高齢や健康上の理由で引退を決断し，株式を売却して後任の経営者に将来を託すケースである。創業者や二代目・三代目のオーナー経営者が株式を売却する理由は多様であり，既に経営の一線から退いているケース，現在は経営に従事しているが売却後に退任するケース，売却後も一定期間は経営に従事することが念頭に置かれているケースなどが存在する。株式を売却するオーナー経営者の年齢層も多様であり，近年は若手の起業家が自

図表6-2　引退を決断した経営者の選択肢

```
┌─────────────────────────────────────┐
│   経営者の高齢化／事業の行き詰まり等      │
└─────────────────────────────────────┘
              ↓
┌─────────────────────────────────────┐
│   経営からの引退、事業終了の検討          │
└─────────────────────────────────────┘
              ↓
【引退を決断した経営者の選択肢】

┌──────────────────┐  ┌──────────┐  ┌──────────┐
│   ①事業承継        │  │  ②廃業   │  │ ③(望まざる)│
│                   │  │          │  │ 事業継続   │
└──────────────────┘  └──────────┘  └──────────┘
    ↓        ↓              ↓             ↓
┌──────┐ ┌──────────┐  ┌──────────┐ ┌──────────┐
│後継者確保│ │後継者確保 │  │事前準備(計画│ │事前準備(計画│
│       │ │できず    │  │的取組)あり │ │的取組)    │
└──────┘ └──────────┘  │※財産・経営 │ │なし       │
   ↓ ↓        ↓        │資産の整理等│ └──────────┘
           ┌──────────┐ └──────────┘      ↓
┌────┐┌────┐│事業売却    │      ↓       ┌──────────┐
│親族内││親族外││※自然人である│      ↓       │債務超過での廃業│
│承継 ││承継 ││「後継者」で │  ┌──────────┐│(≒倒産)    │
│    ││(第三││はなく、会社 │  │資産超過での廃業│└──────────┘
│    ││者承継)││等の「事業体」│  └──────────┘
└────┘└────┘│への事業売却│
   ↓         └──────────┘
┌──────┐ 数年間の ┌──────┐
│内部昇格│ 社内勤務 │外部   │
│      │        │招へい  │
└──────┘        └──────┘
```

出所：中小企業庁編（2014）p.250

ら創業したベンチャー企業の株式を別の企業に売却して退任し，次のキャリア
を模索するケースも見られる。

3. 中小企業にとってのM&Aのメリット

　本節では，中小企業にとってのM&Aのメリットについて説明する。具体的
には，中小企業庁編（2018）『2018年版　中小企業白書―人手不足を乗り越え
る力　生産性向上のカギ』に記載されている三菱UFJリサーチ＆コンサルティ
ングによるアンケート調査結果[1] も参考にしながら，M&Aの買手および売
手が想定する目的や効果について述べてみたい。

図表6-3　M&Aの実施有無別に見た買手としてのM&Aの目的や想定する効果

目的・想定する効果	M&Aの実施経験あり (n=407)	未実施 (n=1,373)
売上・市場シェア拡大	81.1%	72.1%
事業エリアの拡大	56.0%	48.1%
人材の獲得	44.2%	48.4%
新事業展開・異業種への参入	36.6%	37.9%
技術・ノウハウの獲得	27.3%	31.1%
コスト低減・合理化	18.2%	19.2%
設備・土地などの獲得	10.6%	10.8%
ブランドの獲得	7.9%	5.2%
サプライチェーンの維持	4.7%	4.6%
その他	0.5%	1.3%

(注) 複数回答のため，合計は必ずしも100%にならない。
原資料：三菱UFJリサーチ＆コンサルティング「成長に向けた企業間連携等に関する調査」
　　　（2017年11月）
出所：中小企業庁編（2018）p.347に記載の第2-6-40図に基づき作成

（1）買手としての中小企業のM&A

　図表6-3は，買手としてのM&Aの目的や想定する効果を示している。M&Aの目的として最も想定されるものが，「売上・市場シェア拡大」であることが読みとれる。同業他社を買収することで既存事業の売上を拡大していくという視点である。

　それ以外には，「事業エリアの拡大」，「人材の獲得」，「新事業展開・異業種への参入」，「技術・ノウハウの獲得」という回答が多く寄せられている。「事業エリアの拡大」は，地理的拡大を意味する。隣県へ進出したい調剤薬局が他県の店舗を有する同業他社を買収するようなケースで効果を発揮する。また，東日本に工場を有する製造業の企業が，西日本に工場を有する企業を買収し，生産拠点の拡大を企図するケースもこれに該当するだろう。

　「人材の獲得」や「技術・ノウハウの獲得」という側面に重きを置いてM&Aが実施されるケースも存在する。買収後の組織融合の段階で，両社の技術者や営業マンがノウハウを共有しながらグループ全体の成長を目指していくという

ことが可能となる。

　「新事業展開・異業種への参入」という回答がある程度存在したように，多角化の視点によりM&Aが実施されることもある。たとえば，新たな収益の柱を創出したい，既存の事業と相乗効果が見込める新たな領域の事業をグループ内に取り込みたいという考えに基づいてM&Aが実施されることもしばしば存在する。

　このようにM&Aは，中小企業の成長戦略の一手段として有効であるが，期待される効果は多様である。複数の狙いや要素が重なり合って成立するものであり，事前にどのような効果が見込めるかという分析を十分に行うことが重要である。

(2)　売手としての中小企業のM&A

　中小企業のM&Aにおける「売手」という場合においては，当該中小企業の株主であるオーナー経営者個人が売手となり当該中小企業が売却されるケースと，当該中小企業が売手となり当該中小企業の子会社や事業部門が売却するケースが存在する。前者の多くは，高齢や健康上の理由により，オーナー経営者が引退を企図するケースであり，事業承継型M&Aと呼べる取引である。後者は，「選択と集中」により非中核事業の切り離しを企図するケースであり，事業再編型M&Aと位置付けられる。また，過剰債務状態にある企業が優良事業を切り離す事業再生型M&Aも存在する。

　図表6-4は，売手としてのM&Aの目的や想定する効果を示したものであるが，後継者がいない企業にとっては，事業の承継手法としての認知度が高いといえる。また，後継者がいる企業と後継者がいない企業のいずれのケースにおいても，「従業員の雇用の維持」と「事業の成長・発展」という回答が多くなっている。

　「株式譲渡による利益確保」は，保有株式の現金化を意味し，売手となるオーナー経営者にとってのメリットであるが，回答は1割程度にとどまっている。このことから，オーナー経営者にとっては，自身が保有する株式の価値の

図表6-4　後継者の有無別に見た売手としてのM&Aの目的や想定する効果

目的・想定する効果	後継者がいる (n=354)	後継者がいない (n=260)
事業の承継	52.5%	70.0%
従業員の雇用の維持	54.0%	58.5%
事業の成長・発展	53.7%	45.0%
業績不振の打開	23.2%	15.0%
株式譲渡による利益確保	12.4%	13.1%
株式譲渡による所有と経営の分離	10.7%	13.1%
ノンコア事業の売却	4.2%	5.0%
その他	0.3%	0.4%

（注）複数回答のため，合計は必ずしも100％にならない。
原資料：三菱UFJリサーチ＆コンサルティング「成長に向けた企業間連携等に関する調査」
　　　　（2017年11月）
出所：中小企業庁編（2018）p.350に記載の第2-6-44図に基づき作成

現金化という視点よりも，雇用の維持や成長・発展を願う視点が重視されているという実態が読みとれる。

（3）スキーム

　実際のM&Aの取引スキームとしては，株式譲渡，事業譲渡，第三者割当増資などの形態が存在する。ここでは，オーナー企業の事業承継型M&Aを想定して説明することとする。

① 株式譲渡

　株式譲渡は最も一般的なM&Aのスキームである。図表6-5は，株式譲渡を採用したM&Aのスキームを示しており，オーナー経営者が100％の株式を保有しているA社をB社が買収する取引である。オーナー経営者は保有していたA社の株式をB社に譲渡することで譲渡対価を得る。一方，B社はA社を100％子会社化することとなる。

図表6-5　株式譲渡のスキーム

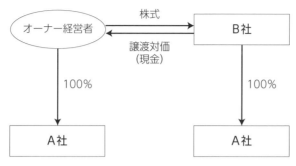

出所：筆者作成

② 事業譲渡

　事業譲渡のスキームが採用されることもある。図表6-6は，事業譲渡を採用したM&Aのスキームを示しており，A社が運営するY事業がB社に譲渡される取引である。A社は，Y事業をB社に譲渡することで対価を得る。この場合，譲渡対価である現金はA社が受領するため，オーナー経営者が直ちに受領するわけではない。なお，B社が新たに子会社としてC社を設立し，C社がY事業を譲り受けるという方法も存在する。

　事業譲渡型のスキームは，複数の事業を営む企業が事業再編の視点によりノン・コア事業（非中核事業）を切り離すというケースのほか，引退を決めたオーナー経営者が不動産事業などを残して他の事業を売却するケースなどで採用される。また，過剰債務状態にある企業の優良事業を新会社に譲渡し，新会社が事業再生を図るケースなどにも用いられることがある。

③ 第三者割当増資

　第三者割当増資は，特定の第三者を割当先とする増資を実施し，資金調達を行う方法であるが，M&Aの手法として用いられることもある。図表6-7は，B社が第三者割当増資の引き受けを通じてA社を子会社化するM&A取引を示している。A社が新たに発行する株式（増資後の発行済株式総数の50%超）

図表6-6　事業譲渡のスキーム

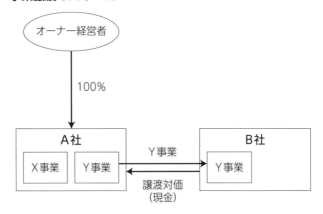

出所：筆者作成

図表6-7　第三者割当増資のスキーム

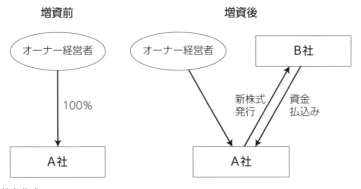

出所：筆者作成

をB社が取得し，経営権を掌握する取引である。なお，オーナー経営者による株式譲渡と第三者割当増資による資本増強を組み合わせるというスキームも考えられる。

4. 中小企業のM&Aアドバイザー

　中小企業がM&Aを進める場合には，M&Aアドバイザーの存在は重要である。自ら相手を探して直接交渉するということも可能であるが，関心を示しそうな買手候補先の数を増やすためにも，取引を円滑に進めるためにも，プロフェッショナルを起用するという視点は極めて重要である。

(1) 中小企業のM&Aアドバイザーの役割
① 買手へのサポート内容
　図表6-8は，中小企業のM&Aにおけるアドバイザーによるサポート（主に買手側へのサポート）の主要内容を示したものである。中堅・中小企業のM&Aにおいても，アドバイザーの役割は多岐にわたる。M&A戦略の立案の段階から関与する場合には，経営戦略の視点と業界の知見に基づいて候補企業のリストアップのサポートを行うところから始まり，候補企業へのアプローチのサポートを行う。また，能動的なアプローチ以外にも，売手側のアドバイザーから案件が持ち込まれることもあり，その場合は持ち込まれた案件が検討に値するか否かの判断についての助言を行う。

　次に，案件の成立に向けて動くエグゼキューション（取引成約に至るまでの一連のプロセス）の段階においては，ストラクチャー（取引スキーム）の検討，バリュエーション（企業価値評価），条件交渉なども含め，クロージングに至るまでの取引のサポートを行う。また，デューデリジェンス（事業精査）やポスト・マージャー・インテグレーション（PMI：買収後の統合プロセス）の支援を行うケースもある。

② 売手へのサポート内容
　売手であるオーナー経営者がアドバイザーを起用する場合においても，取引の成約に至るまでの各プロセスにおいて多様なアドバイスを受けることになるが，最初に買手候補の選定を行う際の基本方針のすり合わせは特に重要であ

図表6-8　M&Aアドバイザーによるサポート内容

(1) M&A戦略の立案	(2) M&A取引の実行（エグゼキューション）	(3) M&A後の統合（PMI）
経営戦略に基づいてM&A候補企業を選定する。また，M&Aの目的を明確化する。	ストラクチャーの検討，相手企業との条件交渉，クロージングに至るまでのプロセスを実行する。	M&Aのクロージング後の統合プロセスを実行する。
● M&A戦略の立案 ● 候補企業の選定・情報収集・情報更新 ● 能動的なアプローチの検討 ● 各方面から持ち込まれる案件の検討 ● 候補企業とのシナジー効果の検証 ● 候補企業へのアプローチ	● ストラクチャーの検討 ● 買収資金調達の検討 ● デューデリジェンス（初期） ● バリュエーション（初期） ● 基本合意に向けた条件交渉 ● 基本合意書の作成・締結 ● デューデリジェンス ● バリュエーション ● 最終合意に向けた条件交渉 ● 最終合意書の作成・締結 ● クロージング	● M&A後の経営体制の構築 ● 統合計画の策定 ● M&A後のグループのビジョンの浸透 ● 組織・人事制度の統合 ● システムの統合

出所：杉浦（2017a）p.103

る。大企業の傘下に入りたくない，同一地域の同業他社には売却したくない，というような希望がある場合には，アドバイザーにその意向を伝える必要がある。また，財務状況も含めた自社の実態をアドバイザーに正確に伝える必要がある。

(2) 中小企業のM&Aアドバイザーの類型

　本項では，日本において中堅・中小企業のM&Aアドバイザーとしての役割を果たしているプレーヤーとして，大手銀行，大手証券会社，地方銀行，信用金庫，M&Aファーム（M&A専門会社），税理士・会計士・税務コンサルティング会社，中小企業診断士・経営コンサルティング会社，公的機関（商工会議所，事業承継・引継ぎ支援センターなど）の現状について述べる[2]。

① 大手銀行

まず，大手銀行がM&Aアドバイザリー業務を強化し，中堅・中小企業のM&Aのサポートを積極的に行っている。事業法人をカバーする部署や営業店とも連携し，取引先企業に対して，M&Aの提案を行う動きが顕著であるほか，買収資金の融資にも積極的である。メガバンク以外にも，信託銀行や政府系金融機関なども積極的に中堅・中小企業のM&Aの支援を行っている。近年は，オーナー企業の後継者不在を背景とする事業承継型M&Aの増加に伴い，大手銀行が売手側のオーナー経営者のアドバイザーを務めるケースも増加している。

② 大手証券会社

次に，証券会社の投資銀行部門も，資金調達，資本政策，株式上場支援などとともにM&Aアドバイザリー業務を強化している。特に，国内の大手証券会社は，上場企業に対してのM&Aの提案や助言を行っているほか，未上場の中堅・中小企業へのソリューションの提供も積極的に行っている。ただし，外資系の証券会社については，一定規模以上の大型M&A案件のみに力を入れる傾向にあり，中小企業のM&Aの支援は行っていないのが現状である。

③ 地方銀行

近年，地方銀行がM&A支援業務を強化する動きも顕著である。営業エリア内の中堅・中小企業のM&A需要を汲み取り，多様な案件を手がけるようになってきている。大手銀行や大手証券会社が手がけていない小規模な案件の支援にも積極的である。ただし，地方銀行が手がけるM&A支援業務の人員や体制については，地方銀行間で格差が存在するという現状がある。エグゼキューション業務についても，自行で内製化して手がけている場合と，後述するM&Aファームと連携して手がけている場合がある。いずれにしろ，地域中小企業のM&Aの需要が拡大していくにつれて，地方銀行のM&Aアドバイザーとしての役割は増していくこととなろう。

④ 信用金庫

信用金庫の一部もM&A支援業務を開始している。地方銀行と比較すると，自行でエグゼキューション業務を内製化して手がけているケースは少なく，M&Aファームなどと連携して手がけているケースが大半である。また，全国の信用金庫の中央機関である信金中央金庫の子会社の信金キャピタルと連携して業務を推進しているケースも多い。地域中小企業のM&Aでは，信用金庫も地方銀行とともに重要な役割を果たしていくと予想される。

⑤ M&A専門会社

2000年代半ば頃より，日本のM&A市場の成長に伴い，M&Aの当事者への助言を行う専門会社[3] が急増した。その中には，中堅・中小企業の案件に力を入れている業者も数多く存在し，重要な役割を果たしている。近年，地方都市にも拠点を開設するM&A専門会社も増加しており，地方の中堅・中小企業のM&Aにおいても重要な役割を果たしている。

M&A専門会社の設立においては，大手金融機関や監査法人系FAS（financial advisory services）に所属していた会計士などのプロフェッショナルが新たに設立する動きが多いが，近年は大手もしくは中堅のM&A専門会社で経験を積んだプロフェッショナルが独立して新たなM&A専門会社を設立する動きも出てきており，極めて多様なプレーヤーが存在する。

⑥ 税理士・会計士・税務コンサルティング会社

税理士・会計士・税務コンサルティング会社が中堅・中小企業のM&Aのサポートを行うケースも増えている。特に，大都市に拠点を置きながら地方もカバーしている会計・税務のプロフェッショナル・ファームがM&Aアドバイザリー業務を手がける部門を開設し，中堅・中小企業のM&Aを支援する動きが出てきている。税理士や会計士は，オーナー経営者にとって身近な相談相手であることから，買手側のアドバイザーとしてだけではなく，事業承継型M&Aにおける売手側のアドバイザーとしての役割が増していくと予想される。

⑦ 中小企業診断士・経営コンサルティング会社

中堅・中小のオーナー企業を顧客とする経営コンサルティング会社が，全社経営戦略（グループ戦略），マーケティング戦略，人事戦略などのコンサルティングを行う過程でM&A戦略の立案を行ったり，M&Aの相談を受けたりする例も出てきている。

⑧ 公的機関（商工会議所，事業承継・引継ぎ支援センターなど）

公的機関が中小企業のM&Aの支援をする取組みも期待される。商工会議所が中小企業のM&Aを支援する動きは，これまでに一部存在したが，近年は「事業承継・引継ぎ支援センター」の取組みが注目される。

経済産業省・中小企業庁は，後継者不在などで事業の存続に悩みを抱える中小企業・小規模事業者の相談に対応するため，「産業競争力強化法」に基づいて，全国47都道府県に「事業承継・引継ぎ支援センター」を設置し，M&Aの相談や候補先の紹介などを行っている。なお，各地の「事業承継・引継ぎ支援センター」の設置主体は，商工会議所や地域の産業を支援する公益財団法人が務めている。

(3) 中小企業のM&Aアドバイザーの将来展望

図表6-9は，筆者が実施した「日本の中堅・中小企業のM&Aに関するアンケート調査」の集計結果[4]のうち，中堅・中小企業のM&Aアドバイザーとしての役割が増していくと期待されるプレーヤーを示している。特に役割が増していると思われるプレーヤーを三つ選択するという設問であったが，回答が多かったプレーヤーは，「M&Aファーム（M&A専門会社）」と「大手銀行」と「地方銀行」であった。また，「税理士・会計士・税務コンサルティング会社」についても，比較的多くが回答している。

(4) M&Aマッチングプラットフォーム

近年，インターネット上のシステムを活用し，オンラインで売手と買手の

図表6-9 中堅・中小企業のM&Aアドバイザーとしての役割が増していく
プレーヤー（三つ選択）

機関	回答数	%
大手銀行	62	53.9
大手証券会社	19	16.5
地方銀行	61	53.0
信用金庫	17	14.8
M&Aファーム（M&A専門会社）	77	67.0
税理士・会計士・税務コンサルティング会社	46	40.0
中小企業診断士・経営コンサルティング会社	17	14.8
公的機関（商工会議所，事業引継ぎ支援センターなど）	22	19.1
サンプル数	115	—

出所：杉浦（2017a）p.109

マッチングの場を提供するM&Aマッチングプラットフォームを構築するサービス・プロバイダーも登場している。中小企業庁が2020年3月に策定した「中小M&Aガイドライン」においても，「M&Aプラットフォーマー」の特徴に関する記載がなされており，中小M&Aのすべての工程において多額の費用をかけられない，またはM&A専門業者などに依頼することを躊躇して中小M&Aに踏み切れない中小企業などに対して，M&Aを後押しできる立場にいるとの記述がなされている。

　主要なプラットフォームとしては，東証第一部上場のM&A仲介会社である日本M&Aセンターが出資しているバトンズが運営する「BATONZ（バトンズ）」，東証第一部上場のM&A仲介会社であるストライクが運営する「M&A市場SMART（スマート）」，東証マザーズ上場のビジョナルの子会社であるビズリーチが運営する「ビズリーチ・サクシード」などが存在する。また，デロイト トーマツ グループのデロイト トーマツ ファイナンシャルアドバイザリーは，後継者問題を抱える経営者に対して，M&Aに関する相談相手（ファイナンシャル・アドバイザー）や引き継ぎ先をマッチングするM&Aマッチングプラットフォーム「M&Aプラス」の運営を強化している。

5. 中小企業の事業承継型M&Aの事例

　上場企業が非上場の中小企業を買収したケースとは異なり，非上場の中小企業が非上場の中小企業を買収したケース（特に事業承継型）では，当事者がM&Aを実施したという事実の公表を望まないケースも多く，詳細な情報が表に出ないケースが多い。以前は，各種の支援事例集などにおいても，社名が開示されるケースは少ないという実態が存在した。しかし，近年は，M&A支援機関（特にM&A専門会社）が開催するセミナーにおいて，当事者である経営者（売手の創業者の場合を含む）が登壇してM&Aの体験談を語る取組みや，ニュースレターでM&Aを実施した中小企業の経営者のコメントを記載する取組みなど，少しずつではあるが，社名を開示して事例が紹介されるケースも出てきており，中小企業のM&Aの啓蒙に役立てられている。

　本節では，成約案件の情報が比較的開示されている東京都事業承継・引継ぎ支援センター（旧東京都事業引継ぎ支援センター）のM&A支援事例について紹介する。

(1) 東京都事業承継・引継ぎ支援センターの概要

　東京都事業承継・引継ぎ支援センターは，「産業競争力強化法」に基づき，東京商工会議所が経済産業省関東経済産業局から委託を受けて実施している公的機関であり，事業承継に悩みを抱える中小企業経営者のサポートを無料で行っている。具体的には，相手先のマッチングから支援するケースや，既に相手先がある相談者に対して，譲渡の方法や今後の交渉の進め方などのアドバイスを行い，弁護士などの専門家を活用することで引継ぎ完了までのサポートを行っている。

(2) 東京都事業承継・引継ぎ支援センターにおける成約事例

　図表6-10は，東京都事業承継・引継ぎ支援センターの成約実績の推移を示している。センターの開設以降，毎年件数が増加していることが読みとれる。

図表6-10　東京都事業承継・引継ぎ支援センターの成約実績の推移

年度	2012	2013	2014	2015	2016	2017	2018	2019	2020
成約件数	5	11	27	32	41	55	61	75	90

(注) M&A（第三者承継），従業員承継，親族承継，その他の合計値である。
出所：東京都事業承継・引継ぎ支援センターのWebサイトに記載の情報に基づき作成

　図表6-11は，東京都事業承継・引継ぎ支援センターもしくはセンターの登録専門家を活用して事業引継ぎが実施された成約事例を示している。比較的小規模な事例も開示されており，中小企業のM&Aのイメージがつかみやすい。

① 企業規模

　まず，M&Aの対象となった中小企業については，売上高（年商）が数千万円から数億円，従業員数が数名から十数名のケースが多い。一方，買手企業のほうは，それよりも少し規模が大きく数十億円の売上高を誇るケースが多いが，売上高が数億円の中小企業が買手となるケースも存在する。

　教育用ソフト・コンテンツの開発・販売を行う東大英数理教室（MATOMe-ruに商号変更した後に昭栄広報に合併）が，東京証券取引所JASDAQスタンダードに上場するチエルの傘下に入った事例などの数件を除けば，非上場の中小企業が買手となっている。

　なお，出版物の校正専門プロダクションのディクションが従業員に承継されているが，このような取引は，EBO（employee buy-outs）とも呼ばれている。従業員が承継するEBOでは企業文化が引き継がれやすいという特性がある。

② 対象企業の業種

　対象企業は，製造業のほか，消費者向けサービス，法人向けサービス，情報・通信，教育支援，人材派遣，ビルメンテナンス，出版，運輸，不動産，建築・設計など，極めて多様となっている。

　対象企業と買手企業の業種を比較すると，同業種の傘下に入るケースが多いと読みとれるが，一部異業種（異業態）の傘下に入ったケースも存在する。

図表6-11　東京都事業承継・引継ぎ支援センターにおける成約事例

年度	対象企業	業種	売手	買手
平成25年度	ハタデザイン事務所（東京都文京区、年商44百万円、従業員数8名）	グラフィックデザインスクール	社長（70歳）	ビットウィン（東京都江戸川区、年商約1億円）
平成26年度	アンツ（東京都渋谷区、年商3億6,000万円、従業員数12名）	寝具類卸（テンピュール社製品）	社長（62歳）	タグ・ホールディングス（東京都千代田区、年商約40億円）
	サンプーエーシー（東京都品川区、年商5億円、正社員16名・パート350名）	ビルメンテナンス業	社長（67歳）	光洋商事（大阪府大阪市、グループ年商5億2,000万円）
	ディグジョン（東京都千代田区、年商6,300万円、正社員4名）	出版物の校正専門プロダクション	社長（66歳）	従業員（志村氏ほか1名）
	PIVOT（東京都港区、年商3億5,000万円、従業員数50名）	Webデザイン制作、システム開発、コンサルティング	社長（38歳）	AZホールディングス（東京都渋谷区、グループ年商25億円）
平成27年度	ジムテック（東京都中央区、年商約2億円、従業員8名）	事務用機械卸売業	社長（56歳）	グッドライフOS（大阪府大阪市、年商21億円）
	タイセイ（千葉県千葉市、年商1億4,000万円、従業員数14名）	石油化学プラント設計	社長（67歳）	インターアクション（神奈川県横浜市、グループ年商40億円、東証第二部上場）
	日伸運輸（東京都杉並区、年商7,000万円、従業員数15名）	運送業	社長（74歳）	東衛物流（東京都江戸川区、年商約40億円）

年度	会社	事業	社長	会社
平成28年度	ニード（東京都渋谷区、年商約16億円、社員数17名）	婦人カジュアルウエアおよびソックスのOEM	社長（61歳）	互興（東京都渋谷区、年商約56億円、社員数45名）
	東大英数理教室（東京都文京区、年商約8,000万円、社員数8名）	教育用ソフト・コンテンツの開発・販売	社長（70歳）	チエル（東京都品川区、年商17億円、JAS-DAQ上場）
	アスカビーエフ（東京都台東区、年商3億円、社員数15名）	コンピュータ用伝票などの企画販売、医療機器・医療用消耗品製造販売など	社長（72歳）	イスラテムジャパン（東京都墨田区、年商7億円、社員数25名）
平成29年度	Playce（東京都渋谷区、年商80百万円、従業員数9名）	広告、出版物などの企画制作、WEB制作	社長	日本創発グループ（東京都台東区、年商333億円、従業員数1,610名、JASDAQ上場）
	有限会社リゼラ（東京都渋谷区、年商44百万円、従業員数10名）	フットケアサロン事業	社長	ダイアナ（東京都渋谷区、年商87億円、従業員数260名）
平成30年度	キャパコンインスツルメンツ（東京都目黒区、年商25百万円、従業員数-名）	水位計製造業	社長	水処理システム（愛知県名古屋市、年商4億円、従業員数30名）
	ビパン（東京都台東区、年商25百万円、従業員数0名）	出版業（業界紙誌の取材・編集）	社長	日本工業出版（東京都文京区、年商6億円、従業員数38名）
	グローバル・リーチ（東京都目黒区、年商39百万円、従業員数2名）	教育・学習支援事業	社長	We&（グループ会社：スパルタ英会話ほか、新宿区、年商1.5億円、従業員数45名）
	アイ・シー・ティーニー（東京都台東区、年商4億円、従業員数73名）	情報通信業	社長	SIC（東京都新宿区、年商6億円、従業員数100名）

年度	売手（会社名・所在地・年商・従業員数）	事業	売手の肩書	買手（会社名・所在地・年商・従業員数）
令和元年度	シェアード・ソリューション・サービス（東京都千代田区、年商2.5億円、従業員数12名）	コンピュータ機器の保守サービス	社長	三和コンピュータ（東京都港区、年商67億円、従業員数452名）
	コンセルジュ（東京都品川区）	不動産管理業	社長	トラスト建物管理（東京都中央区）
	ディテックス商会（東京都千代田区）	貿易業	社長・会長	出光商会（東京都港区）
	シグマシステム建築事務所（東京都新宿区、年商45百万円、従業員数3名）	建築設計事務所	社長ほか1名	アスカ設計（東京都豊島区、年商2.5億円、従業員15名）
令和2年度	Apex（東京都八王子市）	自動車部品製造業	社長・親族	中京車体工業（愛知県名古屋市）
	複合研ディーイーエル（東京都千代田区）	入力支援（OCR）システムの開発・販売	社長	ディー・シー・エス（東京都文京区）
	リビングシステム（東京都世田谷区）	不動産賃貸管理業	社長	トラスト賃貸管理（東京都中央区）
	有限会社エムケイアイアンドアソシエイツ（東京都目黒区）	ナチュラルクッキーの製造・販売	社長ほか創業経営陣	Sweets Holic 井上氏
	有限会社日本エフディエクターズクール（東京都千代田区）	編集・校正スクールの運営	社長ほか	文字工房横光（東京都港区）
	中央ビルメイン（東京都武蔵野市、年商約40百万円）	清掃業	社長ほか	三洋環境（岡山県岡山市、グループ年商約20億円）
	三機工（東京都大田区、年商約1億円）	人材派遣業（シニア技術者派遣）	社長	サンウエル（神奈川県横浜市、外国人技術者派遣、年商約27億円）

（注）会社名、所在地、年商、従業員数、売手の肩書などは当時のもの。

出所：東京都事業承継・引継ぎ支援センターのWebサイトに記載の成約実績や各社Webサイトに基づき筆者作成

③ 対象企業と買手の地域

東京都内の企業同士のM&Aが多い傾向にあるが，離れた地域の企業との M&Aも存在する。後者の事例としては，ビルメンテナンス業のサングーエーシーが大阪市に本社を置く光洋商事の傘下に入ったケース，事務用機械卸売のジムテックが大阪市に本社を置くグッドライフOSの傘下に入ったケース，水位計製造のキャパコンインスツルメンツが名古屋市に本社を置く水処理システムの傘下に入ったケース，自動車部品製造業のApexが名古屋市に本社を置く中京車体工業の傘下に入ったケース，清掃業の中央ビルメインが岡山市に本社を置く三洋環境の傘下に入ったケースが該当する。

6. 中小企業のM&Aの将来展望

以上，中小企業のM&Aの特徴について述べてきたが，オーナー経営者の後継者問題が顕在化していくにつれて事業承継型M&Aのさらなる増加が予想される。円滑なM&Aを実施するためには，早い段階で準備に着手するという視点がオーナー経営者に求められる。必要に迫られてから事業承継やM&Aの勉強を開始するというのでは遅く，関連書籍の読破やセミナーの参加により基本的な知識を取得し，M&Aのプロセスのイメージを持っておくことが大切である。

実際の事例については，東京都事業承継・引継ぎ支援センターの成約実績だけを見ても，多様な業種の中小企業がM&Aを実施していることが見てとれた。また，従業員が数名から十数名程度の小規模企業の事例も多数存在し，事業存続に向けた取組みが行われているという実態がある。

新型コロナウイルス感染症（COVID-19）の影響により廃業を検討する経営者が増える可能性もあるが，事業と従業員の雇用が引き継がれるM&Aの手法の理解がさらに深まり，円滑な事業承継が実施されることが期待される。

7. まとめ

＊引退を決断した経営者の選択肢として，子息などの親族に承継する親族内承継が難しい場合には，事業売却が検討される。

＊M&Aの買手のメリットとしては，「事業エリアの拡大」，「人材の獲得」，「新事業展開・異業種への参入」，「技術・ノウハウの獲得」などが重視される。

＊M&Aの売手であるオーナー経営者は，「従業員の雇用の維持」や「事業の成長・発展」を重視する。

＊M&A取引のサポートを行うアドバイザーについては，M&A専門会社，銀行，税理士などの役割が増していくと予想される。

＊東京都事業承継・引継ぎ支援センターは，売上高（年商）が数千万円から数億円，従業員数が数名から十数名の小規模企業が対象となるM&Aを支援している。

さらなる学習のために

　中小企業庁は，後継者不在の中小企業の経営者向けに，中小企業を対象とするM&A（中小M&A）を分かりやすく伝えるために，イラストを用いてポイントを解説した「中小M&Aハンドブック」を策定した。この「中小M&Aハンドブック」を読んで，中小企業の経営者の気持ちを考えてみよう。
https://www.meti.go.jp/press/2020/09/20200904001/20200904001.html

（注記）
(1) 三菱UFJリサーチ＆コンサルティングが2017年11月に中小企業30,000社を対象に実施したアンケート調査（回収率14.9%）である。
(2) 中小企業のM&Aアドバイザーの類型に関する記述は，杉浦（2017a）を近年の動向もふまえて書き改めたものである。
(3) M&A専門会社には，仲介会社とアドバイザリー会社の二つが存在する。仲介が買手と売手の両方のサポートを行い，その両方から報酬を得るのに対して，ア

ドバイザリーは，いずれか一方の当事者に対して助言を行い，その当事者のみから報酬を得る。

(4) 本アンケート調査は，2015年3月に，日本の中堅・中小企業のM&Aの今後の課題や将来展望を明らかにすることを目的とし，「日本の中堅・中小企業のM&Aに関するアンケート調査」のタイトルで実施された。アンケート調査票は，2000年以降に買手としてM&Aを実施した経験のある600社の中堅・中小企業に郵送し，126社（回答率21.0％）より回答を得た。

【参考文献】

杉浦慶一（2010）「スモールビジネスのM&A」鯨井基司・坂本恒夫・林幸治編・中小企業・ベンチャービジネスコンソーシアム著『スモールビジネスハンドブック—不況を勝ち抜く事例企業に学ぶこれからの企業価値経営』ビーケイシー，pp.208-223.

杉浦慶一（2014a）「地方銀行による事業承継支援業務とM&A支援業務の強化」『銀行実務』第44巻第3号，銀行研修社，pp.60-66.

杉浦慶一（2014b）「地方銀行による地域密着型金融の推進とM&A・事業承継支援業務」『年報財務管理研究』第25号，日本財務管理学会，pp.58-68.

杉浦慶一（2017a）「日本の中堅・中小企業のM&Aアドバイザーに関する一考察」『東洋大学大学院紀要』第53集，東洋大学大学院，pp.101-117.

杉浦慶一（2017b）「日本の中堅・中小企業のM&Aに関する研究の潮流と展望」『年報財務管理研究』第28号，日本財務管理学会，pp.74-97.

中小企業庁編（2014）『2014年版 中小企業白書』日経印刷.

中小企業庁編（2018）『2018年版 中小企業白書』日経印刷.

中小企業庁編（2020）『2020年版 中小企業白書 小規模企業白書（上）』日経印刷.

【参考資料】

中小企業庁「中小M&Aガイドライン—第三者への円滑な事業引継ぎに向けて」2020年3月.

中小企業庁「中小M&Aハンドブック」2020年9月.

杉浦慶一

第 **7** 章

中小企業の金融

学習のポイント

① 中小企業に対する金融市場において，どのような問題が発生するか。情報の非対称性とは何か。

② 中小企業はどのように資金調達を行っているか。時期や米国との比較でどのような違いがあるか。

③ 金融機関はどのように情報生産を行い，融資を行っているか。

④ 中小企業はライフステージごとにどのような特徴があり，どのような資金調達の違いがみられるか。

⑤ 中小企業に融資を行う金融機関はどのようなものがあるか。それぞれの特徴は何か。

⑥ 政策金融の経済学的な根拠は何か。政府系金融機関や信用保証協会はどのような役割を担っているか。

1. はじめに

本章では中小企業を金融面から理解する。大企業と異なり，多くの中小企業の社会的な認知度は低い。経営の内容が外部から見えづらく，事業に必要な資金を株式市場や社債市場を通じて直接，投資家から調達することは困難である。また，政府系融資や公的信用保証といった，中小企業向けの政策金融が存在する。このように中小企業金融は大企業における金融と異なる特徴を持つ。中小企業に分類される企業は零細企業，ベンチャー企業，老舗企業，会社形態を持たない個人事業主などが含まれる。このような多様な企業の金融面におけ

る特徴を知ることは，中小企業のライフサイクルを理解する上で重要である。本章では，理論的な側面のみならず，様々なデータを参照しながら，中小企業金融に関する理解を深めていく。本章で取り上げるテーマは下記のとおりである。

2.節では，中小企業金融の特徴として，借り手と貸し手の間の情報の非対称性が深刻であることを説明する。情報の非対称性とは経済学的な概念であり，取引主体の間の情報量が均一ではないことを意味する。中小企業金融では，借り手のリスクに関する情報を貸し手が十分に保有していないという意味で，情報の非対称性という概念が使われる。本節では，情報の非対称性により，逆選択，モラルハザードといった問題が生じるため，貸出市場が完全に機能しないことを説明する。その上で，金融機関の審査・モニタリングによる情報生産活動が，情報の非対称性の問題を緩和し，貸出市場の効率性を高めることを説明する。

3.節では，中小企業がどのように資金調達を行っているのか，規模別，年別，もしくは米国との比較を行いながら明らかにする。中小企業は情報の非対称性の問題が大きく，金融機関の審査・モニタリングが必要であるため，金融機関からの借入金が大きい。この傾向は米国と比較すると顕著であり，日本の中小企業が金融機関からの借入金に依存していることをデータにより明らかにする。また，日本のバブル経済以降の中小企業の資金調達構造の変化を概観すると，徐々に金融機関からの借入金の依存度が低くなり，株主資本による自己資本調達の割合が高くなっている。この他にも企業間信用，社債，金融機関以外からの借入金の動向についても概観する。また，中小企業の資金繰りの状況や，金融機関による貸出態度に関するデータを概観し，景気の動向との関係を明らかにする。

4.節では，金融機関による情報生産の方法について，近年の貸出技術に関する議論を紹介しながら明らかにする。中小企業の審査・モニタリングを行う際，企業の財務諸表などの定量情報（ハード情報）が重要であるが，中小企業の財務諸表は監査法人等による監査を受けていないことが多く，信頼性が低い

218

という問題がある。そのため，中小企業に対する審査・モニタリングを行う
際，企業の将来的な成長性，経営者の能力など数量化できない情報（ソフト情
報）も重要になる。このソフト情報を活用した貸出はリレーションシップ貸出
と呼ばれており，多くの金融機関が取り組んでいる地域密着型金融に密接した
貸出である。本節ではリレーションシップ貸出について紹介した上で，ハード
情報を活用した貸出である，トランズアクション貸出についても説明する。

　また，4.節では，中小企業金融に関する代表的な論文であるBerger and
Udell（1998）の議論に基づき，企業の成長ステージごとの資金調達方法につ
いて説明する。創業期で十分な実績がない企業は，情報の非対称性の問題が大
きいことから，金融機関からの借入を十分に行うことができず，3.節で説明す
る企業間信用も十分に利用できない。企業の成長に伴いこのような問題は緩和
し，一部の企業は社債や株式といった，直接金融により資金調達を行うことを
説明する。

　5.節では，金融機関から見た中小企業金融の姿について明らかにする。中小
企業に対して資金を供給する主な金融機関として，都市銀行，地方銀行，信用
金庫，信用組合，政府系金融機関がある。本節ではそれぞれの役割の違いや規
模について，データを示しながら明らかにする。また，3.節で説明したリレー
ションシップ貸出を，どのような金融機関が行うのか，金融機関の機能の違い
を踏まえて説明する。また，データを示しながら，政府系金融機関の融資の動
向を確認し，景気悪化時に政府系金融機関が融資を増加させることを確認す
る。

　6.節では，政府系融資，公的信用保証を行う政府系金融機関の役割について
説明する。2.節で説明する通り，中小企業向け貸出市場において情報の非対称
性の問題が発生する。6.節では情報の非対称性が深刻であると資金供給が過小
になることを，需要供給曲線を示しながら説明する。その上で，過小供給の問
題を回避するために，政府系融資や公的信用保証が有効になりうることも示し
たうえで，同時に社会的なコストも生じうることを説明する。データ等を示し
ながら実際の政府系金融機関や信用保証制度の仕組みについて明らかにし，現

在の政府系融資や公的信用保証制度の役割について理解する。

7.節ではクラウドファンディングやAI融資といった最近のトピックについて理解する。

2. 中小企業金融の特徴

本節では中小企業と大企業の違いを示し，中小企業の情報の非対称性が大きいことを説明する。その上で逆選択やモラルハザードについて説明する。

(1) 中小企業の特徴と情報の非対称性

中小企業といっても，零細企業，中堅企業，ベンチャー企業など，様々な企業が該当する。このような企業に対する資金供給を考える際，情報の非対称性の問題が深刻になる。第2章において，開業時の資金制約について説明しているが，この制約のひとつの原因として情報の非対称性の存在が考えられる。

企業に対して何らかの資金を提供する際，企業がなぜその資金を必要とするのか（資金使途），またその資金を使った投資やその企業がどの程度のリスクを持つのか（信用力）を資金提供者が把握することが重要になる。では，中小企業に対して資金を提供する場合，資金提供者は企業の資金使途や信用力に関する情報をどのように入手するだろうか。大企業であれば，有価証券報告書や株価などから企業の情報を入手することができ，企業の信用力や活動状況を知ることは比較的容易である。また，企業の社会的評判が確立されており，その評判を低下させることによる損害が大きいため，大企業が資金使途に反して投資を行うことは稀であろう。

一方，中小企業は上場しておらず，企業の信用力などの情報を，資金提供者がコストをかけずに入手することが困難である。また，企業が日常的にどのような投資活動を行っているかを資金提供者がモニタリング（監視）することにコストがかかる。一部の中小企業については十分な社会的評判が確立されていない。そのため，中小企業は資金使途に反して投資活動する可能性が高くな

る。つまり，資金提供者は中小企業の信用力や投資活動に関する情報を十分に保有していない。一方，中小企業は，自企業の信用力や投資活動に関する情報を十分に保有している。このように，資金提供者と中小企業の間に情報の保有について格差があることを，情報の非対称性と呼ぶ。情報の非対称性が存在すると，逆選択やモラルハザードの問題が発生し，市場の失敗が生じる。中小企業金融を考える際に，情報の非対称性は重要な概念であり，情報の非対称性の緩和が市場を円滑に機能させるためのキーポイントとなる。

(2) 逆選択とモラルハザード

　融資前（事前）の借り手のリスク情報を資金提供者が保有していない場合，逆選択の問題が発生する。たとえば，高リスクの中小企業群100社，低リスクの中小企業群100社が融資申込をしたとしよう。高リスクの中小企業が返済をできない確率を10％，低リスクの中小企業が返済をできない確率を2％と仮定する。仮に資金提供者が中小企業のリスクを完全に把握していたとする。この場合，高リスクの中小企業に対して金利10％，低リスクの中小企業に対して金利2％で貸し出しを行うと，貸し倒れによる損失をカバーできる。

　しかし，情報の非対称性が存在し，資金提供者が借り手の中小企業の信用リスクについての情報を保有していないと，返済できない確率の期待値をもとに金利を設定する。このケースでは，それぞれのタイプの中小企業が50％ずつ存在するので，返済できない確率の期待値は6％（=0.5×2％+0.5×10％）である。そのため，資金提供者は低リスク，高リスクの中小企業ともに6％の金利で融資を行おうとする。しかし，低リスクの中小企業は，本来であれば2％で融資を受けることができるので，相対的に高めの金利を提示される。そのため，低リスクの中小企業は融資を受けず，高リスクの中小企業のみが融資先として残ることになる。

　このように事前の情報の非対称性が存在すると，リスクが低い中小企業が適正な金利で融資を受けられなくなり，社会的な非効率性が悪化する。

　融資後（事後）の情報の非対称性が存在する場合に発生する問題がモラルハ

ザードである。ある卸売業者（X商事）が商品の仕入れのための資金として100万円の融資を申し込み，融資が実行されたとする。X商事はこの商品を仕入れ，ある工場に納入すると確実に売り上げが発生するので，その資金をもとにX商事は返済をすることができる。そのため，事前に決められた目的に対してこの資金を使用すれば，資金提供者にとってリスクが低い融資であるといえる。しかし，資金提供者はX商事が商品の仕入れのためにこの資金を使うかどうか観察できず，X商事は融資を受けた資金を必ずしもリスクが低い事業に使うインセンティブを持つとは限らない。

　たとえば，X商事が100万円を借り入れ，返済日に104万円の返済を約束したケースを想定する。X商事は確実に105万円の収益を得られる低リスクの事業と，10%の確率で200万円，90%の確率で0円になる高リスクの事業を選択できる状況を考える。ただし，X商事が約束した返済額（104万円）未満しか収益が得られなかった場合，有限責任により収益以上の返済が免除されるとする。X商事が低リスク事業を行った場合，返済額を差し引いた収益は1万円となる。一方，X商事が高リスク事業を行った場合，返済額を差し引いた期待収益は9.6万円（=10%×（200万円-104万円）+90%×0円）である。X商事がリスク中立的であると仮定すると，X商事にとって高い期待収益を生み出す高リスク事業を選好する。

　一方，資金提供者の期待収益はリスクが低い事業の場合は4万円，リスクが高い事業の場合は-89.6万円（=10%×4万円+90%×-100万円）であるから，リスクが低い事業を融資先のX商事が実行することが資金提供者にとって望ましい。しかし，X商事が高リスク事業を実行していても，資金提供者はX商事の融資後の行動について観察できないため，その事業の実行を防ぐことはできない。

　このように，事後の企業行動についての情報の非対称性が存在すると，資金提供者にとって望ましくない事業を借り手が実行するインセンティブが生まれる。このような問題をモラルハザードという。

(3) 金融機関の情報生産機能

　このように，借り手が中小企業の場合，情報の非対称性の問題が深刻になる。この問題を緩和するための手段として，金融機関の情報生産活動があげられる。逆選択やモラルハザードを防止するために，金融機関は企業を事前に審査し，事後的に企業活動についてのモニタリング（監視）活動を行う。このような活動は情報生産活動と呼ばれ，金融機関による情報生産活動は情報の非対称性を緩和し，市場の効率性を高める。たとえば，X商事が融資の申し込みをしたケースを想定する。まず，金融機関はX商事に対して貸借対照表，損益計算書といった決算書の提出を求め，面談などを行いながらX商事の情報を獲得する。金融機関は融資実行に十分な信用力を有しているかを獲得した情報に基づいて判断する。また，融資後も頻繁に企業を訪問し，かつ定期的に決算書の提出を求めることにより，企業の行動を監視する。一般的に金融機関は情報生産機能を持っているため，効率的に逆選択やモラルハザードを緩和することができる。そのため，金融機関は中小企業に対する貸出市場において，大きなシェアを有する。

　しかし，中小企業の信用力や企業の行動を正確に把握するのは金融機関にとっても困難である場合がある。第1に，提出された決算書が中小企業の活動を正確に反映していない可能性がある。たとえば，企業の決算書上の費用を多くもしくは少なく計上することで，利益水準が過小もしくは過大になるため，利益水準と信用力の間に乖離が生まれる。第2に，新規に融資申し込みをした企業の将来の成長性や，経営者の能力もしくはリスク志向などを判断しにくい。これらの獲得が困難な情報については，金融機関と中小企業が密接な取引関係を確立しながら，金融機関が情報を蓄積することで，情報の非対称性の問題を緩和している。

3. 中小企業の財務構造と海外との比較

(1) 中小企業の資金調達手段

　中小企業は実際にどのような手段で資金調達を行っているのだろうか？　図表7-1は財務省が発表している2018年度「法人企業統計」により，資本金規模別に零細企業，中小企業，中堅企業および大企業の資本構成を示したものである。企業の資金調達は主に負債資本調達（借入金，社債，買入債務）と自己資本調達（株主資本）に分けられる。また，金融機関およびその他借入金（短期），買入債務の返済期限は1年以内，金融機関およびその他借入金（長期），社債の返済期限は1年を超える。

① 金融機関借入金

　中小企業の資金調達は主に金融機関からの借入により行われる。中小企業の金融機関借入金の比率は短期において6.22％〜8.04％，長期においては15.41％〜31.19％である。この比率は中堅企業の比率（短期5.57％，長期7.67％）や大企業の比率（短期5.05％，長期11.25％）よりも高い。このことから，中小企業の資金調達は大企業や中堅企業と比べて，金融機関に大きく依存していることがわかる。これは情報の非対称性の問題が中小企業において深刻であるため，金融機関が情報生産を行いながら，中小企業に対して融資をしていることを示唆する。

② 社債

　社債とは，多数の債権者に対して流通可能な証券を発行することで，投資家から直接，負債による資本調達を行うことである。中小企業は金融機関借入金に大きく依存しているものの，直接金融である社債の比率は低い。図表7-1によると，中小企業の社債の比率は0.18％〜2.47％であり，大企業の比率（7.42％）と比べると大幅に低くなっている。近年，私募債（金融機関など少数の投資家が引き受ける社債）の発行による資金調達が中小企業においても増

図表7-1　資本金規模別にみた企業の資金調達構造

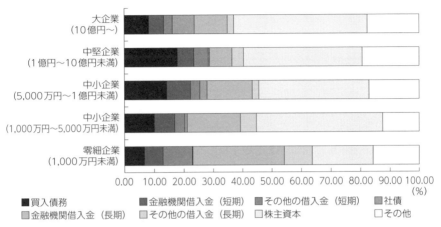

	零細企業 (1,000万円未満)	中小企業 (1,000万円〜 5,000万円未満)	中小企業 (5,000万円 〜1億円未満)	中堅企業 (1億円〜10億 円未満)	大企業 (10億円〜)
買入債務	6.69%	10.02%	14.19%	17.85%	8.24%
金融機関借入金(短期)	6.22%	6.88%	8.04%	5.57%	5.05%
その他の借入金(短期)	9.90%	3.39%	3.19%	4.90%	2.89%
社債	0.18%	0.81%	2.47%	0.40%	7.42%
金融機関借入金(長期)	31.19%	18.17%	15.41%	7.67%	11.25%
その他の借入金(長期)	9.45%	5.47%	2.26%	4.01%	2.17%
株主資本	20.49%	42.76%	37.25%	40.17%	45.23%
その他	15.88%	13.25%	18.81%	20.83%	20.35%

出所：財務省「法人企業統計調査」

えてきているが，社債による資金調達の比率は依然として低い。

③　その他の借入金

　その他の借入金（金融機関以外からの借入金）には取引先，ノンバンク，経営者等からの借入金が含まる。その比率は短期において3.19％〜9.90％，長期においては2.26％〜9.45％である。零細企業においてその比率は高く，短期のその他の借入金は金融機関借入金よりも比率が高い。特に零細企業において，ノンバンクや取引先といった金融機関以外の資金調達先が，短期の資金繰りに重要な役割を担っている。

④ 買入債務（企業間信用）

　買入債務は買掛金と支払手形の合計であり，企業間信用の負債側を示している。企業は仕入れを行う際に現金で取引することは一般的ではなく，通常は「月末締め翌月末払い」といった形で支払いを遅らせて行う。この支払いが遅れた金額分は，企業にとっては仕入先企業から借入をしていることと実質的に同じであり，企業の貸借対照表上には負債として計上される。この支払いを遅らせた金額のストックが買掛金である。また，支払い時に現金で決済せずに約束手形（決められた期日に金額の支払いを約束する証書）により決済するケースもある。これも実質的には借入と同様であるため，この金額のストックが支払手形に計上される。買入債務の金額が少なくなれば，決済のために企業は多くの現金を必要とする。その結果，企業の資金繰りは厳しくなるため，資金調達において買入債務は重要である。中小企業の買入債務の比率は6.69％〜14.19％であり，短期金融機関借入金の比率よりも高い。また，企業の規模が大きいほど買入債務の比率が高くなる傾向がある。企業の信用力が十分でないと企業間信用取引が成立しないため，信用力が乏しい零細企業は買入債務の比率が小さくなる傾向がある。

⑤ 株主資本

　以上の項目は負債資本調達のストックの比率であるが，株主資本は自己資本調達のストックの比率を示している。株主資本は株主からの出資や内部留保から主に構成される。内部留保とは企業の当期純利益から配当など株主に配分された分を除いた部分のストックを表す。自己資本調達のストックの金額を表す株主資本は，借入金，社債，買入債務といった負債資本調達と違い，企業に返済の義務がない。そのため，株主資本の比率が高いと企業は経営が安定していると考えられる。なお，中小企業において株主資本と自己資本はほぼ同様である。株主資本比率をみると，零細企業の比率は20.49％と最も低い。中小企業の比率は37.25％〜42.76％であり，大企業および中堅企業と比率の水準はあまり変わらない。零細企業の経営は不安定であるといわれるが，その一因とし

図表7-2　中小企業の資金調達構造の変化

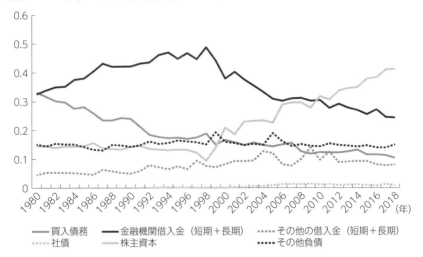

出所：財務省「法人企業統計調査」

て株主資本比率の低さが挙げられる。

(2) 資金調達構造の変化

　中小企業の資金調達構造はどのように変化してきただろうか？　図表7-2は，法人企業統計の資本金1,000万円以上1億円未満の企業群を対象として，1980年度から2018年度の各資金調達の比率の変化を示したものである。1980年代に注目すると，金融機関借入金の比率が高く，その比率は80年代においておおよそ上昇傾向にある。これは都市銀行が中小企業に対する融資を積極的に増やした結果であるといわれている。また，80年代後半のバブル経済期には不動産融資などに代表されるように，金融機関が積極的に貸し出しを行った時期であり，この結果として金融機関借入金の比率が上昇した。また，1980年代は買入債務の比率は高かったものの，その後一貫して低下傾向にある。一方，1980年代の株主資本比率は15％程度であり，現代と比べるとその水準は低かった。これは，金融機関が安定的に資金を供給しており，中小企業が外部の

資金調達手段に依存していたことが原因であると推察される。しかし，中小企業は弱者であり十分な利益を確保できないため株主資本が過少になった，という解釈も当時は散見された。

　1990年代に入ると，金融機関借入金の上昇傾向は変わらないものの，上昇幅は80年代と比べて緩やかになった。また，1998年から始まった特別信用保証制度により，中小企業が借り入れを増やした結果，一時的に金融機関借入金が増加した。一方，株主資本比率は緩やかながら低下傾向にあり，1998年度の金融ショック時には3％弱の低下がみられる。これは，バブル崩壊後の経済の低迷により，中小企業の利益水準が下がった結果，内部留保を通じた株主資本が低下したためであると考えられる。

　2000年代に入ると，中小企業が事業のスリム化を図るために債務を減らしたり，金融機関が不良債権処理により資金供給を減らしたりするなど，金融機関借入金が減少する傾向に転じた。金融機関借入金が減少する傾向は2010年代まで一貫して見られる。一方，バブル崩壊や金融危機を経験した中小企業は，リスクを避けるために株主資本を増加する傾向にある。2000年度には20％程度であった株主資本比率は，その後，急激に上昇し，直近の2018年度には40％を超える水準になっている。この傾向から，2000年代以降，経営者の安全志向が高まり，中小企業の財務状況は大幅に改善したといえる。一方，金融機関借入金の減少は，投資機会の減少により，企業の資金需要が低迷していることによると考えられる。

　社債の水準は1980年代から一貫して非常に低い水準にあるものの，その水準は徐々に増加する傾向にあり，2006年度以降は1％を超える水準になっている。近年，規模が大きく信用度が高い中小企業の私募債を大手金融機関などが引き受けたため，社債による資金調達が増えたことが原因である。

（3）米国の中小企業の資金調達構造との違い

　前節では日本の中小企業の資金調達構造について理解したが，米国の中小企業の資金調達構造とどのような違いがあるだろうか？　図表7-3は2019年3月

図表7-3　米国の企業の資金調達構造

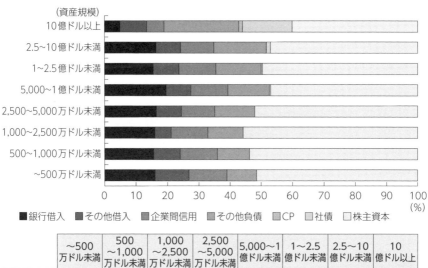

出所：米国商務省センサス局 "Quarterly Financial Report (2019, 1Q)"

	～500 万ドル未満	500 ～1,000 万ドル未満	1,000 ～2,500 万ドル未満	2,500 ～5,000 万ドル未満	5,000～1 億ドル未満	1～2.5 億ドル未満	2.5～10 億ドル未満	10 億ドル以上
銀行借入	16.0%	15.6%	15.9%	16.4%	19.5%	15.4%	16.3%	4.9%
その他借入	10.8%	8.4%	5.2%	8.0%	7.9%	8.2%	7.8%	8.4%
企業間信用	12.2%	12.0%	11.8%	10.7%	11.9%	11.8%	10.7%	5.5%
その他負債	9.6%	10.3%	11.3%	12.9%	13.3%	14.6%	16.8%	23.9%
CP	0.0%	0.0%	0.0%	0.0%	0.0%	0.0%	0.0%	1.2%
社債	0.0%	0.0%	0.0%	0.0%	0.4%	0.4%	1.3%	15.8%
株主資本	51.5%	53.8%	55.8%	52.1%	47.0%	49.6%	47.0%	40.2%

末の米国の企業の資金調達構造を，米国商務省センサス局Quarterly Financial Reportのデータを使って示したものである。銀行借入の比率は資産規模が10億ドル未満の企業において，おおよそ16％程度である。日本においては企業規模が大きくなると金融機関の借入金比率が低下したが，米国の企業においてはそのような傾向はみられない。ただし，非常に企業規模が大きい資産規模10億ドル以上の企業に注目すると，銀行借入の比率は4.9％であり，銀行への依存度が大幅に低下する。また図表7-1のとおり，銀行借入比率の水準は日本が13.23％～37.42％であったのに対し，米国においては資産規模が10億ドル以上の企業を除くと，15.6％～19.5％である。この傾向から，日本の中小企業

は間接金融である金融機関からの借り入れに大きく依存していることが分かる。

　企業間信用（買入債務）の比率は，米国においておおよそ10%程度であり，日本の企業とあまり水準は変わらない。社債の比率は日本において非常に小さいが，米国においても，資産規模が10億ドルの企業を除けばほぼ0%の水準である。

　日本と米国の企業の間で大きく異なるのが株主資本比率の傾向である。米国は資産規模が2,500万ドル未満の企業において，株主資本比率は50%を超えている。一方，日本においては株主資本比率が最近，上昇しているものの，その水準は20%～42%程度であり，米国におけるその水準よりも低い。このことから，日本の中小企業においては間接金融，米国の中小企業においては直接金融が主流になっているといえよう。

(4) 資金繰りや金融機関の貸出態度の変化

　中小企業の資金繰りや金融機関の貸出供給は大企業と比べてどのような違いがあるだろうか？　企業の資金繰りや金融機関の資金供給の状況については，日本銀行の「全国企業短期経済観測調査」（短観）のDiffusion Index（DI）により調べることができる。短観は中小企業を含む全国1万社の企業を対象とし四半期ごとの実施されており，「企業が自社の業況や経済環境の現状・先行きについてどうみているか，といった項目に加え，売上高や収益，設備投資額といった事業計画の実績・予測値など，企業活動全般にわたる項目について」[1]日本銀行が調査している。

　図表7-4は1983年以降の企業の資金繰りDIの推移を大企業（資本金10億円以上），中堅企業（資本金1～10億円），中小企業（資本金1億円未満）に分けて示したものである。資金繰りDIは企業の最近の資金繰りについて，「楽である」と回答した企業の比率から「苦しい」と回答した企業の比率を引いたものである。資金繰りDIの水準が高いほど企業の資金繰りが楽であることを表す。この図表から大企業，中堅企業は中小企業よりも資金繰りが楽であることが分

図表7-4　企業の資金繰りDIの推移

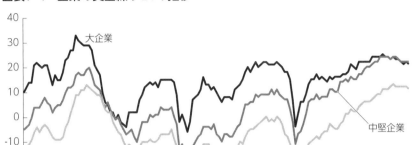

出所：日本銀行「全国企業短期経済観測調査」

かる。大企業，中堅企業は中小企業よりも業績が安定しており，様々な資金調
達方法を有することから，資金繰りが楽である傾向にある。時系列的な資金繰
りDIの変化を見ると，1991年のバブル崩壊，1998年の金融危機，2008年の
世界金融危機の発生時に資金繰りDIが急激に悪化していることが分かる。こ
のように経済全体に何らかのショックが発生すると，業況の悪化や金融機関の
貸出供給の減少などにより，急激に企業の資金繰りが悪化する。一方，2010
年代において，緩やかながらも景気が好転しており，マイナス金利といった異
例の金融政策の影響により，資金繰りDIは一貫して上昇している。その水準
は1980年代後半のバブル経済期と同様であり，企業全体の資金繰りは緩やか
になっている。

　図表7-5は1983年以降の金融機関貸出態度DIの推移を同様に企業別に分け
て示したものである。金融機関貸出態度DIは回答企業からみた金融機関の最
近の貸出態度について「緩い」と回答した企業の比率から「厳しい」と回答し
た企業の比率を引いたものであり，金融機関の資金供給の大きさを表すデータ
として使われる。このグラフを見ると，おおよそ大企業，中堅企業の方が中小
企業よりも貸出態度判断DIが高い。これは前述した情報の非対称性の問題が

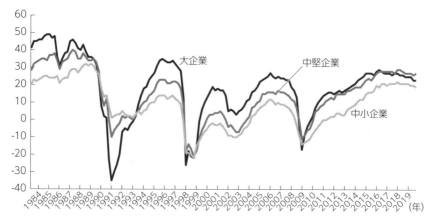

出所：日本銀行「全国企業短期経済観測調査」

中小企業において深刻であり，審査コストが割高であるため，中小企業に対する貸出態度が厳しい傾向にあると考えられる。しかし，1991年のバブル崩壊，1998年の金融危機，2008年の世界金融危機といったショック時において，この傾向は異なる。1990年にはバブル崩壊による株価の大暴落により大企業の経営に対する先行き不安が高まったことにより，金融機関貸出態度DIが一年間で47ポイント下落しており，その下落幅は中小企業，中堅企業よりも大企業の方が大きい。その他のショック時においても，大企業，中堅企業，中小企業の金融機関貸出態度DIは大幅に下落しており，その水準はすべての規模においてほぼ同様である。2010年代にはいると金融機関貸出態度DIが上昇する傾向にある。これは金融機関の競争が激しくなったことやマイナス金利などの異例の金融緩和により金融機関の資金供給が増加したことによる。

　金融ショックが発生すると，金融機関は中小企業に対して貸出供給を大幅に減少させる「貸し渋り」「貸し剥がし」といった行動をするといわれている。貸し渋り，貸し剥がしは企業の貸し倒れリスクが悪化していないにもかかわらず，金融機関が貸し出しを抑制する現象である。この貸し剥がし，貸し渋りの根拠として金融機関貸出態度DIがよく使われる。図表7-5の金融機関貸出態

度DIの推移をみると，ショック時には中小企業のDIの水準が大幅に悪化しており，貸し渋り，貸し剥がしと整合的である。しかし，金融ショック時には中小企業の貸し倒れリスクは大幅に上昇したため，金融機関が貸出供給を減少させ，金融機関貸出態度DIが悪化した可能性がある。この場合，貸し渋り，貸し剥がしが経済全体で発生しているとは言えず，金融機関はリスクに応じて資金供給を変化させたと解釈できる。また，貸し渋り，貸し剥がしは中小企業に特有の現象であるといわれているが，図表7-5によると大企業，中堅企業も金融機関貸出態度DIが悪化している。以上より，貸し渋り，貸し剥がしがショック時に発生した可能性はあるものの，金融機関貸出態度DIの推移は必ずしも貸し渋り，貸し剥がしを支持するとはいえない。

4. 金融機関の貸出技術をめぐる議論

(1) ソフト情報とリレーションシップ貸出

　中小企業に金融機関が融資を行う際，情報の非対称性の問題が深刻である。そのため，金融機関が借り手である中小企業の審査やモニタリングを行い，情報生産活動を行った上で融資を実行する。審査や情報生産活動の費用は融資の規模に関わらず，一定の金額が発生する。つまり，審査費用は固定費であり，融資金額が少額になれば一単位あたりの審査費用が大きくなる。これは，審査や情報生産活動において規模の経済が働くことを意味する。そのため，融資金額が少額である中小企業向け融資業務は金融機関にとって非効率的な業務であり，効率性向上の観点から金融機関は中小企業向け融資を敬遠する傾向にある。

　これらのコストを削減する貸出方法としてリレーションシップ貸出がある。リレーションシップ貸出はリレーションシップレンディング，もしくはリレーションシップバンキングと呼ばれることもあるが，ここではそれらを総称してリレーションシップ貸出と呼称する。リレーションシップ貸出の定義はBoot（2000）および小野（2011）による日本語訳によると「借り手と貸し手の間で

情報の非対称性が存在するもとで，①顧客固有の「ソフト情報（soft informa-tion)」を（しばしば独占的に）入手するために審査・モニタリングといった投資活動を伴い，②そうした投資の収益性を判断するに当たって，長期継続的かつ複数の金融商品を通じた取引関係が形成されることを考慮した金融サービス活動」（小野　2011，p.100）である。

　リレーションシップ貸出の特徴として，金融機関が借り手のソフト情報を継続的かつ多様な取引を通じて入手することが挙げられる。審査やモニタリングの際，企業の財務諸表や担保となる資産の価値といった情報のみならず，企業の成長性や将来性，経営者の能力といった財務情報に表れないソフト情報も重要視される。企業の財務情報は数量化された情報であり，第三者に譲渡することが容易であるために，金融機関が情報を獲得することは比較的容易である。また，金融機関が中小企業と取引実績がなくても，信用調査会社から財務情報を入手することが可能である。このような第三者に譲渡可能であり，他の主体に立証可能な情報はハード情報（定量情報）と呼ばれる。

　一方，一般的に中小企業の財務情報は大企業と比べて正確性が低く，中小企業の信用リスクを反映していない可能性がある。そのため，財務情報には表れないソフト情報も審査において必要となる。金融機関は中小企業のソフト情報を日頃の取引を通じて蓄積する。たとえば，金融機関の融資担当者が企業を定期的に訪問する，経営者を面談するといった行動により，ソフト情報が生産され金融機関内に蓄積される。ソフト情報は数字に表れない定性情報であり，他の主体にその情報の信用性を立証することは困難である。そのため，企業は信用調査会社等からソフト情報を獲得することが困難であり，金融機関が自ら情報生産する必要がある。

　このソフト情報を，長期継続的かつ複数の金融商品を通じた取引関係により金融機関が獲得し，融資を行う方法がリレーションシップ貸出である。金融機関がソフト情報を蓄積し，リレーションシップ貸出を行うことにより，情報の非対称性の問題が緩和される。結果として貸し手の金融機関の審査コストが削減され，金融機関が中小企業に対して融資をしやすくなる。また，借り手の中

小企業もリレーションシップがある金融機関から借り入れを行いやすくなったり，低い金利で借り入れを行うことができたりするため，双方にとってリレーションシップ貸出は大きなベネフィットを生み出す。小野（2011）によると，日本の中小企業と金融機関の平均取引期間は32～33年であることから，多くの中小企業は金融機関と十分なリレーションシップを構築しており，情報の非対称性の問題は深刻ではない可能性がある。

　このようにリレーションシップ貸出は貸し手の審査コストの削減のみならず，借り手が資金を調達しやすくなるというベネフィットがあるものの，借り手側にとってのコストも存在する。リレーションシップ貸出を通じて金融機関が獲得するソフト情報は，他の借り手に譲渡できない立証不可能な情報である。そのため，リレーションシップを確立している金融機関は，他の金融機関と比較して情報優位な立場にある。他の金融機関はソフト情報を瞬時に獲得できないため，新規に融資を行うことができず参入障壁が生まれる。その結果，リレーションシップ貸出を行っている金融機関は借り手の中小企業に対して独占的な行動をとることができる。具体的には，金融機関は金利を競争的な水準よりも高い水準に設定し，独占によるレントを獲得するといった行動をとる。

　また，ソフト情報を第三者に移転することが困難であるため，リレーションシップ貸出を実施している金融機関が経営破綻や経営悪化により資金供給を減少させると，情報の非対称性の問題により，中小企業がその他の金融機関から資金調達を行うことができない。そのため，リレーションシップ貸出が普及すると，金融機関の破綻や経営悪化が取引先中小企業の資金繰りの悪化につながり，中小企業の経営状況を悪化させる可能性がある。これにより金融機関の破綻といった金融部門のショックが，借り手との取引関係の毀損を通じて，経済全体にマイナスの影響を伝播させる恐れがある。

(2) トランズアクション貸出

　中小企業金融に関する研究において，ソフト情報を活用したリレーションシップ貸出が非常に重要視されてきた。しかし，Berger and Udell（2006）は

様々なトランズアクション貸出の手法を紹介したうえで、トランズアクション貸出も中小企業の情報の非対称性の問題を緩和することを示している。トランズアクション貸出は主にハード情報（定量情報）を活用した融資の審査及びモニタリングを行う貸出手法である。

① 財務諸表貸出（Financial statement lending）

財務諸表貸出は借り手の中小企業の財務諸表により審査・モニタリングを行う貸出手法である。この貸出手法を採用するためには以下の条件がある。第1に借り手の決算書が信頼性を有する必要がある。たとえば、信頼のできる監査法人から監査を受けた財務諸表を中小企業が保有していなければ、金融機関は財務諸表に依存した貸出を行うことができない。第2に、利益水準や自己資本比率が高く企業の財務状況が良好であることが条件である。

② スコアリング貸出（Small business credit scoring）

スコアリング貸出は統計モデルに基づき構築されたスコアリングモデルから借り手の中小企業の信用リスクを測るスコアを算出し、このスコアに基づき審査・モニタリングを行う手法である。もともとスコアリング貸出は米国の消費者金融の審査において活用され、その後、中小企業の貸出に応用された。そのため米国ではスコアを算出する際、経営者の属性や資産の状況など、企業ではなく経営者の情報を活用する傾向にある。一方、日本では経営者の属性ではなく、企業の財務情報を用いてスコアを算出し、企業の信用度を測るのが一般的である。スコアリング貸出は主に財務情報といった数量化が可能な定量情報を用いて審査・モニタリングを行うことから、トランズアクション貸出に分類される。また、スコアリングモデルを用いて迅速に審査を行うことができることから、少額の融資案件に利用されることが一般的である。最近は人工知能（AI）の普及により、財務諸表のみならず、日々の口座情報などの取引データを取り込んだモデルの開発が注目されている。

③ 固定資産貸出（Fixed-asset lending）

　固定資産貸出は商業不動産，個人不動産，車両，設備担保といった固定資産を借り手から担保として徴求し貸出を行う手法である。情報の非対称性が存在する場合，借り手である中小企業はリスクが高い事業を行うインセンティブを持つ。しかし，金融機関が固定資産を担保として借り手から徴求している場合，借り手が債務不履行に陥ると担保である固定資産の所有権が貸し手に移転するため，借り手はリスクが高い事業を行うインセンティブが失われる。この手法を利用すると，金融機関は情報の非対称性が大きい企業に対しても，高いリスクを負担せずに貸出を行うことができる。この手法において，借り手の信用力ではなく固定資産の市場価値が審査の可否に大きく影響する。固定資産の価値は第三者に移転可能であり立証可能であるため，固定資産貸出はトランズアクション貸出に分類される。日本において不動産を担保とした融資が主流であるため，担保となる資産をあまり保有していない中小企業が資金調達難に陥りやすいという問題が指摘されている。

④ 動産担保貸出（Asset-based lending）

　動産担保貸出は固定資産貸出と同様に企業の資産を担保として徴求し，貸出を行う手法である。ただし，動産担保貸出の場合，企業の売掛債権，在庫といった流動資産を担保として貸出を行う。このような資産の市場価値を測定することは不動産と比べると困難であり，その価値も大きく変動する。固定資産貸出と同様に売掛債権や在庫の市場価値の市場価値が審査の可否に大きく影響するが，融資実行後もその価値を頻繁にモニタリングする必要がある。売掛債権や在庫の金額は第三者に移転できる情報であるため，動産担保貸出はハード情報に依存したトランズアクション貸出に分類される。

⑤ リース（Leasing）

　厳密には貸出ではないものの，設備，車両，不動産などのリースもトランズアクション貸出として分類される。リース会社は固定資産を購入し，同時にそ

の資産自体を借り手に貸し出す。リースを行っている期間中，借り手はリース料をリース会社に支払い，契約期間が終了すると，その資産をリース会社に返却する。リース会社は動産担保貸出，固定資産貸出と同様に，その資産価値に基づいてリースを行うため，ハード情報に基づいたトランズアクション貸出であるといえる。

(3) 成長ステージごとの資金調達の変化

中小企業はその成長ステージごとにどのような方法で資金調達を行うだろうか。図表7-6はBerger and Udell（1998）が整理した中小企業の成長ステージごとの資金調達方法の概念図である。企業年齢が高くなることに従い企業規模が拡大し，外部からの企業の情報の獲得（情報の利用可能性）が高くなる。Berger and Udell（1998）は企業年齢，規模，情報の利用可能性の3項目に注目し，企業の成長を4段階に分けている。

初期の段階は「非常に規模が小さい企業であり，担保となる資産がなく，事業のトラックレコード（実績）がない段階」である。この段階では，情報の非対称性が大きいため，創業者の内部金融による資金調達がメインである。また，日本ではあまり大きくないものの，アメリカではエンジェルと呼ばれる個人投資家による資金もこの段階の企業の大きな資金調達先となっている。これらの資金はすべて出資といった自己資本調達による方法で実施されるため，ハイリスクハイリターンである。ある程度，企業が成長すると，金融機関による融資を利用する。日本では第2章で触れた日本政策金融公庫による創業融資や後述する信用保証つき融資を利用することが一般的であり，民間金融機関がリスクをとって，この段階の企業に融資を行うことは少ない。また，事業が軌道に乗り始め，取引先からの信用が得られると，仕入れなどの決済の際に企業間信用も利用可能になる。

第2段階は「小規模な企業であり，潜在的に高い成長力を持っているが，限られたトラックレコードしかない段階」である。この段階の企業は短期の金融機関による融資だけではなく，金融機関の中長期の融資を利用できるようにな

図表7-6　企業の成長ステージと資金調達源

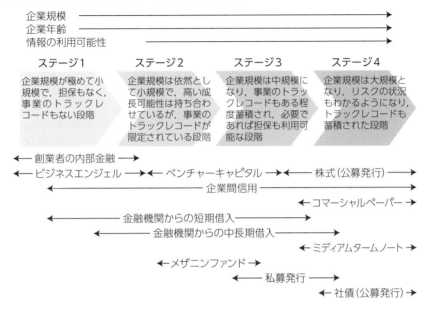

出所：Berger and Udell（1998），p.623；忽那（2007），p.263

る。また，一部の非常に高い成長可能性を持った企業はベンチャーキャピタルによる出資も受けられるようになり，そのうちのごく一部の企業はIPO（Initial Public Offering，新規株式公開）により，新規に証券取引所に株式を上場する。また，メザニンファイナンスと呼ばれる借入（負債資本調達）と出資（自己資本調達）の中間的な資金調達方法を利用する企業も存在する。

　第3段階は「中堅企業でそれなりのトラックレコードがあり，必要であれば担保を利用できる段階」である。この段階では，私募債発行といった特定の投資家（金融機関等）が引き受ける形での社債発行を行うことができる。一般に発行者である企業と引受者の間での直接的な交渉で取引が成立するため，一般的な公募社債の発行よりも円滑に資金調達を行うことができる。また，IPOに成功した企業は株式発行により資金調達を行う。

　第4段階は「大企業でリスクやトラックレコードがよく知られた段階」であ

る。この段階では，その企業は一般的によく知られた企業であり信用力に優れているため，株式発行，コマーシャルペーパー，公募社債発行といった直接金融を利用した資金調達が可能になる。一方，企業は金融機関からの融資による資金調達を利用できるものの，その相対的な重要性は低下する。

5. 中小企業金融における金融機関の役割

　中小企業金融において金融機関は重要な役割を担っているが，様々な形態の金融機関が存在する。本節ではそれぞれの金融機関を紹介し，中小企業向け貸出の規模や推移についてデータを参照しながら説明する。

(1) 金融機関の業態
　中小企業に貸出を行う金融機関として，銀行，信用金庫，信用組合，政府系金融機関が挙げられる。銀行は銀行法上で規定された株式会社であり，都市銀行，地方銀行などが含まれる。銀行の貸出対象は特に限定されず，中小企業に限らず様々な形態の企業に貸出を行っている。2021年3月末現在，日本には都市銀行5行，信託銀行3行，地方銀行62行，第二地方銀行38行，そのほかの業態の銀行14行が存在する[2]。信用金庫は信用金庫法によって規定された，会員の出資による協同組織の非営利法人である。信用組合は中小企業等協同組合法により規定された，組合員の出資による協同組織の非営利法人である。信用金庫，信用組合の貸出先は主に中小企業に限定され，融資は主に会員もしくは組合員を対象としている。また信用金庫および信用組合は地域金融機関であり，業務を特定の地域に限定して営業を行っている。2021年3月末現在，信用金庫数は254金庫，信用組合数は145組合である。

(2) 中小企業向け貸出残高の推移
　図表7-7は国内銀行（信託勘定を除く），信用金庫，信用組合，政府系金融機関の2000年から2018年までの中小企業向け貸出残高の推移を示したもので

図表7-7　国内銀行，信用金庫，信用組合，政府系金融機関の中小企業向け
　　　　　貸出残高の推移

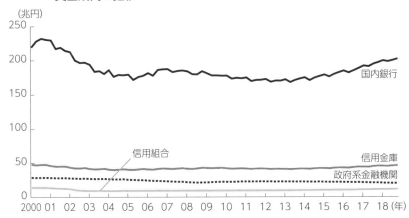

出所：中小企業庁『中小企業白書』各年付属参考資料

る。最も中小企業向け貸出残高が大きいのが国内銀行であり，その水準は
2000年以降の平均で約186兆円である。ただし，年によって変動が大きく，
2000年9月には230兆を超えていたものの，2013年6月には168兆円まで落
ち込んでいる。次に中小企業向け貸出残高が大きいのが信用金庫であり，
2000年以降の平均で約42兆円である。政府系金融機関，信用組合の中小企業
向け貸出残高はそれぞれ平均で約24兆円，約10兆円である。国内銀行や信用
金庫と比べると相対的に規模は小さいものの，これらの金融機関のシェアは無
視できない大きさである。

　図表7-8は（信用組合を除く）それぞれの金融機関の中小企業向け貸出残高
の変化率（前年同期比）を示したものである。2000年代前半において，金融
機関の不良債権問題により国内銀行，信用金庫の中小企業向け貸出残高は大き
く減少した。特に，国内銀行の落ち込みが激しく，最も変化率が低い時期には
変化率が-10％を下回った。その後，2000年代後半の国内景気の回復とともに
国内銀行，信用金庫の中小企業向け貸出残高の変化率もプラスに転じ，ピーク
時には変化率は5.8％まで上昇している。一方，同時期の政府系金融機関の変

図表7-8　金融機関業態別の中小企業向け貸出残高の変化率

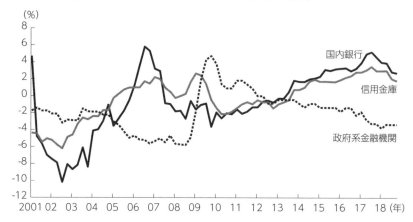

出所：中小企業庁『中小企業白書』各年付属参考資料

化率はマイナスであり，政府系金融改革の影響により残高が減少した。その
後，2008年ごろの世界金融危機による景気の急速な悪化に伴い，国内銀行，
信用金庫の中小企業向け貸出残高が急速に減少し，変化率も-2％程度まで低
下した。一方，景気対策の一環として政府が中小企業向けの金融対策を強化し
たことにより，政府系金融機関の残高が増え，2009年6月以降の変化率は大
幅にプラスに転じている。

　その後，2010年代に入ってからは緩やかながら景気が回復していることと，
持続的な金融緩和により，国内銀行，信用金庫の中小企業向け貸出残高が伸び
ており，変化率は一貫してプラスである。民間金融機関の資金供給の増加によ
り，2010年代には政府系金融機関の中小企業向け貸出残高は減少している。

　このグラフから読み取れることとして，第一に民間金融機関の中小向け貸出
残高は景気に大きく影響を受ける点である。これは，景気の悪化による貸出先
のリスクの上昇に伴う貸出供給の減少や，景気の悪化時には有益な投資機会が
少ないことによる中小企業の資金需要の減少による。第二に政府系金融機関の
中小企業向け貸出残高は，民間金融機関と逆の動きをする点である。2000年
代の政府系金融機関改革の際に，政府系金融機関による民業圧迫の問題が指摘

されたため，政府系金融機関はあくまでも民間金融機関の補完的な役割を担っている。

（3）データから見た地域金融機関の特徴

　地方銀行，信用金庫，信用組合は特定の地域を営業基盤としており，その地域に密着した金融機関であるため，地域金融機関と呼ばれる。地域経済に大きく依存する中小企業にとって地域金融機関の役割は重要であり，その機能は中小企業の資金繰りや活動を大きく作用する。では，地域金融機関の代表的な存在である地方銀行，第二地方銀行，信用金庫はどのような違いがあるだろうか。

　図表7-9は2018年3月末の地方銀行，第二地方銀行，信用金庫の中小企業向け貸出残高の規模の箱ひげ図を示したものである。金融機関別のデータは金融庁ホームページ「都道府県別の中小・地域金融機関情報一覧」[3] から取得した。線の両端には最大値及び最小値，箱の両端には25％点および75％点，箱の中には中央値が記されている。中央値はそれぞれの金融機関の中小企業向け貸出残高の平均的な傾向を示している。中小企業向け貸出残高の中央値を比較すると，おおよそ地方銀行が最も大きく，第二地方銀行，信用金庫の順番に並んでいる。中央値の値はそれぞれ1兆8,109億円，7,699億円，1,128億円であり，平均的に地方銀行の貸出額が大きい。一方，最大値に注目すると，信用金庫であっても最大値は地方銀行の中央値を上回る。つまり，一部の地域（京都府，東京都，愛知県，埼玉県，大阪府等）には貸出額が1兆円を上回る，地方銀行の規模に匹敵する信用金庫が存在する。

　図表7-10は2018年3月末の地方銀行，第二地方銀行，信用金庫の一件あたりの中小企業向け貸出残高の箱ひげ図を示したものである。地方銀行と第二地方銀行を比較すると，一件あたりの中小企業向け貸出残高の中央値はおおよそ1,500万円であり，一件あたりの規模はあまり変わらない。両銀行の25％点及び75％点の水準は若干異なるものの，おおよその範囲はほぼ同じ水準である。一方，信用金庫の一件当たりの中小企業向け貸出残高は約1,000万円であり，地方銀行よりもその規模は小さい。25％点は780万円，最小値は140万円であ

図表7-9　地方銀行，第二地方銀行，信用金庫の中小企業向け貸出残高の規模

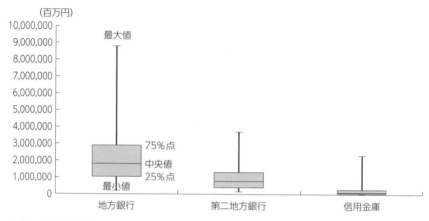

出所：金融庁「都道府県別の中小・地域金融機関情報一覧」データ

図表7-10　地方銀行，第二地方銀行，信用金庫の一件あたりの中小企業向け
　　　　　貸出残高

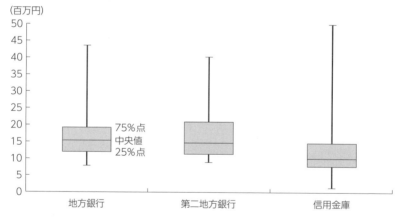

出所：金融庁「都道府県別の中小・地域金融機関情報一覧」データ

り，これらは地方銀行の最小値よりも小さい。つまり，信用金庫の取引先は零
細企業中心であり，銀行が積極的に実行しない小口の融資を扱っている。この
ように地域金融機関の中でも役割が分担されている。

244

(4) 銀行と信用金庫の機能の違い

　データで見たように，銀行は中小企業の中でも比較的規模が大きく，信用金庫は小口の融資を行う傾向がある。なぜこのような違いがあるのだろうか？

　第1の理由として，組織の目的の違いが挙げられる。銀行は株式会社形態をとっており，多くの銀行が上場している。株主の利潤を最大にするために行動するため，貸出の収益性を重視する傾向がある。一方，信用金庫は会員の出資による非営利団体であり，利益の最大化を目的としていない。そのため，信用金庫は収益性が低く銀行があまり実施しない小口の融資に積極的である。

　第2の理由として，信用金庫はリレーションシップ貸出の実行に優位な組織形態になっている点が挙げられる。審査費用は固定費用であるため，小口の融資は金融機関にとって非効率的である。しかし，金融機関が中小企業とリレーションシップを構築することにより，審査費用の削減できれば小口融資を実行することができる。Berger et al.（2005）等の議論によると，大規模な金融機関よりも小規模な金融機関の方がリレーションシップ貸出をより効率的に実施できる。リレーションシップ貸出において，第三者に立証できないソフト情報（定性情報）が重要である。このソフト情報を入手するのが，金融機関の現場の営業担当者である。営業担当者は企業を訪問し，経営者などとコミュニケーションをとることで数量化できない情報を入手する。しかし，融資の可否を判断する金融機関の審査部門にこの情報を移転することは容易ではない。そのため，融資の実行の際に多くの決裁を必要とする規模の大きな金融機関はソフト情報の移転を頻繁に必要とするため，リレーションシップ貸出に適していない。信用金庫は一般的にその規模が小さく，融資の決裁もコンパクトに行うことができるため，リレーションシップ貸出に適した組織形態である。そのため，信用金庫は地方銀行よりも小口融資を積極的に実行できると考えられる。

6. 政策金融（政府系融資，公的信用保証）

（1）政策金融機関の役割

　政府は中小企業向け貸出市場に様々な方法で介入している。もっと単純な方法は政府系金融機関（日本政策金融公庫，商工組合中央金庫）による貸付である。政府系金融機関は民間金融機関と同様に中小企業の審査を行い，融資を行う。もう一つの方法として，公的な信用保証制度が挙げられる。全国の地方自治体等が出資する信用保証協会が，民間の金融機関による融資を保証しリスクを負担することで，民間の金融機関の融資を促進している。

　なぜ中小企業向け貸出市場において，政府系金融機関が資金を供給したり，信用保証制度により公的な信用保証協会が金融機関融資の保証を行ったりしているのだろうか？　もし，貸出市場に情報の非対称性がなく，完全競争市場の性質を満たせば，資金需要と資金供給が一致する点で均衡金利と均衡貸出量が決まり，均衡において社会的厚生が最も大きくなる。この場合，政府の市場への介入は，非効率的な融資を促すこととなり，社会的厚生を悪化させる。しかし，一般的に中小企業向け貸出市場は情報の非対称性の問題が深刻であり，完全競争市場の仮定を満たしていない。情報の非対称性が深刻であると，逆選択，モラルハザードといった問題が生じる。

　金融機関が借り手の事前のリスクの情報を把握していない場合，図表7-11のように金利が高いゾーンにおいて貸出供給曲線が右下がりとなる。金融機関が貸出金利を上げると貸し倒れリスクが高い借り手のみが融資の申し込みを行うため，金融機関が負担するコストが高まる。そのため，貸出金利が高いゾーンでは貸し倒れに伴うコストを避けるために，金融機関は資金供給を減少させる。この現象は信用割当と呼ばれる。信用割当が発生すると，資金需要分だけ資金が供給されず，図表7-11に示されている Xd-Xs 分だけ過小供給が発生する。この過小供給分だけ政府系金融機関が資金を供給もしくは，金融機関が公的な信用保証つきで融資を行えば，需要と供給が一致し，社会的厚生が向上する。このように政府が市場に参入する政策金融の経済学的な根拠は情報の非対

図表7-11　信用割当発生時の需要供給曲線

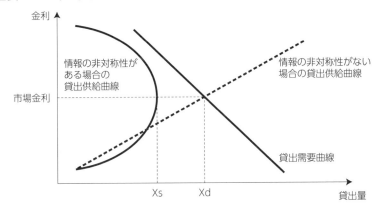

出所：筆者作成

称性の問題および信用割当にある。

　ただし常に政府による介入が社会的厚生を改善させるとは限らない。政府系金融機関が社会的厚生を改善させるためには，Xd-Xsの量を貸し出す必要があるが，この量を超えて政府系金融機関などが貸し出す可能性がある。これは政府が最適な量がどの水準なのか，把握することが困難であることが理由である。また，一般的に政策金融機関は民間金融機関が提示する金利よりも低い金利で融資を行っている。この結果，本来であれば民間金融機関が資金を供給していた企業に対しても，政府系金融機関が貸出を行う可能性がある。これは民業圧迫といわれる問題である。また，政府系金融機関のモニタリング能力が民間金融機関よりも劣っている場合，逆選択やモラルハザードの問題がより深刻になるため，リスクが高い企業への貸出をより促進する。前述したとおり，日本の中小企業と金融機関の平均取引期間は非常に長く，両者は十分なリレーションシップを構築していることから，民間金融機関は十分に借り手である中小企業の情報を有している。以上のケースでは，市場が不完全であっても政府が市場に積極的に介入しないほうが望ましい可能性がある。

(2) 政策融資

　中小企業に対して政策的に融資を行う政府系金融機関として，日本政策金融公庫，商工組合信用金庫（商工中金）がある。日本政策金融公庫は株式会社日本政策金融公庫法に基づいて設立された100％政府出資による株式会社であり，2008年に中小企業金融公庫，国民生活金融公庫，農林漁業金融公庫が統合して設立された。日本政策金融公庫ホームページ[4]によると，「一般の金融機関が行う金融を補完することを旨とし，国民一般，中小企業者及び農林水産業者の資金調達を支援するための金融の機能を担うとともに，内外の金融秩序の混乱又は大規模な災害，テロリズム若しくは感染症等による被害に対処するために必要な金融を行うほか，当該必要な金融が銀行その他の金融機関により迅速かつ円滑に行われることを可能とし，もって国民生活の向上に寄与することを目的」としている。

　日本政策金融公庫の業務の内容は中小企業金融公庫の業務を引き継いだ中小企業事業，国民生活金融公庫の業務を引き継いだ国民生活事業がある。国民生活事業の業務内容は小口資金融資，創業支援，事業再選支援，事業承継支援であり，零細企業や創業企業への融資や支援がメインである。中小企業事業は中小企業への長期資金の融資，新事業支援，海外展開支援，証券化支援等をメインにしており，比較的，規模が大きい中小企業への融資や支援がメインである。これに加えて，中小企業事業では，信用保証協会が行う債務の保証に係る保険引受（信用保険）も行っている。その他にも日本政策金融公庫は危機対応等円滑化業務を担っており，災害時やショック時の信用供与を行っている。

　商工中金は株式会社商工組合中央金庫法に基づく金融機関であり，2008年から株式会社に転換された。当初は政府保有株式の処分を段階的に行うことによる完全民営化を目指したが，世界金融危機等の危機対応業務に従事するため，完全民営化は徐々に見送られ，現在は政府及び中小組合等の出資による半官半民の組織形態となっている。商工中金は「中小企業等協同組合その他主として中小規模の事業者を構成員とする団体及びその構成員に対する金融の円滑化を図るために必要な業務を営むこと」を事業の目的としている。商工中金の

248

図表7-12　政府系金融機関の中小企業向け貸出残高の推移

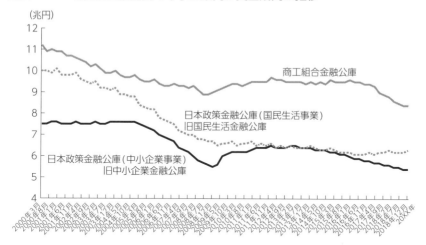

出所：中小企業庁『中小企業白書』各年付属参考資料

　融資の対象は商工中金の所属組合とその構成員（組合員）に限定されている。日本政策金融公庫中小企業事業と同様に，長期資金の融資がメインである。

　図表7-12はそれぞれの政府系金融機関の中小企業向け貸出残高の推移を示したものである。2000年代初めには商工中金及び旧国民生活金融公庫の中小企業向け貸出残高は10兆円程度の水準であり，都市銀行と同程度の規模であった。旧中小企業金融公庫の残高は7.5兆円程度であり，中小企業向け貸出市場における政府系金融機関のシェアの合計は9％程度であった。その後，民業圧迫への批判や政府系金融機関の改革により徐々に中小企業向け貸出残高が減少し，2008年の世界金融危機前には商工中金，中小企業事業，国民生活事業の中小企業向け貸出残高はそれぞれ約9兆円，約5.5兆円，約6.5兆円程度まで減少した。世界金融危機時に，中小企業事業を中心に危機対応融資を行ったことから徐々に残高は増えたものの，2010年代には再び残高が徐々に減少している。このように2000年代以降，各政府系金融機関は民業を補完しながら危機時に円滑な資金を供給する機能を担っている。

(3) 信用保証制度

① 信用保証制度の概要

　信用保証制度は信用保証協会が民間金融機関の融資を保証することで，中小企業向け貸出を促進する制度である。信用保証協会は全国47都道府県および4市にあり，主に都道府県及び市が出資している。1937年に東京市により東京信用保証協会が設立され，その後，地方自治体により各都道府県等の信用保証協会が設立された。この経緯から，信用保証協会は中央政府ではなく，都道府県といった地方自治体を中心に運営されている。信用保証制度の概要は図表7-13のとおりである。まず，借り手である中小企業が保証の申し込みを信用保証協会に対して行う。図表7-13では中小企業が直接保証協会に申し込むケースが想定されているが，金融機関経由で保証申し込みが行われることが多い。その後，信用保証協会が中小企業の審査を行い，保証の可否を決定する。保証が承諾されれば金融機関の保証つき融資が実行され，その後，約束した返済期日に中小企業は金融機関に借入金の返済を行う。

　中小企業は金融機関に支払う約定金利に加えて，信用保証協会に対して保証料を支払う。約定金利は金融機関と中小企業の相対取引により決定される。信用保証料は中小企業のリスクに応じて異なる水準が設定されており，その水準は0.45％から1.90％（責任共有保証料率の場合）である。中小企業による借入の返済が困難になった場合，信用保証協会は金融機関に対して中小企業の代わりに返済（代位弁済）を行う。この結果，金融機関は中小企業が返済を行わないリスクを軽減できるため，中小企業に対して融資を積極的に行うことができる。代位弁済が行われた場合，信用保証協会は中小企業から回収を行う。信用保証協会が保証する割合（保証割合）は2008年の責任共有制度以前は一律100％であったものの，責任共有制度が開始してから原則として80％である。つまり，代位弁済をした場合でも，金融機関は債務不履行となった金額の20％を負担する。ただし，創業企業を対象とした創業関連保証，零細企業を対象とした特別小口保証，経済ショック時の危機関連保証などは責任共有制度の対象外であり，保証割合は100％である。保証限度額は普通保証，無担保保

図表7-13　公的信用保証制度の概要

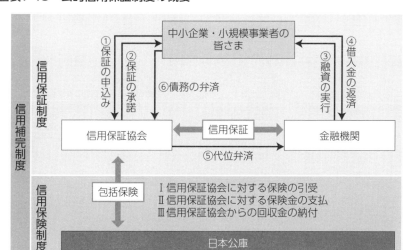

出所：日本政策金融公庫ホームページ（https://www.jfc.go.jp/n/company/sme/insurance_
　　　outline.html）より抜粋

証それぞれにおいて2億円，8,000万円である。

　信用保証協会は日本政策金融公庫と保険契約を締結し，代位弁済によるリスクを軽減している。この制度は信用保険制度と呼ばれ，信用保証制度と信用保険制度を総称して信用補完制度と呼ばれる。日本政策金融公庫はすべての信用保証に対する保険を引き受け（包括保険），代位弁済額に対して70〜90％の保険割合に応じて保険金を支払う。信用保証協会は代位弁済をした中小企業から回収をした場合，保険割合に応じて日本政策金融公庫に回収金の納付をする。信用保証協会は日本政策金融公庫に対して保険料を支払い，保険料は普通保険の場合，0.25％〜1.69％である。

② 信用保証制度の実績

　図表7-14は1989年度以降の保証債務残高と代位弁済率（＝代位弁済額/保証債務残高）の推移を示したグラフである。1989年度末の債務保証残高は15.6

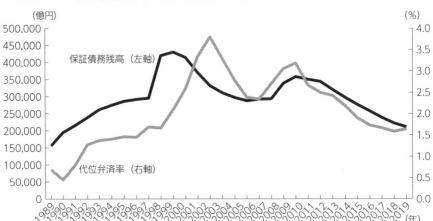

図表7-14　保証債務残高と代位弁済率の推移

（億円）

（%）

保証債務残高（左軸）

代位弁済率（右軸）

出所：全国信用保証協会連合会ホームページ及び『業務要覧』

兆円であったが，その後に中小企業に対する保証限度額が引き上げられたことに伴い，保証債務残高の額が増加した。1990年代後半の相次ぐ大手金融機関の破綻や，中小企業の資金繰りの悪化への懸念に伴い特別信用保証制度が創設された。この制度は，当時の保証限度額である無担保保証5,000万円，一般保証2億円に加えて，別枠でそれぞれ5,000万円，2億円の限度額を追加するものである。この結果，保証債務残高は1999年度末には43.0兆円に増加した。

　保証債務残高の増加に伴い，保証付き融資のデフォルト率を表す代位弁済率も同時に上昇した。特に，特別保証制度による保証は迅速に審査が行われたが，リスクが高い企業への融資を促したため，代位弁済率が急上昇した。特別保証制度が開始する直前には代位弁済率は1.69％であったものの，2002年度には3.80％に上昇している。この結果として，信用補完制度全体の収支を示す保険収支の赤字額が1994年度における459億円から，2002年度における6,048億円に増加したため，赤字額の減少が課題となった。保証債務残高および代位弁済率は2000年代前半に低下したが，2000年代後半の世界金融危機に伴う緊急保証制度により再び上昇した。

　2010年代において，一転して保証債務残高は減少する傾向にある。異例の金融緩和や民間金融機関の競争の激化により貸出金利が低下し，保証料負担が中小企業から敬遠されるようになった。保証料率は中小企業のリスクに応じて決定し，0.45％から1.90％（責任共有保証料率の場合）の範囲で決定される。一方，貸出約定平均金利は，日本銀行によると地方銀行において0.637％，第二地方銀行において0.916％（2019年5月）[5]であり，相対的に保証料率が割高になっている。中小企業による保証離れが進み，保証債務残高の減少を促進した結果，2018年度には保証債務残高が21.1兆円にまで減少した。一方，代位弁済率は改善を続けており，2018年度末には1.64％まで改善している。

　2020年2月以降，新型コロナウイルス感染症拡大により資金繰りが困難になった中小企業に対して，信用保証制度が拡充された。主な制度として，セーフティネット保証4号（突発的災害），5号（業況の悪化している業種），危機関連保証である。これらの制度は，一般保証の限度額である無担保8,000万円，普通保証2億円に加えて，別枠で同額の限度額が設定されており，2,000万円以内であれば無担保無保証人保証を別枠で利用できる。認定要件を満たしていれば，中小企業は一般保証制度，セーフティネット保証制度，危機関連保証制度を併用できるため，過去のショック時の保証制度と比べて限度額が大きくなっている。

③ 信用保証制度の社会的なコストとベネフィット

　信用保証制度の社会的なベネフィットとして，第1に中小企業向け貸出の促進が挙げられる。中小企業向け貸出市場において情報の非対称性の問題が深刻であり，資金供給が過小になるため，信用保証制度により金融機関の融資を促進できれば，社会的厚生を向上させることができる。その結果として，中小企業の投資が促進されるため，信用保証制度は企業成長を促すであろう。特に創業企業，零細企業，事業承継を行った企業など，情報の非対称性の問題が深刻な企業に対して，信用保証制度は有効な効果を持つと考えられる。第2に，信用保証制度はセーフティネットの機能を持つ点が挙げられる。世界金融危機な

どの大規模な経済ショックが発生すると，金融機関からの資金供給が円滑に行われなくなる可能性がある。信用保証制度により資金供給を促すことで，このような一時的なショックの悪影響を緩和することができる。第3に，信用保証制度は民間金融機関の活動を通じて資金供給の増加を促すため，政府系金融機関において問題になった民業圧迫が深刻にならないという点が挙げられる。

　一方，信用保証制度は社会的なコストをもたらす。第1に財政的負担の問題である。信用補完制度全体の収支を示す保険収支赤字額は最大で6048億円（2002年度），2018年度においても681億円であり，これらは全て政府の財政負担により支出される。第2に社会的に非効率的なリスクが高い企業に対しても資金が供給される点である。金融機関は，情報の非対称性のもとで十分に資金が供給されないリスクが低い企業のみならず，本来では市場から退出すべきリスクが高い企業に対しても，保証付き融資を行う可能性がある。これは，デフォルトによる損失が信用保証制度によりカバーされるため，金融機関が中小企業を適切にモニタリングするインセンティブが弱くなるためである。この結果，信用保証制度は市場の新陳代謝を弱める可能性がある。

7. 新しい中小企業金融の動き

(1) クラウドファンディング

　従来の中小企業における資金調達は金融機関からの借り入れがメインであり，その他の資金調達先として，ノンバンク，取引先，経営者からの借入金等が挙げられる。また，創業期において，ベンチャーキャピタルからの出資を受ける企業もある。いずれも融資と出資という手段の違いはあるものの，特定の主体が中小企業の信用度や将来性を踏まえて，資金を提供する方法である。一方，近年，若い企業を中心に，クラウドファンディングと呼ばれる新しい資金調達手法の利用が注目されている。従来の資金調達手段は特定の主体から資金を調達していたのに対して，クラウドファンディングはインターネットを通じて，不特定多数の主体から事業に必要な資金を調達する方法である。

　クラウドファンディングは株式型，購入型，ファンド型，寄付型，貸付型といった形態があり，それぞれの形態によって資金の提供方法が異なる。購入型クラウドファンディングは，資金を提供する見返りとして，何らかの財・サービスを企業から資金提供者に供給するものであり，資金の提供というより売買契約に近い形態である。株式型クラウドファンディングは資金の提供の見返りとして株式発行を行い，資金提供者に配当を支払う。また，企業が上場すれば，株式を売却することにより売却益を資金提供者が得ることが可能になる。創業間もない企業に対して出資という形で資金提供することは，インターネットが普及する以前においては非常に困難であった。しかし，株式型クラウドファンディングを仲介する事業者により，創業企業に対する少額の出資が容易になっている。ファンド型クラウドファンディングは，匿名組合等に投資家が資金を拠出する。その資金により企業が投資を行い，その結果の分配金を見返りとして投資家が受け取る。貸付型のクラウドファンディングは，資金提供者が提示された企業の金利や信用リスク等を勘案して資金の貸し付けを行う形態である。

　このように様々な形態のクラウドファンディングが存在するが，基本的に創業期などの成長可能性がある企業がクラウドファンディングを利用する傾向があるため，企業が成長すれば投資家は大きなリターンを得られるものの，何も見返りが得られず大きな損失を発生する可能性もある。また，出資の形態である株式型，ファンド型の方が貸付型よりも，投資家にとって相対的にリスクが高い。矢野経済研究所によると，2020年度の国内クラウドファンディング市場規模は1,841億円である[6]。金融機関による貸出市場と比べると規模は小さいものの，市場規模は拡大しており，今後は中小企業の主要な資金調達方法になる可能性がある。

(2) 人工知能（AI）による融資審査

　近年のAIの発展に伴い，中小企業向けの融資において，AIの活用が注目されてきている。AIの審査における活用方法として，以下の2点があげられる。

第1に，融資審査の可否をAIにより行う方法である。従来であれば，融資担当者等が財務諸表などを精査し，融資の実行の可否を審査する。このようなプロセスを予め統計手法により構築したモデルにより行う。統計モデルにより企業の信用度が算出されるため，借り手の信用度を瞬時に把握することができ，審査の日数を大幅に短縮することが可能である。この審査方法は，統計モデルを構築し融資判断を行う点において，前述したスコアリング貸出と本質的な面では変わらない。両者の異なる点として，統計モデルを構築する際の情報の差があげられる。スコアリング貸出において利用される与信モデルは，主に企業の財務諸表の情報により構築されている。そのため，財務諸表による企業の信用度に関する情報はカバーされているものの，リアルタイムの企業情報は反映されないため，急速な企業の業績の悪化に対してスコアリングを利用した対応は困難である。

　一方，最近のAIを応用した与信モデルでは，企業の取引情報や口座の出入金情報といったリアルタイムの情報が反映される傾向にある。AIを応用し事業者向け融資をいち早く行った例として，みずほ銀行の「みずほスマートビジネスローン」[7]，りそな銀行の「りそなビジネスローン『Speed on!』」[8] が挙げられる。審査期間は最短で2〜3営業日となっており，通常の融資と比べると審査期間は非常に短い。金利は1％台〜14％（年率）となっており，近年の貸出市場の低金利化の状況の下では，相対的に高めの金利になっている。融資期間は1年以内であり，短期の資金繰りのための利用がメインである。

　第2に，与信モデルから適正な金利を算出し融資を行う方法である。モデルから債務不履行（デフォルト）確率が正確に算出されれば，金融機関は適正な金利を計算できる。多くの企業に融資を行っていれば，大数の法則が働くことから，いくつかの企業がデフォルトしても金融機関は十分な収益を確保することができる。

8. まとめ

＊中小企業が資金調達する際，資金提供者との情報の非対称性の問題を考慮する必要がある。そのため，金融機関が情報生産を行い，長期的に密接な関係を中小企業と築きながら，融資を行っている。金融機関からの借入金のみならず，企業間信用や金融機関以外からの借入金も利用する傾向にある。

＊日本の中小企業は金融機関からの借入金に依存する傾向にあるものの，近年はその依存度が低下しており，自己資本調達が増加する傾向にある。また，経済ショック時に中小企業の資金繰りは大企業よりも悪化する傾向がある。

＊中小企業金融を担う金融機関は銀行のみではなく，信用金庫，信用組合，政府系金融機関なども存在する。信用金庫や信用組合は小規模の融資を行い，零細企業に資金供給をしている。

＊政策金融の経済学的な存在理由は情報の非対称性による市場の失敗にある。政策金融の手段として，政府系金融機関による融資と信用保証制度による信用補完がある。両手段ともに，金融危機等による経済ショック時に増加する傾向にある。

さらなる学習のために

① 自分の家の近くの銀行のホームページにアクセスして，中小企業向け貸出金残高のデータを探し，この銀行がどれくらい中小企業に対して貸出を行っているか調べてみよう。

② 政策金融機関が中小企業に融資することの社会的なメリットとデメリットを考えて，政策金融機関がどの程度，中小企業向け貸出を行ったほうがいいのか，考えてみよう。

③ 財務省「法人企業統計」や日本銀行「全国企業短期経済観測調査」（短観）の最新の数字をそれぞれのホームページから調べ，最新の金融機関借入金比率，株主資本比率や資金繰りDI，金融機関貸出態度DIを確認してみよう。過去の傾向と比較すると，どのようなことが中小企業金融において起こっているのか，考えてみよう。

（注記）

(1) 日本銀行ホームページより。

https://www.boj.or.jp/announcements/education/oshiete/statistics/h12.htm/

(2) 日本金融通信社ホームページ参照。

https://www.nikkin.co.jp/link/backnumber/backnumber2021/202103.html

(3) 金融庁ホームページを参照。

https://www.fsa.go.jp/policy/chusho/shihyou.html

(4) 日本政策金融公庫ホームページを参照。

https://www.jfc.go.jp/n/company/profile.html

(5) 日本銀行ホームページを参照。

https://www.boj.or.jp/statistics/dl/loan/yaku/yaku1905.pdf

(6) ㈱矢野経済研究所ホームページ，プレスリリース「No.2727国内クラウドファンディング市場の調査を実施（2021年）」を参照。

(7) みずほ銀行ホームページを参照。

https://www.mizuhobank.co.jp/corporate/finance/others/msbl/index.html

(8) りそな銀行ホームページを参照。

https://www.resonabank.co.jp/about/newsrelease/detail/20200110_1a.html

※上記のホームページはすべて2021年8月18日時点で閲覧可能なURLである。

【参考文献】

小野有人（2011）「中小企業貸出をめぐる実証分析：現状と展望」『金融研究』30(3)，pp.95-144.

忽那憲治（2007）「中小企業の金融」安田武彦・忽那憲治・本庄裕司・高橋徳行『ライフサイクルから見た中小企業論』同友館，pp.235-294.

Berger, A.N. and G.F. Udell (1998) The economics of small business finance: the roles of private equity and debt markets in the financial growth cycle, Journal of Banking and Finance 22, pp.613-673.

Berger, A.N. and G.F. Udell (2006) A more complete conceptual framework for SME finance, Journal of Banking and Finance 30, pp.2945-2966.

Boot, W.A. (2000) Relationship banking: what do we know?" Journal of Financial Intermediation 9, pp.7-25.

鶴田大輔

第 **8** 章

中小企業政策

　　学習のポイント

① 日本において中小企業支援政策が，市場経済の中で持つ意味を理解する。
② 中小企業政策の目的面の多様性（複雑性）と施策の実施体制（国，地方自
　治体）の背後にある事情を理解する。
③ 日本経済を取り巻く経済環境の変化に対応して方向を変化させてきた中小
　企業政策の変遷を学ぶ。

1. 中小企業政策の誤解─影響力の過大評価

　最後の章は，中小企業政策である。

　政府のコロナ対策を見てもわかるように，中小企業向けには様々な政策が講
じられている。そうした中小企業政策の歴史的な流れ，その背景にある考え方
等についてみていくのが本章の課題である。

　課題に入る前に，中小企業政策についてしばしば言われる誤解について訂正
しておきたい。

　それは，中小企業政策が日本の中小企業の現状について大きな影響を与えて
いるということである。

　こうした誤解は，あるときは「中小企業政策によって生産性の低い企業が保
護され生き残り，結果として日本の生産性を国際的に低水準のものにしてい
る」という形で現れ，またあるときは，「分厚い中小企業に対する支援制度に
もかかわらず，中小企業の数は減っている」という形で現れる。このような議
論は，「中小企業政策は日本の広範囲の中小企業に影響を与え（てい）るはず

だ」という暗黙の前提の上に成り立っているものである。しかしもし，政策が影響を与える中小企業が日本の中小企業の僅かな部分であるとすれば，政策支援の有無と中小企業の数やそのウエイトといった大掴みなものを結びつけるこうした議論には無理がある。

　反対に中小企業政策が日本の中小企業に広く利用され，中小企業のあり方を左右するものであれば，そもそも本書の章立てが適当ではなく，まず第1章で中小企業政策を語るべきであろう。

　実際には，どうか。日本の多くの中小企業は中小企業政策を殆ど知らず，あるいは知っていてもそれを使っていない。

　まず，施策の利用について見ていくと，中小企業庁（2014）によるとアンケート調査に回答した中小企業の中で国の中小企業施策を利用したことがあるのは約1割に過ぎない（図表8-1）[(1)]。さらに，施策の認知度についても2020年3月—コロナ禍のはじまりの時期である—に中小企業家同友会が会員を対象に実施した調査によると（中小企業家同友会 2020），信用保証協会のセーフティネット保証を知っていると回答した者は59.2％に過ぎなかった。他の報告でも中小企業者が中小企業政策をあまり知らないことは示されている（東京都産業労働局 2012，本多 2013，中小企業庁 2014，安田 2014）。

　ここまで述べたように，次々出される国の政策を知りそれを利用している中小企業は一部である。このことから中小企業政策が日本の中小企業の行動に影響する範囲は限られていると考えられる。

　そもそも，中小企業政策の多くは，一定の政策の目標に沿った企業活動をしようとする者の申請によりはじめて利用されるものである（申請主義）。それは，政策目標に沿った行動を取らない企業を目標に従うように強制する措置でもなく，中小企業を「小さな企業」であるというだけの支援の対象とするというものでもない。中小企業政策はその意味で，施策を利用する必要性に迫られていない大多数の中小企業者—それでも普通に問題なく事業が続いている—を特別の目的のために動員するものではないのである。

図表8-1　国の中小企業・小規模事業者施策の活用状況，評価

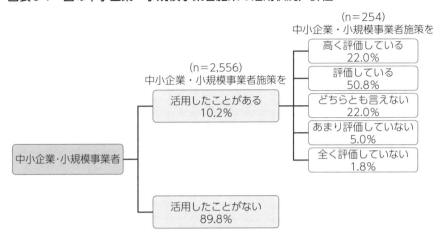

資料：中小企業庁委託「中小企業支援機関の連携状況と施策認知度に関する調査」（2013年11月，三菱UFJリサーチ＆コンサルティング㈱）
出所：中小企業庁（2014），p.521

2. 中小企業政策は余計な市場介入なのか

　利用することを必要と思った者のみが利用する中小企業政策，しかし，たとえ利用する者が限られているにしても，市場介入の道を拓く中小企業政策が展開されるべきなのであろうか。中小企業を一定の方向に導くインセンティブとしての政策は，結局は経済全体の厚生水準を結果として低下させるということにならないのか，補助金や税制による市場のプレイヤーの行動変化は死荷重（dead weight loss）の発生を招くのではないか？こうした問いは様々なところで聞かれるものである。

　もし，中小企業が活躍する市場に，①多くの売り手（供給企業）と買い手（消費者等）がおり，②同一の財・サービスを取引しており，③売り手も買い手も取引価格と内容について十分に知っているのであれば，中小企業に対する政策的介入は経済厚生上，望ましくないということになる[2]。

　中小企業政策は市場機能を歪曲し，競争を阻害するものであろうか？

第1章でも指摘したように，今，存在する中小企業は提供物について他企業と差別化を図り，固有の市場を作り続けることにより，存在しているものである。また，対する需要側についてみると，提供される多数の新商品・サービスの内容についての認識のためには時間がかかる。したがって，中小企業の活躍する市場は，多数の者が同じとわかるものを取引しているというものではなく，完全競争的なものとは言えない。

　さらに施策を利用しようとする中小企業についてみると，こうした企業はとりわけ差別化志向であり，利用する政策も他企業と同じものを提供することを応援するというものではない。

　このように見ていくと，中小企業政策が市場機能を歪曲し，競争を阻害するという議論は直ちに首肯できるものではない。

　結局のところ，中小企業政策の妥当性については個別の政策ごとにその目標，手段，執行方法（手続き等の円滑さやアクセスの容易さ等），効果について政策の施行後の政策評価により判断していくべきものであろう。

　なお，この点については，後述6.節で述べることとする。

3. 政策の企画立案主体

　日本ではまず国の中小企業政策について，その企画及び立案は中小企業庁の任務である。但し，中小企業の中には業種特有の課題を抱えるものもあるため，そうした状況に応じて個別業種や分野の政策は業種，所管省庁によって策定されている[3]。

　また，地方自治体（都道府県，市区町村）もそれぞれの地域の事情に応じた独自の中小企業政策を展開している。図表8-2は，こうした国，地方自治体の中小企業政策の関係の例を示したものである。図からわかるように，①国・都道府県・市区町村が連携して，企業規模・成長段階に応じた支援を行うホップ・ステップ・ジャンプ型，②国・都道府県・市区町村が，それぞれ支援する対象を分ける棲み分け型，③都道府県・市区町村が連携して統一の事業を行

い，両者で負担金を分担して同一の企業群を支援する一体支援型などがある。

図表8-2　国・都道府県・市区町村の施策連携の事例

ホップ・ステップ・ジャンプ型	棲み分け型	一体支援型
国・都道府県・市区町村が連携して，対象企業の規模・成長段階に応じた支援を行う。対象企業は，数年かけてより規模の大きな支援策を活用する。	国・都道府県・市区町村が，それぞれ支援する対象を分ける（棲み分ける）ことで，当該地域における産業・企業をそれぞれ効率的に支援する。	都道府県・市区町村が連携して統一の事業を行い，両者で負担金を分担して，同一の企業群を支援する。
(例) 市：15万円の奨励金 　　　県：300万円上限 　　　　　2/3補助 　　　国：3,000万円上限 　　　　　2/3補助	(例) 市：IT産業に対する支援 　　　県：当該市以外の地域でものづくり産業に対する支援	(例) IT企業と農業・医療福祉分野とのマッチング事業に，県と市で1/2ずつ負担金を出し合い，IT融合の取組みの普及や研究会を開催。

出所：中小企業庁（2014），p.459

4. 多様な政策メニューと政策の5つのツール

　中小企業政策の政策メニューは多様である。たとえば創業を志す者が中小企業政策を利用しようとすれば，毎年度，中小企業庁がまとめる「中小企業施策利用ガイドブック」の中に，①新創業融資制度，②女性，若者/シニア起業家支援資金，③産業競争力強化法に基づく創業支援，④起業支援ファンド，⑤中小企業成長支援ファンド，⑥中小企業投資育成株式会社による投資，⑦研究開発型スタートアップ支援事業，⑧新事業支援施設（ビジネス・インキュベータ）による創業・ベンチャー支援と多様なメニューを見つけることができる。

　このような形で各分野のサポートが並ぶ様子は，さながらペンシルビル街の

ようであり，複雑すぎるとも言われる。

　しかしながら，中小企業は多様であり，その抱える問題も多様である。そのため，一様な（そして規模の大きな）支援策で対処すればよいというものではない(4)。

　但し，多様な政策メニューは，政策利用に関心を持つ中小企業者から見ると複雑すぎ，今後とも情報伝達ツールの発展に合わせた政策の伝達面での努力が必要である。

　さて，このように中小企業の対して多様な政策が用意されるわけであるが，これらを国が用いる主なツールという視点から見ると，（1）資金調達支援（政策金融等），（2）税制措置，（3）予算，（4）法律，（5）ガイドライン等の提示の5つに分けられる。

　以下では，それぞれのツールの概要（内容と実施主体）についてみていく(5)。

（1）資金調達支援（政策金融信用保証等）

　中小企業の資金調達に対する支援としては，（ア）株式会社日本政策金融公庫（以下，「政策公庫」）と株式会社商工組合中央金庫（以下，「商工中金」）による中小企業に対する資金融資，（イ）金融機関が行う融資に対する信用保証提供，（ウ）中小企業に対する株式購入による直接金融が用意されている。

　このうち，（ア）の政策公庫，商工中金の政策金融（イ）信用保証については，第7章で紹介したとおりである。

　（ウ）については中小企業の自己資本の充実を目的として，中小企業投資育成株式会社が，東京，名古屋，大阪に設置されており，中小企業の長期安定的株主としての役割を果たしている。

（2）税制措置

　税制では，法人税について租税特別措置法により，資本金1億円以下の法人では年所得800万円以下の部分について税率15％（資本金1億円超では

23.2%）等の優遇措置がなされている他，中小企業関連諸法律による認定計画を受けた者に対する中小企業投資促進税制，中小企業経営強化税制等措置が講じられている（いずれも2020年度時点）。

また，消費税については，資本金1,000万円未満の法人についての設立当初2期については消費税免除等の措置が講じられている。

また，地方税についても，たとえば東京都では法人住民税の面での特例措置が講じられている等優遇措置が施されている。

（3）予算

① 中小企業対策費

国の予算項で毎年度，中小企業対策予算が計上されている（一般会計当初予算で見ると，2020年度（令和2年度）は1,753億円（前年度比37億円減）。同年度の一般会計予算102兆6,580億円の0.2%）[6]。

その内容は，政策公庫の業務等（融資，信用保証等）に係る出資金，補給金，独立行政法人中小企業基盤整備機構[7]の事業に係る運営費及び商工会，商工会議所[8]による小規模企業経営指導活動のための経費等である。

また，こうした融資，経営指導の運営のための予算の他，予算措置により，国の政策目標に合わせて，企業の取組みをサポートするために資金の一部を給付する各種補助金が設けられている（2020年度予算においては，事業承継補助金，ものづくり補助金等がある）。

② 政府調達の際の中小企業性製品の購入（官公需）

国は，官公需についての中小企業者の受注の確保に関する法律（1966年，官公需法）に基づき毎年度，中小企業者からの受注額について方針（「国の契約に関係する中小企業者の受注の機会の増進を図るための方針」）を定め，これを公表することとなっている。この方針には国等の契約についての中小企業者からの受注額について目標が明示されている（2020年度については4.7兆円，官公需全体（7.9兆円）の60%）。

本来，政府の予算については会計法により原則，競争入札等によらなくてはならない旨，定められている。それにもかかわらず，あらかじめ，中小企業の官公需受注について目標が明示されるのは，中小企業は入札公募の情報を入手しにいという情報上のハンディキャップを国が解消することにより中小企業者の受注の機会が増え，結果として中小企業の受注増大が期待できるという考え方によるものである。

　官公需法は2015年に改正され，中小企業の中でも創業10年未満の中小企業（新規中小企業者）に対して国等は契約の相手方として活用するよう「配慮しなければならない」旨明記され，新規中小企業者向け官公需受注額の目標が定められた。

(4) 法律

　中小企業政策関連の法規としては，政策公庫，商工中金等政策関連機関，あるいは中小企業組合（事業協同組合，商工組合等）の設置根拠と業務の範囲等に関する法律の他，①市場取引への国の一定の介入を認める法律，②中小企業の特定の活動に対して多方面からの政策支援を行う旨定めた法律がある。

① 市場取引に対する国の一定の介入を認める法律

　①の例としては「下請代金支払遅延等防止法」（1956年，代金法）がある。

　代金法は下請事業者（自分より規模の大きな企業又は個人から製造・加工の委託を受ける中小企業者）について親事業者（下請事業者に委託を行う規模の大きい事業者）の書面交付義務，優越的地位の濫用による不公正な取引方法を規定しそれを行わないこと等を定め，中小企業庁と公正取引員会のよる親事業者への調査，公正取引委員会による勧告，公表を規定している。

　代金法は「私的独占の禁止及び公正取引の確保に関する法律」（独禁法，1947年）の優越的地位の濫用を防ごうというものであり独禁法の補完法と言える。

**② 政策目標に沿った中小企業の企業等の計画に承認を与え政策支援を行う
ための法律**

　この例は中小企業政策において多数存在する。たとえば，古くは中小企業近
代化促進法（1963年，近促法），近時では2019年の通常国会で成立した「中小
企業の事業活動の継続に資するための中小企業等経営強化法等の一部を改正す
る法律（強靭化法）」等がそれに当たる。

　いずれの法律もその趣旨は政策金融，税制等の優遇措置を特定の計画認定を
受けた中小企業（組合を含む）に充てることを規定することである。

　これらの法律による多くの中小企業に対する優遇措置自体は，独立した立法
を行わなければできないというものではないが，立法措置を通じて，国として
（つまり，行政府だけではなく，立法府を含めて）特定の政策目標を定め，こ
れに沿った企業行動に対しての一体的な支援を決めることは中小企業者に対す
る道筋を明らかにすることとなる。

(5) ガイドライン等の提示

　中小企業に係る諸課題の解決のための一つの手段として，中小企業者やその
関係者（取引先金融機関，納入先親企業等）を対象とする経営行動の指針が示
されることがある。指針はその対象となる経済主体に対して政策的に望ましい企
業行動の方向を示すものであり法的拘束力はないが，行政の姿勢を示すという
意味で対象経済主体に対する一定の影響力を有するものである。

　ガイドラインの例として下請中小企業振興法（1970年）第3条第1項に規定
する振興基準がある。振興基準は下請事業者及び親事業者のよるべき一般的な
基準として定められたものである。振興基準に定める具体的な事項について
は，主務大臣（下請事業者，親事業者の事業を所管する大臣）は，必要に応じ
て下請事業者及び親事業者に対して指導，助言を行うこととなっている。

　振興基準は，1971年の策定以来，その後の経済情勢の変化等を踏まえ，過
去6回（直近は2020年）改正され，下請中小企業の「働き方改革」の実現を
阻害するような取引慣行の改善，「事業承継」や「天災等」への対応等につい

て追記している。

5. 中小企業政策と政策思想の歴史的変遷

　本節では戦後における日本の中小企業政策の流れを見ていく。

　まず，図表8-3で戦後の中小企業政策の流れについてあらわすこととする。以下，この表に沿って記述を進めていくこととする[9]。

(1) 「中小企業」政策の萌芽期（日本占領期）

　明治維新から戦前期に至るまで，日本では規模の小さな企業に対して，様々な政策が実施されてきた。

　しかしながら，中小企業問題[10] について業種横断的に取扱う国の体制ができたのは，戦後，GHQの日本占領時代の中小企業庁の設立（1948年）によってである。

　中小企業庁が設置されたのは，独禁法制定（1947年）等により自由で公正な市場の実現を目指す政策が進められる流れの中，この流れを加速するべく，「健全な独立の中小企業の存在が国民経済を健全にし，及び発展させ，経済力の集中を防止し，且つ，企業を営もうとするものに対し公平な事業活動の機会を確保するものであることから，このような中小企業を育成し，発展させ，かつその経営を向上させるに足る諸条件を確立すること（中小企業庁設置法第1条）」を目的としてのことであった。

　このとき，中小企業政策手段としては戦前からの組織化，金融措置に加え，診断指導という新たな柱が追加された[11]。

　また，金融政策についてはドッジ−ライン（1949年）の発表と同じ1949年，国民金融公庫（現在の日本政策金融公庫）が創設され，1950年には中小企業信用保険法成立により中小企業信用保険制度が新設される等中小企業向け政策金融の枠組みが整えられた[12]。

　組織化政策では，戦前の統制組織としての組合制度を近代的なものに改編す

図表8-3　戦後の中小企業政策の流れ（成立した主な法律等）

1945~52年 GHQによる日本占領期	「中小企業」政策の萌芽期	終戦から占領期 1948中小企業庁設置 1949中小企業等協同組合法 1949国民金融公庫設立 1950中小企業信用保険法 1953商工会議所法　等
1952年~ （日本独立，高度成長期）	「大きいことはいいことだ」を目指す，中小企業政策	1953中小企業金融公庫設置 1958中小企業信用保険公庫設立 1955中小企業軽減税率 1956下請代金法 1956~7各種の業種別振興法 1957中小企業団体法 1963中小企業基本法，中小企業近代化促進法 　　（69同法改正） 1963中小企業投資育成株式会社設立 1965小規模企業共済法 1966官公需法　等 1967中小企業振興事業団設立（高度化事業）
1970~90年代前半 国際協調経済の構築 石油危機（1973）と安定成長	地域中小企業という概念	1976事業転換法 1979「80年代中小企業ビジョン」 1978円高対策法，旧城下町法 1979産地法 1977中小企業倒産防止共済法 1986新事業転換法，特定地域法 1985技術法 1988融合化法 1992集積活性化法 1991労働力確保法　等
1990年代後半~2005年 構造改革の本格化	開廃業率の逆転，金融危機（1998）起業志望者に対する支援	1995創造法 1998新事業創出促進法 1999経営革新法 1999新基本法 2002挑戦支援法 2005新会社法 2005年新事業活動促進法　等
以降~2020年 10年ごとに起こる「100年に一度」の危機（リーマン，震災，コロナ禍）	持続を大切にする中小企業支援	2007地域資源活用法 2008農商工連携法 2008事業承継円滑化法 2010中小企業憲章 2013中小企業基本法改正（新々基本法） 2014小規模企業振興基本法 2014小規模支援法 2019強靭化法

（注）法律名は略称を使用している（正式名は本文参照）
出所：筆者作成

269

るべく，1949年には中小企業等協同組合法が成立，事業協同組合，同連合会，企業組合，信用組合の新たな組織が誕生した。

(2) 高度成長期（1952年〜72年）

① 1964年（東京オリンピック）の頃までの中小企業政策の課題

1952年の日本独立以降，日本経済は総じて順調な発展を遂げ，戦災から10年経った1955年には1人当たり国民所得が戦前（1934〜36年平均）の水準に回復，『経済白書（1956年版)』においても「もはや「戦後」ではない」と語られるまでになった。海外との関係をみても1964年にはIMF8条国，GATT11条国に移行する等，国際経済における一人前のパートナーに復帰した。日本経済はその後も石油ショックまで高度成長を続ける。

日本経済の国際再デビューのこの時期，中小企業政策においては，先に触れた代金法が制定される他，以下のような中小企業政策の一層の拡充がなされている。

- 1953年，中小企業金融公庫設立（設備投資のための長期資金の融資）
- 1953年，「商工会議所法」制定（戦前の商工会議所の組織，機能拡充）
- 1955年，中小法人軽減税率導入
- 1957年，「中小企業団体の組織に関する法律」（団体法）制定，商工組合，商工組合連合会が新設（生産制限等の調整事業及び相互扶助のための共同経済事業が実施可能になった)[13]
- 1960年，「商工会等の組織に関する法律」（商工会法）制定（経営改善普及事業開始)
- 1963年，「中小企業指導法」制定（中小企業の経営管理合理化や技術向上等の指導事業を計画的・効率的に実施する体制の整備）

しかしながら，この時期の中小企業政策の何より大きな課題は，日本経済が国際経済競争に晒される中，如何にして更なる成長を遂げていけるかであっ

た。この課題に応えるべく池田勇人内閣は1960年，「国民所得倍増計画の構想（国民所得倍増計画）」を閣議決定したが，その中では農業と非農業，大企業と中小企業間の「生活上および所得上の格差の是正」が，「国民経済と国民生活の均衡ある発展」にとって必要であることが指摘されていた。

　こうした背景を受けて，農業基本法（1961年）とともに中小企業基本法（1963年）が制定された。

② 中小企業基本法の制定（格差是正，規模の経済を追求する中小企業政策）

　1963年制定された中小企業基本法（以下「旧基本法」）は，中小企業及び小規模企業の定義を規定する（第1章参照）とともに，当時の中小企業政策の基本的考え方を示すものであった[14]。

　そこでは中小企業を大企業に比べ労働生産性が著しく低く，賃金も低いものとしてとらえ，こうした中小企業と大企業間の労働生産性格差や賃金格差が是正されるように，「中小企業の生産性と取引条件の向上を目途として，中小企業の成長発展を図り，あわせて中小企業の従事者の社会的地位の向上に資すること（第1条）」が政策の目標とされている。

　このうち，中小企業の生産性の向上については，第3条に以下の（ア），（イ）が国の施策として掲げられている。

　（ア）中小企業の近代化（近代的設備，経営管理方法の導入等）
　（イ）中小企業構造の高度化（企業規模の適正化，事業の共同化，工場，店舗等の集団化，事業の転換及び小売商業における経営形態の近代化）

　ここに企業規模の適正化，事業の共同化，工場，店舗等の集団化とあるように，基本法に示された中小企業政策は中小企業の規模の拡大，「脱」中小企業化を目指すものであった（もう1つの取引条件の向上については前述4.(4)の法律にあるとおりである）。

　また，基本法では，小規模事業者については，基本法に規定した施策が円滑

に行われるべく，経営の改善発達を図らなければならず，国はそのための必要事項を考慮するとされた[15]。

時代は高度経済成長の真っただ中，テレビCMで「大きいことはいいことだ」[16]と高唱される当時の時代の考え方に沿って中小企業政策が進められた。

基本法と同じ1963年，「中小企業近代化促進法」（近促法）が制定された。

近促法は，基本法の実施法として中小企業の比重の高い業種の中から，産業構造の高度化，産業の国際競争力の強化等の政策目的に照らして重要な業種に着目して定められた業種について主務大臣（業種所管大臣）が，業種別の近代化計画を策定，その達成に向けた助成措置を講じるものであった[17]。

同法は1969年に改正され，業界毎の商工組合（同業種組合）[18]が業種の実情に沿った中小企業構造改善計画する制度が導入された[19]。これにより近代化計画の指定業種の中の特定業種については国ではなく業界団体が自身で近代化計画を策定することとなり，1962年に商工組合に認められた生産制限等のカルテル（調整事業）と合わせことにより，①業種カルテル[20]による過小過多による過当競争の防止と②業界内企業の事業の高度化からなる業界自身による構造改善の体制が整備された[21]。

さて，その後の企業規模別格差の推移は如何なものであったか。ここでは，労働生産性格差をとって1960年代からの推移を示しておく（図表8-4）[22]。

(3) 経済の国際化，石油危機とその後の安定成長（1970〜90年代前半）

1970年代に入り中小企業を巡る状況には，2つの大きな変化が起こる。

第1は，日本の産業を巡る国際競争環境の変化である。すなわち，ニクソンショック（1970年）を契機とした通貨の変動相場制への移行，70年代後半，80年代後半の2度にわたる円相場の急騰，そしてアジアNICsの台頭は，日本の中小企業の輸出環境に大きな影響をもたらした。

第2の変化は，石油危機（1973年）で経済成長の制約として浮かび上がった資源的な制約である。この制約の中，日本の製造業の産業構造は重厚長大型の素材業種中心から加工組立型産業中心へと転換を遂げていく。

図表8-4　規模別労働生産性の推移

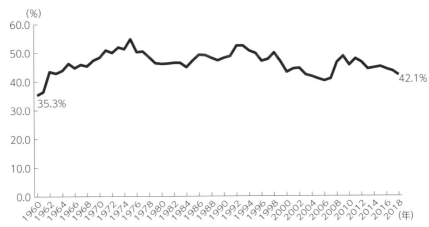

(注) 中小企業は資本金1億円未満，大企業は資本金1億円以上。ともに金融保険業を除く。
資料：法人統計年報（財務省）
出所：赤松（2020）をもとに筆者作成

　時代の要請は「モーレツからビューティフルへ[23]」へと変わっていた[24]。
では中小企業は，このような経済環境の変化にどのように対応していけばよ
かったのであろうか。

　1963年制定の旧基本法の哲学に沿って考えるならば，企業統合等の一層の
推進，規模の経済性をさらに追求するというのが正解であろう。しかしなが
ら，その頃の日本はGNPで見て世界第二位の経済大国であり，こうした国が
さらなる規模の経済性を追求していくことは，国際分業の観点から，また資源
制約への配慮という点でも問題解決の道として考えにくかった。新興国に譲る
べきものは譲り，日本は新たな高付加価値な分野に進まなければならない。

　そのため，1975年には近促法に新分野進出計画が盛り込まれるとともに，
これまで「タブーとされた事業転換」[25]が中小企業政策の取り入れられるよ
うになった（「中小企業事業転換対策臨時措置法」（事業転換法，1976年））。
基本法の哲学からの最初の離脱である。

　また，円高の影響が直撃したのは，企業の城下町と産地の中小企業であっ

た。そこで1978年「円相場高騰関連中小企業対策臨時措置法（円高対策法」），「特定不況地域中小企業対策臨時措置法」（城下町法）等が整備された。城下町法は業種に関係なく不況地域の中小企業を助成対象とするものであった。

円高対策法と城下町法を通して地域中小企業という概念が少しずつ中小企業政策の中で定着していくこととなるが[26]，その流れを決定的にしたのは「産地中小企業対策臨時措置法」（産地法，1979年）であった。同法は，産地（組合）を主体として国際環境の変化に対する積極的調整（Positive Adjustment Policy（PAP））[27]を図る振興計画を支援するものであり，全国各地に存在する産地に広く活用されることとなった[28]。そして産地法は以下の3点から，その後の中小企業政策に大きな影響をもたらした。

すなわち，

①本法が中小企業政策と地域施策を安定的に結び付けることとなったこと。すなわち，中小企業と地域の関係は，「産地」という言葉を通すことにより，一体のものであるという認識が定着したこと。
②施策の実施主体に本格的に都道府県が加わったこと（産地（組合）が作成する振興計画の認可は都道府県）。
③それまで中小企業政策において政策対象となることが少なかった個別中小企業者による環境変化への対応に支援の目が向けられていること（振興計画の中で個別事業者が策定する事業合理化計画についても支援対象）。

このようにして，1970年代，中小企業政策は，国際化と成長に対する資源制約を通して地域中小企業と国際化という観念に目覚め[29]，中小企業の目指すべき方向も産業全体としての規模の経済の追求から事業転換や新商品開発といった個別中小企業の多様な営みの支援へ変わり，施策実施体制も中央集権的なものから都道府県との協力へと変貌を遂げていくこととなる[30]。

1980年代に入ってもこの流れは続く。

1979年に中小企業政策審議会により取りまとめられた意見具申「80年代の

中小企業のあり方とその政策的方向（1980年代中小企業ビジョン）」（中小企業庁編 1980）では，地域社会と中小企業の関係について，①地域という観点から見るとき，中小企業は地域経済に担い手であり，（中小企業で働く者は）地域住民のマジョリティであるとしており，②そうした地域中小企業に係る支援も「（国の施策が）一律に採用されていくことを当然視するのではなく，各地域の実情に応じて取捨選択や内容の加除が考えられてしかるべき」とされている。

こうした中小企業政策の大転換を反映して1981年，「地場産業総合対策」がまとめられ，都道府県等による「地場産業振興ビジョン」策定と地場産業振興センターの設置等に対する支援が行われた。

その後も1985年のプラザ合意のよる急速な円高と円高不況，それを克服するための日本経済の内需主導型経済への転換が課題となる中[31]，1986年には中小企業の事業転換を支援するため，「特定中小企業者事業転換対策等臨時措置法」（新事業転換法）が制定されるとともに，円高不況による影響の大きかった地域の事業転換等の調整のために，「特定地域中小企業対策臨時措置法」（特定地域法）が制定された。

また，新商品開発等に欠かせない中小企業の技術開発を推進するため，1985年には「中小企業技術開発促進臨時措置法」（技術法）が，1988年には事業分野を異にする中小企業が共同して異業種組合を設立し，技術や経営ノウハウを相互補完し，新たな商品を開発する「融合化」を支援するため，「異分野中小企業者の知識の融合による新分野の開拓の促進に関する臨時措置法」（融合化法）が制定された。

なお，図表8-5は地域中小企業政策に関係して1970年から2000年に展開された諸法令制定の動き（左半分）と円の対ドル為替レートの関係（右半分）をみたものであるが，左右の関係からわかるように1977〜1979年，1985〜1986年の2つの外国為替相場激動期に地域中小企業に対する政策が集中的に投入されている。

今となっては当たり前となっている地域と中小企業というセッティング—よ

図表8-5 円レートの推移と中小企業地域関連立法

対ドル円相場

1971
1972　国際経済上の調整措置の実施に伴う中小企業に対する臨時措置に関する法律（ドル対法）
1973　国際経済上の調整措置の実施に伴う中小企業に対する臨時措置に関する法律の一部を改正する法律（第二次ドル対法）
1974
1975
1976　中小企業事業転換臨時措置法（旧転換法）
1977
1978　円相場高騰関連中小企業対策臨時措置法（円高対策法）特定不況地域中小企業対策臨時措置法（旧城下町法）
1979　産地中小企業対策臨時措置法
1980
1981
1982
1983　特定業種関連地域中小企業対策臨時措置法（新城下町法）
1984
1985
1986　特定中小企業者事業転換対策臨時措置法（新転換法）、特定地域中小企業対策臨時措置法（特定地域法）
1987
1988
1989
1990
1991
1992　特定中小企業集積の活性化に関する臨時措置法（集積活性化法）
1993
1994
1995
1996
1997　特定産業集積の活性化に関する臨時措置法
1998
1999
2000

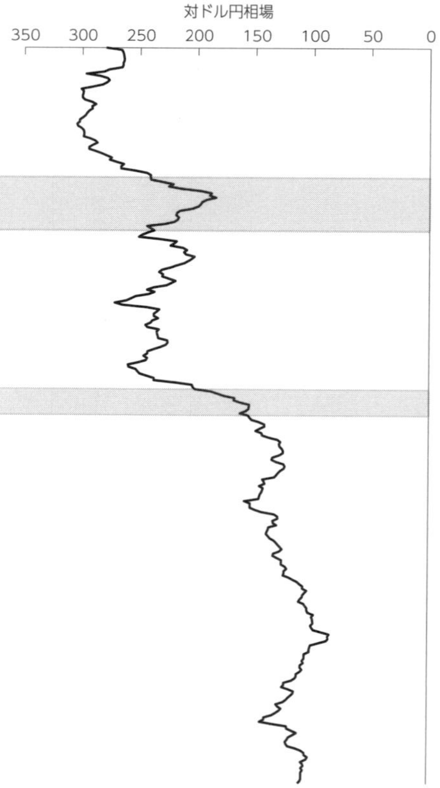

出所：安田（2013）

276

く考えれば，企業は必ずどこかの地域に存在しているのであるから，これは内容のない言葉の組み合わせである―がこれが実態的に意味を持ち，政策面での課題となっていったのはこの頃からである。

(4) 中小企業政策へのライフサイクル的視点の導入

　日本の企業の開廃業状況について，異変が生じていることを初めて述べた公式文書は『1989年版 中小企業白書』である。そこでは日本の製造業について事業所ベースで見た開廃業率が1983年～85年に逆転したことを指摘している。このときから，中小企業政策において創業・新規事業が視野に入ることとなる(32)。

　まず，1995年には，中小企業の創業と研究開発を支援する「中小企業の創造的事業活動の促進に関する臨時措置法」（創造法）が制定されたが，同法はさらに96年改正され，都道府県のベンチャー財団が法律上位置付けられることとなった。

　さらに，1998年に制定された新事業創出促進法では，創業等，新商品の生産若しくは新役務の提供，事業の方式の改善その他の新たな事業の創出を促進するため，個人による創業及び新たに企業を設立して行う事業を直接支援することとなった。

　この2つの法律は，個別の企業の創業支援という性格を有しており，旧基本法にみられる企業が協力することによる集団としての規模の利益の確保，中小企業構造の高度化の考え方とは異なる理念を有している。

　のみならず，それらが拓いた創業支援という政策分野は従来の中小企業政策と大きく趣旨を違えたものであった。すなわち従来の中小企業政策が「今，存在する中小企業」を対象としたものであるのに対して，創業支援は「まだ存在しない中小企業を生ませること」，あるいは「経営者を新しく誕生させる」ことを目標とするものであるからである。創業支援は既存の中小企業の新たな競争相手を生むという意味では，既存企業の利益に相対する結果を生む可能性を持つものであるかもしれない（ある業種の需要が変わらなければ，助成を得て

新規参入した100の企業は，100の廃業者を生む可能性があるのである）(33)。

　他方，新しい企業は経済に新たな変化をもたらし，その中で市場の支持を得たものはイノベーションを通じて経済を新しい発展段階に導く。前者より後者を重視して，こうした活動を支援する創造法と新事業創出促進法の成立は，中小企業政策の方向を変えた。

　そして「中小企業政策」に「企業家活動政策」（Lundström and Stevenson 2001）を追加して，この方向を定着させたのは，基本法の全面改正（新基本法，1999年，図表8-6）と中小企業経営革新法（1999年，経営革新法）制定である。

　新基本法においては，政策理念を従来の基本法の格差是正から「中小企業の多様で活力ある成長発展」としており（第3条），「経営の革新及び創業の促進」，「中小企業の経営基盤の強化」，「経済の社会的環境の変化への適用の円滑化」を基本方針としてあげている（第5条）

　この法改正で注意するべきは，次の点である。

　第1は，創造活動促進法により法制的に始まった創業に対する支援の方向が，明確に打ち出されたことである。新規創業を支援対象とするのは，起業がイノベーションに与える役割を期待してのことである。

　なお，当然ながら既存企業もイノベーションに貢献する。そのため，経営革新基本法ではイノベーションを「経営革新」と「翻訳」し，これも支援の対象としている(34)。

　第2は，企業の結びつき（中小企業組合：事業協同組合，協業組合，企業組合，商工組合）というより，個別企業（創業については企業を起こそうとしている者）に施策の焦点を当てていることである。旧基本法における中小企業構造の高度化が，同業種の中小企業間の調和的行動が前提となるものであるのに対して，新基本法の政策の焦点である新規創業や経営革新は他者と異なる活動が個々の中小企業において行われるものである。産地法においては，狭い範囲しか支援対象とならなかった個別企業の経営行動が，経営革新法では支援の中心となってきたのである(35)。

278

図表8-6　中小企業基本法（1999年当時）の体系図

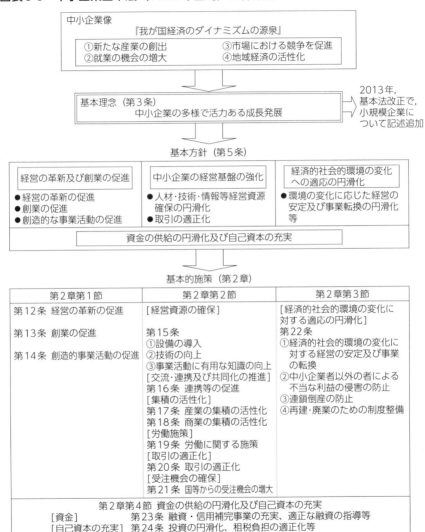

出所：中小企業庁（2000），p.30

新基本法において明確にされた創業支援については，2001年に「年間18万社にとどまっている創業を5年間で倍増する」との目標が立てられ，技術志向の一部の起業ではなく，いわゆる普通の起業も政策の範囲内であるという基本法改正の趣旨はより明確になった[36]。これを受けて，2002年1月から担保，保証人無しの新創業融資制度も始まった[37]。

　また，株式会社設立に係る最低資本金要件（資本金1,000万円）の解除について2003年「中小企業等が行う新たな事業活動の促進のための中小企業等協同組合法等の一部を改正する法律（2002年，挑戦支援法）」で設立から5年に限り認められることとなったが，新会社法（2005年）では5年要件なしに資本金1円でも株式会社を設立できることとなった（1円起業）。

　また，2005年，①経営革新支援法，②新事業創出促進法，③創造活動促進法の3法律を整理統合するとともに，新たに中小企業等が柔軟な連携を通じて行う新たな事業活動（新連携[38]）を支援するため，「中小企業の新たな事業活動の促進に関する法律案（新事業活動促進法）」が制定された。

　その後，2013年には「日本再興戦略」（閣議決定）で，開業率について米国・英国並みの10%を目指す旨定められ，産業競争力強化法（2013年）により，地域における起業を促進するため，市区町村が創業支援等事業者（地域金融機関，NPO，商工会・商工会議所）と計画を策定，国の認可を経て行う創業支援等事業について，支援措置が講じられる等の措置が設けられた[39]。

　なお，第2章でみたように，起業無関係者[40]の多さが日本の起業活動の低調査に関係があるとの認識から，2018年，創業支援等事業には新たに創業機運醸成事業（起業無関係者等に対して創業に関する理解と関心を深める取組み）が盛り込まれている。

　また，p.266でみたように2015年には官公需法が改正され，創業10年未満の中小企業者を「新規中小企業者」と定義し，国などの契約の相手方として活用するよう「配慮しなければならない」旨条文に明記され，実績を持たない新規中小企業者に対しても官公需獲得の道が拡がった。

　これらの一連の開業支援策が展開される中，実際の開業率はどのように推移

図表8-7　有雇用事業所ベースで見た開業率の推移

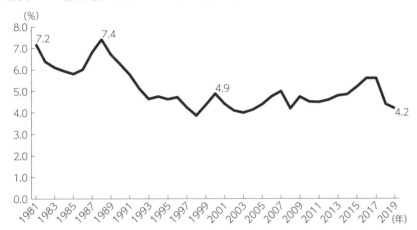

(注) 開業率＝当該年度に雇用関係が新規に成立した事業所数/前年度末の適用事業所数×100
出所：厚生労働省「雇用保険事業年報」

していったのかについて見たものが，図表8-7である。

(5) 中小企業政策の新たな課題 (2005～現在)[41]

① 地域振興施策の深化

　新基本法により，中小企業政策の視野が「まだ存在しない中小企業」にまで
広がったが，このことは，「既に存在する中小企業」について課題がなくなっ
たというわけでは当然ない。

　さらにいうと，中小企業政策の「一丁目一番地」が「創業，経営革新」で
あった時期は短い。図表8-8は中小企業庁長官が毎年，新年にその年の新政策
について発表する「年頭所感」（1996年から2020年まで25年分）を用い，各
年の施策の使用頻度を「見える化」したものであるが[42]，創業や新事業が政
策の前面に出てくる時期は2000～05年の限られた時期である。

　この背景には中小企業政策に求められるものが2000年代半ばから変わって
いったことがある。すなわち，2000年代後半，経済全体は回復基調に入って

図表8-8　1990年代後半以降の中小企業政策の主要課題

【1996~2000年】

力強い 迎える しやすい 確保 重なる 高い
続ける 環境 ためる 占める 伴う 対応 激しい
信用 皆様 人材 産業 企業 技術 進める 多い
地域 経営 促進 強化 持つ 影響
いただく 変化 貸し渋り 小規模 必ず
明るい 整備 事業 行う 昨年 創業 金融 ものづくり
新しい 担い手 商店街 ます 雇用 支える 充実 政府
難しい 傾ける 制度 厳しい 発展 良い
乏しい 上げる 結ぶ 強い 述べる 考える にくい
できる おる よい

【2001~2005年】

幅広い
望ましい 能力 にくい 対応
振り返る 技術 設置 いただく 大きい
向ける 述べる 人材 挑戦 再生 重要 いただける
続く 商店街 事業 創設 高い 皆様 今後
ます 整備 金融 創業 保証 地域
高い 明るい 新事業 融資 持つ 状況 いく
政策 セーフティネット 強化
追い込む 企業 実施 策 新た 厳しい 力強い
迎える 制度 活性化 金融機関 行う 生み出す
させる 上げる 活用 策 新た 難しい わかりやすい
難しい 乏しい できる うまい 良い 多い
うまい できる 新しい 思う 多い

【2006~2010年】

大きい 新しい
若い 再生 尽くす 加える 乗り越える
蓄える 述べる 向上 人材 連携 振り返る
規模
行う 経営 いく 産業 活性化 企業 ます 応援
設ける 柱 事業 承継 厳しい
少ない 促進 地域資源 向ける 受ける
皆さん 昨年 融資 状況 中小 円滑
明るい 促す 金融 発展 保証 続ける
にくい 有する 小規模 政策 守る
金融 今後 制度 担保 技術 地域 支える
よい 上げる できる 全力 活用 広い 幅広い 強い

【2011~2015年】

迎える 向ける 加える グループ
全国 掲げる 引き続く 課題 保証
占める 企業 おる 万全 全力 経営 活性化 通じる
考える ます ます 高い
事業 小規模 被災 東大
補正予算 再生 昨年 上げる
産業 海外展開 資金繰り 復興
行う 地域 長い 震災
いただく 実施 促進 政策 目指す
にくい 転嫁 措置 復旧 上げる
できる 支える 創業 皆様 強化 しやすい
新しい いく 方々 踏まえる 早い
続く

【2016~2020年】

少ない おる
新しい 課題 改善 目覚ましい
今後 昨年 導入 整備 拡大 地域 皆様 思う
低い 雇用 加える 制度 補助金 向い
向ける 踏まえる 措置 進める
大きい 小規模 資する 経営 行く
働き方改革 実施 含める 伴う 考える
向上 生産性 承継 事業 蓄える
多い 行う 見舞う できる 復興
支える 円滑 促進 税制 経営者 策 新た
いただく 高い 必要 体制 強化 相次ぐ 策 対応 上げる
越える 企業 新しい 低い

（注）ユーザーローカルテキストマイニングツール（http://textmining.userlocal./jp）による
　　　分析。
出所：筆者作成

282

いたものの，大都市と地方における景況回復感の格差は大きく，地域経済の活性化が求められてくるようになってきていた。

　こうしたことから，2000年代後半には地域活性化の文脈の中で地域中小企業に再び焦点が当たる。だが，この段階での地域活性化は大工場誘致を中心とする1970年代と異なり，地域中小企業に期待が集まるものになっていた。大工場は誘致しても直ぐ海外に再移転する渡り鳥のようなものになっており，地域経済の安定をもたらすものではなくなっていたのである。

　2007年，地域中小企業が産地の技術，地域の農林水産品，観光資源といった地域資源を用い，新商品・サービスを発展させる取組みを支援するため，「中小企業による地域産業資源を活用した事業活動の促進に関する法律」（地域資源活用法）が制定され，また，2008年には中小企業者と農林漁業者とが連携した新商品等の開発・販売促進等の取組み（農商工連携）を支援するため，「中小企業者と農林漁業者との連携による事業活動の促進に関する法律」（農商工等連携促進法）が成立した。

　なお，先述の産業競争力強化法による創業支援等事業の支援も起業活動の活性化を通じて地域経済振興を図るものとして捉えられる。

② 中小企業の経営者の高齢化と事業承継促進策

　また，第5章に見たように2000年代，中小企業経営者の高齢化が急速に進む中，既存企業の事業承継が中小企業政策における新たなそして最重要の課題の一つとなっていく。

　既に後継者の人材マッチング等の施策は2004年に行われていたが，2007年には相続時精算課税制度の自社株式特例の創設等の措置が，2008年には「中小企業の経営の承継の円滑化に関する法律（事業承継円滑化法）」が制定され，2019年にはさらに支援が強化された[43]。

③ 小規模企業政策の新展開

　①で述べた地域中小企業への政策的関心は，地域経済においてウエイトの高

283

い小規模企業に対する評価の転換にもつながる。2010年閣議決定された「中小企業憲章」では小規模企業について「（その）多くは家族経営形態を採り，地域社会の安定をもたらす」と積極的評価を与え，2012年の「"日本の未来"応援会議〜小さな企業が日本を変える〜（"ちいさな企業"未来会議）」とりまとめでも同様の評価が与えられている。

こうした流れを受けて，2013年，中小企業基本法が再度改正（ここでは「新々基本法」という），第3条（基本理念）において小規模企業について，「地域における経済の安定並びに地域住民の生活の向上及び交流の促進に寄与するという重要な意義を有する」との評価が与えられ，国が従うべき施策方針として「適切かつ十分な経営資源の確保を通じて地域における小規模企業の持続的な事業活動を可能とするとともに，地域の多様な主体との連携の推進によって地域における多様な需要に応じた事業活動の活性化を図ること。」が明記された[44]。

この段階で小規模企業に対する評価は旧基本法における評価とは異なっている。すなわち，小規模企業はその存在自体が地域経済に欠かせないものと積極的に位置付けられている[45]。

なお，同法を受けて2014年，小規模企業施策についての国，自治体等の姿勢等を定めた小規模企業振興基本法が制定され，また，「商工会及び商工会議所による小規模事業者の支援に関する法律の一部を改正する法律（小規模支援法）」により，商工会，商工会議所が地域の小規模事業者を支援する経営発達支援計画の支援体制が整備された。

また，2017年には新事業活動促進法に本業における経営力向上への支援等を追加した「中小企業等経営強化法」[46]が成立した[47]。

④ 度重なる緊急対策

今世紀になり，日本経済はリーマンショック（2008年）のような人災の他，東日本大震災（2011年），新型コロナウイルス感染症拡大による等，幾度もの大きな外生的ショックに見舞われてきた。新基本法においては，経済的社会的

環境の変化への適応の円滑化に対して，中小企業の経営の安定化等を図る旨定められているが（第22条），不幸にもそれに当てはまるともいえる緊急事態が頻発したのである。

このような環境変化の急変に対して政策として，まず，必要なのは企業の運転資金の確保であることから，「100年に一度」といわれたリーマンショック時には1990年代の特別保証制度[48]を上回る規模の緊急保証制度が設けられ，東日本大震災（2011年）時もセーフティネット貸付け（政策公庫と商工中金）が発動され，新型コロナウイルス感染症による経済的影響（コロナ禍）（2020年）に対しても同様の政策がとられた。コロナ禍に対してはこれに加え，持続化給付金等の形で政策史でも例を見ない巨大な予算措置もなされている[49]。

この他にも台風，豪雨等の自然災害は今世紀になり度々発生しており，中小企業の災害対応力の強化のための支援策等も講じられている[50]。

緊急時における対応は，今後も中小企業支援において最も重要であり，今後，さらに政策発動の迅速化等が求められていくだろう。

以上，日本の中小企業政策の流れを追ってきた。ここまで見てきたように，中小企業政策は政策対象である中小企業の多様性を踏まえつつ，日本経済がそのときどきに直面する課題（国際化対応，地域振興，企業の新陳代謝の低下，経営者の高齢化等）や社会の要請に対応して自在に変化してきた。これに対して「融通無碍すぎる，一本筋の通った骨太の中小企業政策があるべき」という見方もあるだろう。

しかしながら，中小企業の直面する経済課題は，時代によって変貌をとげるものである。

そのことを考えるならば，中小企業政策に一貫して求められるものは状況に対応して柔軟に対応していく姿勢であるだろう。

6. 中小企業政策の効果の評価

最後に中小企業政策の効果の評価について述べる。

行政において政策評価が取り入れられ始めたのは今世紀になる直前である。すなわち，1997年の行政改革会議最終報告を受けて2001年に行政機関が行う政策の評価に関する法律が成立，この法律に基づき現在，政策評価は，「企画立案（Plan）」，「実施（Do）」，「政策評価（Check）」，「政策の見直し・改善（Action）」というマネジメント・サイクルの中に組み込まれている[51]。

このうち，「評価（Check）」については，厳密に行うためには，数理統計解析的な処理が必要である[52]。

日本においても中小企業政策を対象としてこうした数理統計解析的な研究の蓄積はなされつつある。

たとえば，緊急保証制度の効果については，地方銀行の中小企業向け融資への影響の観点から評価した高（2009）や倒産の水準の観点から厳しく評価した竹澤（2013）があり，また，創造法については同法認定企業とそれ以外の企業の比較により認定企業の設備投資率の上昇等を確認したHarada=Honjo（2005; 2006）の成果がある[53]。

政策の効果の計量分析的検証においては，政策の目標をどこに置いて評価するのか（たとえば，創業支援政策と一概に言っても，起業数の増加，研究開発型起業の増加，起業時の規模の拡大，起業に対する民間金融機関の融資姿勢への影響等，着目点は多様である），政策遂行のためのコストをどのように算定するのか等の課題があるが，政策評価の積み重ねがあって，初めて政策の良否が明らかになり，また，政策の洗練化も進むものである。

そうした事実を踏まえ，今後，政策についての研究が進むことを期待したい。

7. まとめ

＊中小企業政策について，これを認知し，利用している中小企業は少数派である。

＊細分化し，絶えず変化する需要に対応して，多くの新商品・サービスが現れる中小企業の活動分野は，いわゆる完全競争市場とは異なる。こうした市場での企業支援政策が適切なものであるかについては検証の必要性がある。

＊中小企業政策は，政策融資，税制，予算，法律，ビジョン・指針の提示等様々な手段から構成されている。

＊中小企業政策は終戦後，（1）規模の経済性の追求，（2）国際的地位に相応しい経済の実現など様々な時代の要請に沿って変化を遂げてきた。今後も時代の変化に対応して様々な施策展開がなされるであろう。

さらなる学習のために

　自身が，事業を始めなくてはいけない事態を想像して，自身の住む自治体，国のどこに行けば，何の支援が用意されているか，インターネットにより調べてみよう（特に，政策の利用については，ミラサポplusx（https://mirasapo-plus.go.jp/）で探してみること（"支援制度を探す"をクリックして，支援を求める事項（ex.「起業」や「事業承継」）を検索し，後は地域等を選んで支援メニューにたどり着く）。

（注記）
（1）2013〜15年に中小企業庁長官であった北川（2015）は，「日本全体で，中小企業向け貸出の残高は，現在約243兆円」，「政府系金融機関（日本公庫と商工中金）で22兆円」，「民間の貸出に公的信用保証がついているのが221兆円」であり，「約8割にあたる約193兆円が民間金融機関の判断で融資」と述べている。
（2）経済学の用語を使うと，完全競争市場のもと，実現されるはずのパレート効率的資源配分が実現を阻害されないということである。

(3) 但し，多様な政策メニューは，政策利用に関心を持つ中小企業者から見ると複雑すぎ，情報伝達ツールの発展に合わせた広報面での措置が必要である。そのため，中小企業庁では，中小企業向け補助金・総合支援サイトとしてミラサポplus（https://mirasapo-plus.go.jp/）を運営している。

(4) たとえば，中小農林水産関連対策は農林水産産業省，中小運輸業対策，建設・不動産業対策は国土交通省，生活衛生関係営業対策は厚生労働省等となっている。

(5) 5つを選定した点については，中田（2013）による。但し，中田（2013）では，⑤として「調査，白書」が上げられているが，「調査，白書」は中小企業の行動に直接影響を与えるものではないことから，より行動変化を促すものとして「指針・ガイドライン」を取り上げた。

(6) なお，補正予算を見ると，2020年度補正予算（第2号）約32兆円のうち，中小企業関連は11兆円，19年度補正予算（第1号）では，約4兆円のうち，中小企業関連予算が4,000億円となっている。

(7) 中小企業基盤整備機構は，中小企業事業団を前身に2002年設立された中小企業政策の実施機関。

(8) 商工会議所，商工会は，それぞれ商工会議所法，商工会法に基づき全国の市区毎，町村単位で地域経済の発展を目的として運営される地域総合経済団体。商工会議所の会員には中小企業のみならず大企業も含まれるが，商工会の会員は中小企業のみである。

(9) なお，ここでは小売商業関係の諸施策については述べない。小売業が中小企業に占める割合は無視できるものではないが，その政策展開を述べるためには小売業の置かれた状況を別途記さなければならないことから，大部になってしまうからである。

(10) なお，このとき以降，政策用語として戦前の「小企業」や「中小工業」，「中小商業」のような業種×規模の概念ではなく，「中小企業」，つまり企業の規模を政策対象の単位とする考え方が定着する（ただし，規模についての包括的かつ具体的基準が定まるのは，中小企業基本法によってである）。

(11) これをもとに1948年に中小企業診断基本要領が制定され，1952年に巡回指導制度が発足した。こうした相談指導行政のはじまりについては松島（1998）参照。

(12) 信用保険制度は，その後，1953年の信用保証協会法，1958年の中小企業信用保険公庫の設立を経て，現在のものへと発展していった。

　また，1953年には中小企業の体質改善に必要な長期安定的資金の供給のため，中小企業金融公庫が創設された。

288

(13) なお，団体法は1962年に改正され，商工組合が構造改善の実施団体として，の同業組合的性格を帯びるようになった。

(14) 基本法とは，有斐閣『法律学小辞典　第5版』(2016)によると，「特定分野の行政分野における基本政策あるいは基本方針を宣明するために制定される法律」である。

　　なお，基本法に規定された政策を実施するために必要な法律を「実施法」という。

(15) なお，旧基本法を受けた中小企業政策審議会の「1970年代中小企業ビジョン」においては，小規模企業対策の目標は「小規模規模企業を経済採算に立って合理的な行動をする「企業」に育成」することであり，生業的零細企業では，家計と営業が未分離で，‥‥計数管理の記帳も不徹底なため，経営改善のための適切な助言，指導が必要である」となっている。つまり，小規模企業を一般の中小企業とは異質のものとしてとらえられている。

(16) 1968年に放映された森永製菓株式会社のCM（当時流行した）の一節。今でもYouTubeで視聴することができるが，当時の世相を反映していて興味深い（https://www.youtube.com/watch?v= Aubpbn0nXvA)。

(17) 同法の指定業種は1997年末までに延べ187業種となった。

(18) 「中小企業団体の組織に関する法律」（団体法，1957年）により新設された地域の同業種組合，商工会を会員とする全国組織としては商工組合連合会が新設された。

(19) 近促法についてはさらに1970年代に入ってさらに改正され，ソフトな経営資源の充実を図る「知識集約化」の促進が重視されることとなった。

(20) 繊維産業等において団体法に基づき行われていた生産設備等の調整事業（カルテル）は，その後，徐々に廃止，1997年度で全廃された。

(21) このように中小企業が自主的に業種毎の構造改善を試みる法体系は，既に「機械工業振興臨時措置法（機振法，1956年)」及び「繊維工業設備臨時措置法」（繊工法，1956年)，「電子工業振興臨時措置法」（電振法，1957年）にあり，以降の中小企業関連振興法の基本的スタイルとなる。

(22) 労働生産性とは，生産要素のうち労働に注目し，付加価値を労働投入量で除したものである。労働生産性は，企業規模間格差の指標として，今日でもしばしば用いられるが，第1章に述べたような中小企業と大企業の活動分野の差の影響を受けやすいものであることに注意する必要ある（たとえば，同じ菓子製造業に属していても，機械装備を用いてスナック菓子等を製造する大規模メーカー

と手作り和菓子屋では，労働生産性の差があることは明らかである。こうした業種別の要因が規模別労働生産性格差の大部分を説明するという報告は，中小企業白書では1970年代以降，何度もなされている（中小企業庁 1973; 1980; 1983; 1985）。

(23) 1970年に流行った富士ゼロックスのCM（https://www.youtube.com/watch?v= b2-zxE1Ym5U）。

(24) 当時の世界的ベストセラーとしては『スモールイズビューティフル（Schumacher 1973）』が有名である。

(25) 矢野（1982）p.227。一方，後に通商産業省事務次官となる両角良彦が，企業局次長のときの勉強会についてまとめた両角（1966）では「「近代化」を行うことは，中小企業の長期的あり方に反するとともに，産業転換を円滑に行うことそれ自体を困難にするおそれがあります。」とされている。これらのことから通商産業省内部では，基本法と「近代化」と事業転換とは異質のものと捉えられていたことがわかる。その意味で，転換法は基本法体系からの離脱であるといえる。

(26) 産地中小企業という政策の単位については古くからある。既に，1950年，指導診断事業の一つとして産地診断が行われている。

(27) 積極的調整政策（Positive Adjustment Policies（PAP））という用語は，当時，OECD（Organisation for Economic Co-operation and Development，経済協力開発機構）により提唱されたもの。

(28) 産地法の施行に伴い1979（昭和54）年8月10日に第一回特定業種の指定が行われ34都道府県566市町村（他に東京都23区）にまたがる77特定業種が指定された。また，1980（昭和55）年4月5日には1955年度分として450特定産地に係る66特定業種が追加指定された。

(29) 国際化については，1980年に設立された中小企業事業団において，1981年に海外投資アドバイザー事業が開始された。

(30) 今日ではとても信じられないことであるが，1970年代以前には日本の中小企業施策の基本的考え方の中に地域と中小企業を結び付ける発想はほとんど無かった。たとえば，旧基本法においては，「地域」という言葉は商業，サービス業施策についての配慮事項として出てくるのみである。そして，基本法では地方公共団体について，「国の施策に準じて施策を講じるように努めなければならない（旧基本法第4条）」と義務付けされている。また，近促法においても「地域」の2文字（加えて「都道府県」の4文字）は無い。

(31) 1986年4月，経済構造調整研究会（総理大臣の私的諮問機関）が取りまとめた
報告書の前川レポート（前川元日本銀行総裁）では，内需拡大，国際的に調和
のとれた産業構造への転換，市場アクセスのいっそうの改善と製品輸入の促進
など，国際的地位にふさわしい世界経済への貢献などの提言がまとめられてい
る。

(32) 1990年の中小企業政策審議会企画小委員会とりまとめ（90年代ビジョン，中
小企業庁編 1990）では，中小企業を「リスクを克服して自ら業を起こしたり，
新たな事業を展開していこうとする人々の企業家精神の発揮の場」と捉えると
ともに，「新技術を企業化するなどの起業への支援は，中小企業の創造的挑戦を
促進することにより，新たな産業の芽を育て，我が国経済の長期的発展基盤の
維持に資するもの」と位置づけた。

(33) Storey（1994）は，創業支援について市場が限られている場合，支援を受けて
有利な状況で創業した者が既存時事業者に入れ替わるだけ（"Dead Weight
Loss"を発生させるだけ）に終わる可能性を指摘している。

(34) 中小企業の経営革新支援のため，中小企業基本法改正に先立つ1999年3月，中
小企業経営革新支援法が成立している。
　　なお，同法成立とともに，旧基本法の実施法としての近促法は廃止されている。

(35) この頃の大臣挨拶等で盛んに用いられたフレーズに「やる気と能力のある中小
企業」という言葉がある。政策が関心を示したのは，個別の「企業」であった
ということである。

(36) たとえば，2002年の中小企業白書の副題は「まちの起業家の時代へ」である。
90年代ビジョンにおいて，起業という事象を「創造的挑戦」というロマンティッ
クな表現と結びつけているのに対して，この副題は商店街のありきたりの開業
をも含むものとなっており，カバーする範囲が格段広がっている。

(37) 民間金融機関の中小企業融資について法律に定めた信用保証協会が保証を行う
信用保証制度についても1998年から創業者向け信用保証制度が設けられている。

(38) 新連携とは「異分野の事業者が有機的に連携し，その経営資源（設備，技術，
個人の有する知識及び技能その他の事業活動に活用される資源）を有効に組み
合わせて，新事業活動を行うことにより新たな事業分野の開拓を図ること。」で
ある（中小企業庁HP）。

(39) 2021年6月次点で創業支援事業計画の認定をうけている市区町村は47都道府
県1453に上る。

(40) 起業無関心者について国際比較をしたものとしては，安田（2015），国内の起

業無関心者の実態については中小企業庁（2017），日本政策金融公庫（2021）が詳しい。

(41) 2010年代の中小企業政策については，北川（2015）によるところが大きい。

(42) 本図については安田（2021）参照。

(43) ①遺留分に関する民法特例，②事業承継に伴う資金需要を対応する金融支援，③承事業承継に係る贈与税・相続税の特例措置等。

(44) なお，この他に第13条（創業の促進）で「女性や青年による中小企業の創業」が明記されるとともに，「事業の承継のための制度の整備」，「海外における事業展開の促進」，「情報通信技術の活用の推進」についての記述も盛り込まれた。

(45) 新基本法のキーワードは「やる気と能力のある」であったとすると，再改正基本法のキーワードは「持続化」と言えるかもしれない。以降，政策メニューにおいて「持続」という言葉がしばしば用いられる。

(46) 本法律は，「中小企業等経営強化法」であることに注意。「等」には，政令で指定した中堅企業が含まれる。中堅企業を含めた理由については「中堅企業は，地域の中小企業との取引のハブとなるなど，地域経済を牽引する 存在。中堅企業の生産性向上も一体的に支援することで，地域経済に大きな 波及効果をもたらすことができる。」とある。
（https://www.chusho.meti.go.jp/keiei/kyoka/2016/160616kyoka1B.pdf）

(47) なお，2021年には，産業競争力強化法の改正により，中小企業の中堅企業への成長を促すべく，規模拡大に資する支援策についての適用対象企業を製造業では500人以下までなど拡張している。

(48) 「特別信用保証制度」は，1998年に金融機関の不良債権処理に伴って生じた中小企業に対する「貸し渋り」や「貸しはがし」に対応するために創設された（2000年度で終了）。

(49) 2020年からのコロナ中小企業対策については中小企業庁（2021）に利用実績等について分析がなされている。これを見るかぎり，コロナ中小企業対策は政策史上類のない高い利用率を記録している。これを機に中小企業にとって政策が身近なものとなるかもしれない。

(50) 事故や災害に対する企業側の備えとして重要な事業継続計画（BCP：Business Continuity Plan）を中小企業が整備しやすい環境を整えるために，「中小企業の事業活動の継続に資するための中小企業等経営強化法等の一部を改正する法律（中小企業強靭化法）」が2020年に成立した。

(51) 政策評価の結果については，総務省の政策評価ポータルサイトから見ることが

できる。この中で経済産業省の政策評価をみると，中小企業政策についての分野毎の自己評価も掲載されている。

(52)「Check」について，これを厳密に行うため，Storey（1994; 2004）は「6段階の天国への道（Fifth Stage of Heaven）」という政策評価の段階的考え方を提示している。6段階とはすなわち，①政策実績の記録，②政策利用者の意見の記録，③政策が利用者の行動を変化させたのかの意見の記録，④政策利用企業と一般企業のパフォーマンスの差の比較，⑤政策利用企業と政策非利用企業の諸属性を制御した上でのパフォーマンスの差の比較，⑥政策利用企業と政策非利用企業の政策利用についての意思決定判断を考慮した上での諸属性を制御した上でのパフォーマンスの差の比較である。①～⑥まで上位の段階ほど政策評価は精緻なものとなる。

(53) 1999年の中小企業基本法改正以降の多様な中小企業政策の評価については，岡室（2021）を参照。

【参考文献】

赤松健治（2020）「中小企業の財務同行の変遷」『商工金融』70(12)，商工総合研究所.

岡室博之（2021）「中小企業の研究開発と創業の政策支援：定量的評価と展望」『商工金融』71(6)，商工総合研究所.

北川慎介（2015）『中小企業政策の考え方』同友館.

高明珠（2009）「信用保証制度と地方銀行の中小企業向け貸出供給」『同志社政策科学研究』11(2)，pp.35-44.

竹澤康子（2013）「金融円滑化法と信用保証」『東洋大学経済論集』39(1)，pp.139-56.

中小企業家同友会全国協議会（2020）「中小企業家しんぶん」1506（4月25日）

中小企業研究センター（2010）『社団法人中小企業研究センター年報』.

中小企業庁編（1972）『'70年代の中小企業像　中小企業政策審議会意見具申の内容と解説』通商産業調査会.

中小企業庁編（1980）『中小企業の再発見　80年代中小企業ビジョン』通商産業調査会.

中小企業庁編著（1963）『中小企業基本法の解説』日本経済新聞社.

中小企業庁編（2000）『新中小企業基本法—改正の概要と逐条解説』同友館.

中小企業庁編（1985）『昭和60年版 中小企業白書』大蔵省印刷局.

中小企業庁編（1998）『平成10年版 中小企業白書』大蔵省印刷局.

中小企業庁編（2014）『2014年版 中小企業白書』日経印刷.

中小企業庁編（2020）『2020年版 中小企業白書』日経印刷.

中小企業総合研究機構（2003）『戦後の中小企業政策年報』.

寺岡寛（2000）『中小企業政策の日本的構図』有斐閣.

東京都産業労働局（2012）「中小企業施策に関する調査」

中田哲夫編著（2013）『通商産業政策史1980〜2000 12（中小企業政策）』通商産業調査会.

日本政策金融公庫総合研究所『新規開業白書（各年版）』

本多哲夫（2013）『大都市自治体と中小企業政策』同友館

松島茂（1998）「中小企業政策史序説」『社会科学研究』東京大学社会科学研究所紀要，50(1).

両角良彦（1966）『産業政策の理論』日本経済新聞社.

安田武彦（2014）「中小企業政策情報の中小企業への認知普及—小規模企業を対象にした考察」RIETI Discussion Paper Series 14-J-049.

安田武彦（2021）「中小企業基本法改正と中小企業政策」『商工金融』71(8)，商工総合研究所.

矢野俊比古（1982）『"日本株式会社"の反省』日本工業新聞社.

Harada, N. and Honjo, Y. (2005). Does the Creative Business Promotion Law enhance SMEs' capital investment? Evidence from a panel dataset of unlisted SMEs in Japan. *Japan and the World Economy* 17(4), pp.395-406.

Honjo, Y. and Harada, N. (2006). SME policy, financial structure and firm growth. Evidence from Japan. *Small Business Economics* 27, pp.289-300.

Lundström, A. and Stevenson, L.A. (2001) Entrepreneurship Policy: Theory and Practice, Springer.

Storey, D.J. (1994) Undersanding Small Business Sector, Routrage. London.（忽那憲治・高橋徳行・安田武彦訳『アントレプレナーシップ入門』有斐閣，2004年）

安田武彦

索　引

《編著者紹介》

安田 武彦（やすだ たけひこ）‥‥‥‥‥‥‥‥‥‥‥‥‥‥‥‥‥‥‥‥‥‥‥第1章・第5章・第8章執筆
東洋大学経済学部教授
東京大学経済学部卒業，通商産業省入省。スタンフォード大学客員研究員，信州大学
教授，中小企業庁調査室長を経て，現在に至る。
〔主要業績〕
『日本の新規開業企業』（共編著）白桃書房，2005年．（中小企業研究奨励賞受賞）
『企業の一生の経済学』（共編著）ナカニシヤ出版，2006年．
『テキスト　ライフサイクルから見た中小企業論』（共著）同友館，2007年．
"Firm growth, size, age and behavior in Japanese manufacturing" *SMALL BUSINESS
ECONOMICS 24*, 2005, pp.11-15.
"Programs to Stimulate Startups and Entrepreneurship in Japan: Experiences and Les-
sons", *21st Century Innovation Systems for Japan and The United States. National Re-
search Council of the National Academies, U.S.A.*, 2009, pp.95-107.

《著者紹介》※執筆順

鈴木 正明（すずき まさあき）‥‥‥‥‥‥‥‥‥‥‥‥‥‥‥‥‥‥‥‥‥‥‥‥‥‥‥‥第2章執筆
武蔵大学経済学部教授
ノースウエスタン大学ケロッグ経営大学院修了（経営学修士）。一橋大学法学部卒業，
国民金融公庫（現日本政策金融公庫）入庫。大蔵省財政金融研究所研究員，日本政策
金融公庫総合研究所上席主任研究員，文教大学教授，日本大学教授を経て，現在に至
る。
〔主要業績〕
『新規開業企業の軌跡―パネルデータにみる業績，資源，意識の変化』（日本政策金融
　公庫総合研究所編）勁草書房，2012年．（中小企業研究奨励賞受賞）
『新規開業企業の成長と撤退』（共編著）勁草書房，2007年．（中小企業研究奨励賞受
　賞）
「反平等志向的な規範は起業活動を活発にするのか?」日本中小企業学会編『コロナ
　禍と中小企業研究―学際領域としての中小企業研究の再考（日本中小企業学会論集
　42）』同友館，2023年，pp.16-29.

土屋　隆一郎（つちや　りゅういちろう）……………………………………………… 第2章コラム①執筆

東京経済大学経営学部専任講師

一橋大学大学院経済学研究科博士後期課程経済史・地域経済専攻修了，博士（経済学）。

〔主要業績〕

「事業所規模と従業員の起業―台湾労働市場の分析―」『企業家研究』第6号，2009年，pp.1-17.

"Neighborhood social networks and female self-employment earnings in Taiwan", *International Entrepreneurship and Management Journal*, 6(2), 2009, pp.143-161.

"Nascent entrepreneurship process and effect of firm size: evidence from Taiwan's labor market", *International Review of Business*, 1(15), 2015, pp.25-44.

水村　陽一（みずむら　よういち）……………………………………………… 第2章コラム②執筆

東洋大学経済学部非常勤講師

東洋大学大学院経済学研究科博士後期課程在籍

〔主要業績〕

「開業促進政策と開業障壁―ドイツ手工業秩序法の大改正に関する実証分析―」日本中小企業学会『中小企業と人材（日本中小企業学会論集38）』同友館，2019年，pp.117-129.

「戦後ドイツ手工業分野の特殊性と構造変化～手工業秩序法1953年制定から2004年法改正までのマイスター強制部門を中心に～」東洋大学大学院『東洋大学大学院紀要』第56巻第1号，2019年，pp.175-201.

『ExcelとRではじめる　やさしい経済データ分析入門：ExcelとRによる統計入門』（共著）オーム社，2020年.

村上　義昭（むらかみ　よしあき）……………………………………………………… 第3章執筆

大阪商業大学総合経営学部教授

京都大学経済学部卒業後，国民金融公庫（現日本政策金融公庫）入庫。日本政策金融公庫総合研究所上席主任研究員，内閣府経済社会総合研究所上席主任研究官を経て現在に至る。

〔主要業績〕

『新規開業企業の成長と撤退』（共編著）勁草書房，2007年．（中小企業研究奨励賞受賞）

「技能は中小製造業者の業績を高めるか」『大阪商業大学論集』第16巻第3号，大阪

商業大学，2021年，pp.23-40.

『開業者の能力獲得経路　経験，副業起業，従業員，人的ネットワーク』同友館，
　2023年.

許　伸江 ……………………………………………………………………………… 第4章執筆
<ruby>許<rt>きょ</rt></ruby>　<ruby>伸江<rt>のぶえ</rt></ruby>

跡見学園女子大学マネジメント学部教授

慶應義塾大学大学院商学研究科博士課程修了，博士（商学）。跡見学園女子大学マネ
ジメント学部助教，准教授を経て現在に至る。

〔主要業績〕

『産業クラスターの進化とネットワーク―ファッション産業クラスター「東大門市場」
　と「原宿」の比較制度分析』税務経理協会，2018年.

「台東区のモノマチ―新たな地域コミュニティの形成による地域活性化」長山宗広編
　著『先進事例で学ぶ　地域経済論×中小企業論』ミネルヴァ書房，2020年，
　pp.137-152.

『地域とつながる中小企業論』（共著）有斐閣，2024年.

杉浦　慶一 …………………………………………………………………………… 第6章執筆
<ruby>杉浦<rt>すぎうら</rt></ruby>　<ruby>慶一<rt>けいいち</rt></ruby>

株式会社日本バイアウト研究所代表取締役

東洋大学大学院経営学研究科博士後期課程修了（経営学博士）。株式会社日本バイア
ウト研究所を創業し，M&A，バイアウト，事業承継，事業再生に関する研究に従事。
第1回M&Aフォーラム賞選考委員特別賞『RECOF特別賞』受賞。東洋大学経営学
部非常勤講師。

〔主要業績〕

「中堅・中小企業のアジア展開におけるバイアウト・ファンドの活用」坂本恒夫・境
　睦・林幸治・鳥居陽介編『中小企業のアジア展開』中央経済社，2016年，pp.148-
　164.

「中堅・中小企業の事業再生・事業承継における経営人材の外部招聘―バイアウトの
　ケースを中心として―」『事業再生と債権管理』通巻154号，金融財政事情研究会，
　2016年，pp.175-180.

「日本の中堅・中小企業のM&Aに関する研究の潮流と展望」『年報財務管理研究』第
　28号，日本財務管理学会，2017年，pp.74-97.

鶴田　大輔 …………………………………………………………………………… 第7章執筆
<ruby>鶴田<rt>つるた</rt></ruby>　<ruby>大輔<rt>だいすけ</rt></ruby>

日本大学経済学部教授

東京大学大学院経済学研究科博士課程単位取得満期退学，博士（経済学）。政策研究大学院大学研究助手，助教授，日本大学経済学部准教授を経て現在に至る。

〔主要業績〕

Tsuruta, Daisuke (2023) "Bank Loans, Trade Credit, and Liquidity Shortages of Small Businesses during the Global Financial Crisis", *International Review of Financial Analysis*, Volume 90, November, 102905.

Tsuruta, Daisuke (2020) "SME Policies as a Barrier to Growth of SMEs", *Small Business Economics*, Volume 54(4), April, pp.1067-1106.

Tsuruta, Daisuke (2017) "Variance of Firm Performance and Leverage of Small Businesses", *Journal of Small Business Management*, Volume 55, July, pp.404-429.

2021年11月30日　第1刷発行
2024年3月15日　第2刷発行

中小企業論—組織のライフサイクルとエコシステム

編著者　安　田　武　彦

　　　　鈴　木　正　明
　　　　土　屋　隆一郎
　　　　水　村　陽　一
著　者　村　上　義　昭
　　　　許　　　伸　江
　　　　杉　浦　慶　一
　　　　鶴　田　大　輔

発行者　脇　坂　康　弘

〒113-0033 東京都文京区本郷2-29-1
TEL.03(3813)3966
FAX.03(3818)2774
https://www.doyukan.co.jp/

発行所　株式会社 同友館

落丁・乱丁本はお取り替えいたします。　　　　三美印刷／松村製本
ISBN 978-4-496-05574-4　　　　　　　　　Printed in Japan